本书受到国家自然基金地区基金项目：生育意愿到生育行为的微观传导机理和宏观政策响应研究（71864024）；内蒙古自治区自然基金面上项目：二胎生育群体瞄准及生育激励策略研究（2020MS07017）；2022年度高校青年科技人才发展计划（NJYT22096）和内蒙古自治区人才开发基金等项目的资助；受到内蒙古自治区人口战略研究智库联盟、内蒙古大学2020年青年拔尖创新学者项目的支持。

The Macroscopic Phenomenon and Microscopic Explanations of
Fertility in China

中国生育的宏观现象和微观解释

薛继亮 等著

中国社会科学出版社

图书在版编目（CIP）数据

中国生育的宏观现象和微观解释/薛继亮等著.—北京：中国社会科学出版社，2022.12
ISBN 978-7-5227-1184-3

Ⅰ.①中⋯ Ⅱ.①薛⋯ Ⅲ.①生育—社会问题—研究—中国 Ⅳ.①C924.24

中国版本图书馆 CIP 数据核字（2022）第 242714 号

出 版 人	赵剑英
责任编辑	王　衡
责任校对	王　森
责任印制	王　超

出　　版	中国社会科学出版社
社　　址	北京鼓楼西大街甲 158 号
邮　　编	100720
网　　址	http://www.csspw.cn
发 行 部	010-84083685
门 市 部	010-84029450
经　　销	新华书店及其他书店

印　　刷	北京明恒达印务有限公司
装　　订	廊坊市广阳区广增装订厂
版　　次	2022 年 12 月第 1 版
印　　次	2022 年 12 月第 1 次印刷

开　　本	710×1000　1/16
印　　张	19.75
插　　页	2
字　　数	247 千字
定　　价	108.00 元

凡购买中国社会科学出版社图书，如有质量问题请与本社营销中心联系调换
电话：010-84083683
版权所有　侵权必究

前　言

伴随着长期低生育水平引起的人口负惯性作用，未来中国的生育率仍将有进一步下降的可能。中国的生育问题不再是单纯的经济问题或家庭问题，而是更为深远的社会问题和文化问题。虽然中国的生育政策短期内从独生子女政策调整到"单独二孩"，到"全面二孩"，再到"放开三孩"，但事实上出生人口总数和人口出生率持续下降，构建和谐生育社会受到挑战。中国人口目前正处于低生育率向人口负增长转变的过程，应对得当，或许可以跃过人口负增长，实现人口的可持续增长。关于中国人口正在发生和可能发生的事件，本书从宏观现象和微观机理两个方面进行论证，期望能够得到诠释和解决生育政策激励下从"为什么生"到"想生"再到"生"的转变逻辑，为优化人口发展战略，建立生育支持政策体系提供一定的政策建议。

本书分为宏观篇和微观篇两大部分。其中第一章和第二章是对生育宏观现象的论证；第三章到第九章是对生育的微观诠释。具体章节内容如下。

第一章通过整理回顾生育率、人口转变理论、国内外生育水平空间分布研究的相关文献，对有关生育的空间分布研究现状进行文献述评。并应用空间自相关的二元 Moran 模型，测算省际生育水平的空间相关性，找出中国省际生育水平的空间分布特征，得到中国生育的空间分布模式；然后论证中国生育水平空间差异的现实，并实证分析其影响因素和邻近空间单元对地区生育水平的影响机制。最后对论文进行总结和提出建议。本章的研究结论如下。第一，从时间演化来看，省际生育率存在明显区域集聚特征，生育率的集聚效应呈现逐渐增强的趋势。第二，从空间分布来看，"高—高"集聚模式和"低—低"集聚模式均有向外扩散趋势，生育水平的集聚范围在扩大。第三，从空间相关来看，省际生育率在空间上存在着较高的正相关性。省际生育率的空间滞后变量的估计系数为正且高度显著，省际生育率存在显著的空间依赖性。第四，从空间演化的影响因素来看，生育的诸多影响因素在省际也存在显著的空间关系。鉴于此，本章提出以下建设性意见。各区域协调联动，发挥各地区比较优势；加强生育保障制度建设，推动"高—高"生育集聚扩散；完善生育配套措施，释放各区域生育潜能；构建生育公共服务体系，提高各地生育意愿。

第二章为了对生育和贸易的关系进行验证，通过构建生育与贸易的理论模型，结合世界银行 WITS 数据库中 88 个国家及中国 27 年的面板数据，实证研究贸易对生育的影响机理。结果发现，国际货物贸易与服务贸易对生育有抑制作用，但服务贸易的抑制作用较轻；中国货物贸易对生育有抑制作用，服务贸易对生育有促进作用。贸易中劳动密集型行业和资本密集型行业的占比不同导致各国贸易对生育影响的差异，进行多种检验后此结论依然成立。基于本章的结论，推动服务贸易的发展有助于促进生育水平，缓解中国老龄少子化压力。

第三章利用 2018 年与 2020 年中国家庭追踪调查数据库（CFPS），选取其中 11778 个调查数据对生育意愿和生育行为背离的原因进行研究。选取非意愿不孕不育一个角度深入分析，研究发现，青年群体成为生育意愿和行为背离的主要群体,与女性相比男性实现向生育行为转化的概率更高;收入水平的不足与较低的社会福利水平并不能成为生育意愿驱动生育行为的主要原因;由于生育而导致的失业风险才是非意愿不孕不育的重要组成部分。提高产妇生育保险或收入水平等社会保障政策对提升生育水平的能力有限,政策制定者要重点关注因生育行为而导致的失业等生育风险,这才是扼制育龄夫妇生育意愿向生育行为转化的主要原因,采取政策降低产妇的生育风险可以减少非意愿不孕不育发生的概率。

第四章基于2017年中国社会调查(CGSS)调查问卷数据,通过收入成本因素视角研究不同学历层次群体生育意愿的差异。研究结果表明,学历与收入正相关,学历层次与生育意愿成"U"形曲线关系。具体而言高中学历水平及以下的育龄夫妇学历与生育成反向关系;高中以上学历的育龄夫妇学历与生育意愿正相关,但由于对子女质量的追求此相关关系随学历上升逐渐减弱。因此政府等相关机构应关注初、高中学历育龄父母的学历回报,合理管控教育等培训机构的费用,进而促进高中及以下学历的育龄父母的生育意愿。

第五章在文献梳理的基础上,结合一个创新的女性就业参与和生育模型,利用中国金融家庭数据,在分孩次的水平上,采用二元变量模型实证分析女性劳动参与和生育的关系并对其可能存在的内生性进行验证。结果发现,女性劳动参与对一孩、二孩生育水平有显著负面影响,女性劳动参与对家庭中孩子的数量有显著的负面影响;相反,配偶劳动参与则对家庭中一孩和孩子数量有显著的正面影响。女性劳动参与增加了女性在家庭和工作之间的矛盾,挤压了女性的生育空间,尤其对二孩的生育水平有显著的负面影响,进而会降低生育水平。女性参与劳动对二孩生育水平有显著的负面影响。结合中国的生育政策,围绕解决女性参与劳动和生育之间的矛盾，提出政策建议在家庭和社会层面建立一个友好的生育环境。

第六章基于CFPS2018截面数据，运用普通最小二乘法（OLS）分析生育保险对生育意愿的影响，探讨生育保险对生育意愿的作用机制及异质性。结果表明，生育保险能够显著提升生育意愿；机制分析表明，生育保险提升了交通成本、医疗成本、生活成本较低家庭的生育意愿，但对于交通成本、医疗成本、生活成本较高家庭的生育意愿没有显著影响；异质性分析较精准地识别了生育保险作用的群体，生育保险对男性、中产阶级以及家务负担较轻人群的生育意愿具有显著促进作用，但抑制了拥有房产人的生育意愿。本章运用工具变量法对结果进行稳健性检验，选择分地区社会保障和就业支出作为工具变量对样本进行两阶段最小二乘（2SLS）回归，证明了结果的稳健性。本章的发现为加强生育保险制度体系建设，制定鼓励生育政策举措提供了一个新的着力点。

第七章采用2013年、2015年和2017年中国综合社会调查（CGSS）的混合横截面数据，使用二元选择Probit模型分析了流动人口互联网使用对其生育行为的影响和作用机理。研究显示，互联网使用显著降低了流动人口生育行为发生的概率；进一步分析了互联网使用对流动人口生育行为的作用机理，发现互联网使用通过收入机制对流动人口生育行为产生负向影响；同时互联网使用通过价格机制对流动人口生育行为产生负向影响。在生育激励政策的制定过程中，应充分考虑不同群体的生育需求以及网络对流动人口生育环境的影响。

第八章利用2018年国家卫健委在全国范围内进行的流动人口动态监测调查数据，运用多元无序Logistic回归模型进行流动时间对生育意愿的影响分析。结果发现，流动时间与流动人口的生育意愿之间存在负相关关系，由于受到经济、社会、心理等因素的影响，流动时间越长的流动人口更有可能不具备生育偏好。此外，社会人口学特征、流动特征和家庭特征等因素也会在一定程度上影响流动人口的生育意愿。最后提出要加强社会保障力度、改善居住就学条件、提高流动人口生活环境适应性等政策建议。

第九章运用中国家庭追踪调查2018年调查问卷数据，实证分析了环境污染程度对女性理想子女数的影响以及环境污染影响女性生育意愿的路径。研究结果表明两点。第一，以城市工业二氧化硫排放量来衡量的环境污染水平与女性的生育意愿显著负相关；已婚、农村户籍的妇女生育意愿更高，受教育程度越高的女性期望生育子女数量越少；分地区来看，中东部地区相较于西部地区负向影响程度更大。第二，生育成本是作为环境污染对女性生育意愿的影响路径之一的。因此，需要加快推进生态文明建设，改善中国的生态环境，有利于提高生育率。

目　录

第一篇　宏观篇

第一章　中国生育水平的空间演化及其影响因素 …………… 3
　第一节　绪论 …………………………………………………… 3
　第二节　文献综述 ……………………………………………… 10
　第三节　理论模型和计量模型设计 …………………………… 23
　第四节　中国省域生育水平的空间异质 ……………………… 27
　第五节　研究结论和政策建议 ………………………………… 53

第二章　生育与贸易：国际经验与中国证据 ………………… 59
　第一节　文献综述 ……………………………………………… 59
　第二节　贸易对生育影响的经济学机理 ……………………… 64
　第三节　变量选取与描述性统计 ……………………………… 66
　第四节　实证结果与稳健性检验 ……………………………… 68
　第五节　结论与建议 …………………………………………… 79

第二篇　微观篇

第三章　非意愿不孕不育：生育意愿与生育行为的悖离 …………… 83
第一节　文献综述 ………………………………………… 84
第二节　研究设计 ………………………………………… 91
第三节　对比与分析 ……………………………………… 93
第四节　结论与建议 ……………………………………… 102

第四章　不同学历层次群体生育意愿的影响因素 ………………… 105
第一节　文献综述 ………………………………………… 106
第二节　模型构建与变量选取 …………………………… 112
第三节　实证结果 ………………………………………… 117
第四节　结论与建议 ……………………………………… 124

第五章　女性劳动参与对生育水平的影响 ………………………… 126
第一节　引言 ……………………………………………… 126
第二节　文献综述 ………………………………………… 130
第三节　理论基础和模型设计 …………………………… 148
第四节　女性劳动参与对生育水平的实证分析 ………… 153
第五节　结论与政策建议 ………………………………… 175

第六章　生育保险对生育意愿的影响 ……………………………… 180
第一节　文献综述 ………………………………………… 181
第二节　数据来源、样本定义与描述性统计 …………… 184
第三节　实证结果和稳健性检验 ………………………… 187

第四节　结论与建议 ………………………………………… 203

第七章　互联网使用对流动人口生育行为的作用机理 ………… 205
　　第一节　文献综述 …………………………………………… 206
　　第二节　理论模型 …………………………………………… 211
　　第三节　数据说明与变量 …………………………………… 213
　　第四节　实证分析 …………………………………………… 215
　　第五节　结论与政策建议 …………………………………… 228

第八章　流动时间对生育意愿的影响 …………………………… 230
　　第一节　文献综述 …………………………………………… 230
　　第二节　数据、变量与方法 ………………………………… 235
　　第三节　实证结果 …………………………………………… 239
　　第四节　稳健性检验 ………………………………………… 243
　　第五节　结论与政策建议 …………………………………… 246

第九章　环境污染对女性生育意愿的作用机理 ………………… 249
　　第一节　文献回顾 …………………………………………… 250
　　第二节　变量选取与描述性统计 …………………………… 258
　　第三节　实证结果与稳健性检验 …………………………… 260
　　第四节　机制检验 …………………………………………… 266
　　第五节　结论与建议 ………………………………………… 268

参考文献 ……………………………………………………………… 271

致　谢 ………………………………………………………………… 302

第一篇 宏观篇

第一章　中国生育水平的空间演化及其影响因素

第一节　绪论

一　研究背景

人口是关乎国家经济发展和社会进步的重要要素，人口问题始终是我国面临的全局性、长期性、战略性问题，我国的人口再生产类型从"高出生、低死亡、高增长"向"低出生、低死亡、低增长"转变。新时代，我国人口发展面临复杂的形式变化，人口负增长下"少子老龄化"成为常态，我国的生育水平持续走低[①]。

自新中国成立以来，中国生育率整体呈下降趋势，这符合人口转变的规律。中国生育率是如何在短时间内完成从高到底的转变呢？1949—1957年，新中国成立初期，国家人口需求大，生育率处于较高水平，约为6.0；1958—1963年，经历了自然灾害，恶劣生存环境使得生育率骤降；但在生态和经济恢复之后，生育率又很快的回归高位；至1970年，

---

① 穆光宗：《低生育时代的养老风险》，《华中科技大学学报》（社会科学版）2018年第32期。

生育率都趋于稳定，常年保持在 6.0 左右①；但 1971 年生育率又开始出现下降，就业挤压和计划生育政策的共同作用下逐渐下降。至 1979 年的 8 年间，生育率都保持在更替水平以上；到 20 世纪 80 年代末，生育率降至 2.3 左右；1992 年后更是低于 1.52；直到 2016 年，"全面二孩"政策的实施释放了部分生育潜力，总和生育率才增至 1.7②。"全面二孩"政策的刺激作用使总和生育率仅在 2016 年有提升，2017 年开始我国的总和生育率又呈现下降趋势，2020 年我国总和生育率已低于国际警戒线水平；2021 年《中共中央 国务院关于优化生育政策促进人口长期均衡发展的决定》正式提出"三孩"政策以期提升我国的生育率水平③。

1953 年以来，中国人口总量呈缓慢上升趋势，人口分布空间差异逐渐凸显。④ 2000—2010 年，劳动力开始向东部沿海经济发展较快的地区流动，呈现出"孔雀东南飞"趋势。⑤ 自然因素奠定了人口空间分布的基本格局，经济发展不平衡与城市化是人口集聚的动力。人口流动使得东部沿海地区人口集聚加快，人口的迁移不仅使得地区的人口结构发生改变，也使得人口的空间分布发生改变。⑥ 2006—2010 年，各地区人口集疏度差异逐渐显著。⑦ 在"低生育率""低死亡率""低

---

① 王浩名：《中国人口总和生育率、人口红利与生育政策调整实证研究》，博士学位论文，辽宁大学，2016 年。
② 尹文耀、姚引妹、李芬：《生育水平评估与生育政策调整——基于中国大陆分省生育水平现状的分析》，《中国社会科学》2013 年第 6 期。
③ 吴帆：《低生育率陷阱究竟是否存在？——对后生育率转变国家（地区）生育率长期变化趋势的观察》，《人口研究》2019 年第 43 期。
④ 李薇：《中国人口省际迁移空间模式分析》，《人口研究》2008 年第 32 期。
⑤ 周靖祥：《中国人口分布的时空演化研究直面社会与经济双重困扰》，《重庆大学学报》（社会科学版）2014 年第 20 期。
⑥ 王桂新、潘泽瀚、陆燕秋：《中国省际人口迁移区域模式变化及其影响因素——基于 2000 和 2010 年人口普查资料的分析》，《中国人口科学》2012 年第 5 期。
⑦ 王桂新、潘泽瀚：《中国流动人口的空间分布及其影响因素：基于第六次人口普查资料的分析》，《现代城市研究》2013 年第 3 期。

增长率"阶段下,人口迁移和人口流动是导致人口空间差异扩大的关键因素。① 2020年,广东、浙江、北京、重庆等人口增长率位居全国前列,黑龙江和吉林人口出现极度负增长。整体来看,沿海、沿江和内地城区是人口集聚中心,不断吸纳中西部地区人口迁入,人口集聚区域或流失区域分布差异明显②,并且空间差异呈进一步扩大的趋势。如何进一步带动城市群周围城市人口集聚,均衡地区人口发展,是当前面临的重要问题。③

低生育率现象和人口的空间结构失衡是当前面临的重要人口问题。出生率是影响人口结构转变的主要原因,生育率的从高到低是人类历史发展的必经之路。④ 生育问题关乎社会发展和人口可持续发展,许多学者通过完善生育支持措施来提高生育水平。如改革生育服务管理体制,完善人口政策。生育问题关乎社会发展和人口可持续发展,完善生育政策是当前面临的重大挑战。⑤ 目前,出生率持续下降,这表明中国的人口变化正在接近一个临界点。研究表明,在未来的时间内,中国将大范围迎来历史性的负人口增长。⑥ "单独二孩"和"全面二孩"政策实施之后,一部分生育堆积得到了释放,低生育率会导致人口结构发生改变,地区间的差异会导致人口空间分布的失衡。在此背景下,中国的生育水平在短时间内已发生明显的逆转,省际的生育水平是否

---

① 段成荣、杨舸:《中国流动人口的流入地分布变动趋势研究》,《人口研究》2009年第33期。
② 陆杰华、林嘉琪:《中国人口新国情的特征、影响及应对方略——基于"七普"数据分析》,《中国特色社会主义研究》2021年第3期。
③ 翟振武、刘雯莉:《第七次人口普查数据质量与中国人口新"变化"》,《人口研究》2020年第45期。
④ 陈友华:《中国人口发展:现状、趋势与思考》,《人口与社会》2019年第35期。
⑤ 魏益华、迟明:《人口新常态下中国人口生育政策调整研究》,《人口学刊》2015年第37期。
⑥ 穆光宗:《"全面二孩"政策试试效果如何》,《人民论坛》2018年第14期。

与全国生育水平保持一致？省际的生育水平是否有空间关联效应，这些关联效应是通过哪些因素互相促进或者抑制？影响生育率的因素是否存在空间溢出效应呢？本章在已有研究成果的基础上，将对中国生育水平的空间演化及其影响因素进行系统研究。

二 研究目的及意义

（一）研究目的

自然条件和社会环境的改善以及科学技术的进步，人口的生育水平却呈现出持续下降的趋势。在自然地理和社会经济等因素影响下，中国东中西部人口分布与社会经济长期处于不平衡的发展态势。中国的生育水平在短时间内发生明显的逆转，省际的生育水平出现空间差异。人口转变理论表示"低生育率是国家经济发展中不可避免的人口现象"。联合国预测，到21世纪中期，目前被称为发展中国家的四个国家中，将有三个将达到或降到更替生育率以下。鉴于此，我们国家生育率的是如何转变？低迷地区的生育水平是否会向周边地区扩散？省际生育水平差异是开始缩小还是进一步扩大？省际生育水平影响因素是否具有空间溢出效应？这是本章要研究的重点，文章旨在对新中国成立以来的中国生育水平的演化进行梳理分析，并且对省际总和生育率空间差异进行分析梳理和研究，试图找出中国省际生育水平的空间变化规律及影响因素，以促进省际生育水平的均衡发展。

（二）理论意义

1. 丰富生育理论

目前国内外学者对生育率的研究内容较为丰富。大部分研究集中在从变动状况和发展趋势的角度系统研究中国生育水平的变化；或者单一地从生育率的时间序列变动趋势的角度；或者从人口生育需求的角度研究如何影响居民的生育意愿，从而推动不同生育政策的实施；还有部分学者综合考虑生育率的影响因素，从社会层面的角度，探讨提高生育率的措施。总体来讲，将生育率的时间变化和空间演化结合的研究较少，缺乏全面的分析框架。本章构建理论模型，结合省级生育面板数据，对省际生育的溢出效应进行分解，有助于完善现有的理论，拓展了生育理论的研究领域。

2. 拓展人口模型

先前国内外学者多从单一的维度对生育率进行分析和阐述，本节的研究拓展了人口模型的内容。近年来专家学者开始从空间的角度对地区生育水平进行探索，区别于以往的普通面板效应模型，空间面板模型对生育率的分析更为具体全面。本章使用空间面板模型，不仅能研究被选取因素对当地生育率产生的影响，还能研究其对邻近区域生育率所产生的影响。受限于普查数据的更新与严谨计算，学者较多的研究止步于第六次全国人口普查数据。本章结合国内外学者的研究，对中国各省际生育率数据进行更新，并加入空间计量模型，进一步地证实、拓宽研究思路。然后，进一步细分影响因素的影响范围，全面地从家庭抚养负担、经济发展水平、社会意识形态、人力资本水平等方面对生育水平的影响因素进行探讨。

(三) 现实意义

1. 对省际生育水平的空间检验有助于缩小地区人口分布的差异

中国人口的空间分布不均衡，是影响人口总量的直接因素。本章借助计量软件等处理数据的工具，通过实证研究省际生育率在空间上与相邻省份的相关性以及省际生育率存在的空间关系；研究生育水平的空间分布特征，了解生育的空间分布特征，是推动人口均衡发展的关键。地区之间的自然资源、环境状况和经济水平等不相同，人口分布的集疏也出现差异。通过对生育空间分布的研究，在一定程度上，有助于缩小地区之间人口分布的差异，实现区域的协调发展。

2. 对中国生育水平的时空演化研究有助于避免生育堆积

"单独二孩"和"全面二孩"政策之后，生育的持续降低趋势得到逆转，2016 年生育率增加的幅度较大。政策的实施效果明显，同时也产生了生育堆积效应。有生育意愿的家庭集中在一个时间段生育造成生育堆积，不利于社会资源的有效分配，并且会导致自然资源的恶化。本章研究了中国生育水平的时间变化和空间演化，探讨在不同的历史阶段，生育率在地区之间的变动趋势。通过历史国情了解家庭的生育意愿，有助于我们探讨生育堆积的原因，从而避免在开放生育政策下出现生育堆积现象，实现人口的均衡可持续发展。

3. 对中国生育水平的影响因素研究有助于解决低生育问题

低生育问题是当前人口发展面临的严峻挑战，中国低生育的形成不是一蹴而就的。早在 20 世纪 80 年代初期，劳动力的迁移、沿海地区腾飞使人口分布出现差异。"孔雀东南飞"的人口流动趋势、"空心化"地区的增加、和东中西部地区发展差异扩大是低生育形成的早期现象。伴随着城镇化水平的不断提高，地区生育水平的空间差异进一步扩大。本章研究中国生育水平的影响因素，有助于探讨低生育形成的原因，为走出"低生育陷阱"提供参考依据。

三 核心概念界定

（一）总和生育率

总和生育率是一种标准化生育率，相比于其他生育率指标，它是重要的生育水平测量标准，能够相对准确地反映生育水平。它的计算方法如公式（1.1）所示，育龄妇女生育率如公式（1.2）所示。

$$TFR_x = \sum_{a=15}^{49} q_x(a) \quad (1.1)$$

$$q_x(a) = Y_x(a)/N_x(a) \quad (1.2)$$

其中，x 为年份；$q_x(a)$ 为第 x 年 a 岁育龄妇女生育率；$Y_x(a)$ 为第 x 年 a 岁育龄妇女生育婴儿数；$N_x(a)$ 为第 x 年 a 岁育龄妇女数。其中育龄妇女年龄等距分组，计算时要将各组生育率先乘以组距数再相加。中国省级总和生育率数据，个别年份不完整，故本节对缺失的总和生育率数据，使用曲线拟合模型并结合移动平均法补充某些年份的缺失数据，得到总和生育率。

(二) 人口转变理论

人口转变理论最初是对欧洲人口变化的研究，是人口再生产过程的转变，是传统生产模式向现代生产模式的人口转变过程。[1] 人口再生产类型经历了出生率、死亡率和自然增长率适应社会再生产的过程转变。法国著名人口学家 A. Landry 根据人口发展趋势，提出了"三阶段转变"，可以适用于我们国家的人口转变趋势。人口转变过程是从不干预生育阶段到政策限制生育，最后到自觉选择生育的阶段。这一过程是社会发展进步的结果，人口转变是经济发展和社会价值观念的转变在家庭和生育领域的体现。低生育率是人口转变的表现之一，人口转变理论对研究人口的未来趋势具有重要意义。

(三) 空间相关性

任何事物之间都是有关联的，但是临近位置的事物要比位置遥远

---

[1] 吴忠观：《人口科学辞典》，西南财经大学出版社1997年版，第102页。

的事物相关性更强。一个地区的事物发展会推动另一个地区的事物发展，地区与地区之间息息相关。空间依赖性亦称空间自相关性，是识别空间效应的主要方法。莫兰指数可以用来判断是否存在空间自相关。Moran's I 指数如公式(1.3)所示。

$$I = \frac{n \sum_{i=1}^{n} \sum_{j=1}^{n} w_{ij}(x_i - \bar{x})(x_j - \bar{x})}{\sum_{i=1}^{n} \sum_{j=1}^{n} w_{ij} \sum_{i=1}^{n} (x_i - \bar{x})^2} \quad (1.3)$$

其中，n 是研究的区域；x 是自变量；$\bar{x}$ 是均值；w_{ij} 是 x_i 和 x_j 两个数据的空间关联权重。其中，Moran's I 指数检验区域之间的空间依赖性，其所得数值在区间[-1,1]内。当指数大于 0 时，说明存在正的空间自相关，越接近于 1，空间相关性越明显；当指数小于 0 时，说明存在负的空间自相关，越接近 -1，空间差异越大；当指数等于 0 时，空间呈随机性。

第二节　文献综述

一　国外相关文献梳理

生育率转变的扩散效应。在以往对生育率转变的研究中，国外大部分文献是单一地从实施生育政策的效果和生育意愿的角度分析生育率的变化。世界上许多国家已经进入了后生育率转变阶段，对生育率转变的研究也较为成熟。将扩散理论应用于研究生育率的转变，为生育转变提供了新的视角。普林斯顿欧洲生育计划研究了欧洲各地区历史生育率的下降，发现生育率下降的幅度超出了各个国家社会经济差异的预测。Cleland 和 Wilson 在研究中深入分析发现，拥有相同语言、种族和宗教，即具有相同文化特征的地区经历了相似的生育转变。① 这些现象与生育率下降的"扩散主义"观点直接相关，Bacci 研究发现，具有相同文化背景的地区，预期会有相似的生育轨迹。② 相同的文化背景奠定了相近的生育观念，生育观念在家庭中转化为生育行为，最终影响生育率的转变。Goldstein 等研究发现，随着时间的演变，传播会加剧地区之间的扩散机制，导致了周边地区生育率的普遍变化。③ Kohler 和 Kohler 研究表明，扩散会产生社会乘数效应，社会互动会加快生育观念甚至生育行为的传播，使受影响的生育群体扩大，影响许多其他人的行为。④ 扩散主义的观点可以普遍适用于人口变化，特别是因为只要人口行为有所创新，扩散效应就可以起到不可估量的作用。⑤ McDonald 研究发现，在第二次人口转变中，涉及观念的改变和新思想和人口行为的传播，其中包括非婚同居、离婚、未婚先孕、技术避孕等的扩散。⑥ Montgomery 和 Casterline 研究表明，新的生育观念或行为会迅速地扩散到临近地区，从而影响周边地区人们的生育选择。⑦ 从扩散主义的角度来看，Vitali 和 Billari 研究发现，生育率下降是由于对儿童价值和成本的新态度和观念的传播，以及由于获得了有

---

① Cleland J., Wilson C., "Demand Theories of the Fertility Transition: An Iconoclastic View", *Population Studies*, 41(1), 1987: 5–30.

② Bacci, M. L., "Low Fertility in Historical Perspective", *Population and Development Review*, 38, 2013: 72–82.

③ Goldstein, J., Lutz, et al., "The Emergence of Sub-replacement Family Size Ideals in Europe", *Population Research and Policy Review*, 5, 2003: 479–496.

④ Kohler H. P., Kohler I., "Fertility Decline in Russia in the Early and Mid-1990s: the Role of Economic Uncertainty and Labor Market Crises", *European Journal of Population*, 18, 2002: 233–62.

⑤ Bongaarts, J., "Fertility and Reproductive Preferences in Post-Transitional Societies", *Population and Development Review* (Supplement: Global Fertility Transition), 27, 2001: 260–281.

⑥ McDonald, P., "Low Fertility and the State: The Efficiency of Policy", *Population and Development Review*, 3, 2006: 485–510.

⑦ Montgomery M. R., Casterline J. B., "The Diffusion of Fertility Control in Taiwan: Evidence from Pooled Cross-Section Time-Series Models", *Population studies*, 47(3), 1993: 457–479.

关节育技术的知识和信息而产生的新行为在社会关系和社会中传播的结果。① 对于家庭来讲，孩子的价值由"投资品"转变为"消费品"，极大程度地改变了家庭传统的生育观念。Mason 研究发现，生育率变化理论必须认识到，观念的变化最终会推动生育率的变化，而且观念的变化可能比他们所关注的现实更慢或更快。② 不断变化的看法或意识形态会促使人们的行为变化，最终影响生育率的变化。扩散效应可以通过不断地冲击现有的社会意识形态，于无形中推动生育率的发展，极大范围内地影响生育率。

国外对总和生育率的空间分布的研究逐渐增多。在过去 40 年里，许多发展中国家的生育行为发生了迅速转变。平均总生育率已经从传统的六个或更多下降了一半，到今天的三个左右，曾经罕见的避孕措施现在已经广泛使用。Morgan 和 Taylor 研究结果表明，20 世纪 60 年代初至 90 年代末，亚洲和拉丁美洲的生育率下降幅度最大，撒哈拉以南非洲的生育率下降幅度最小。③ 各国之间的生育率转变差异显著，部分国家已经完成了生育转变，而部分国家的生育率几乎还没开始发生变化。Anorak 等研究发现，1700—1899 年整体的生育率没有任何变化趋势，但是选取一个地区的不同人群的生育率进行研究，结果显示部分区域生育率呈现从高到低的下降趋势，部分区域生育率呈现从低到高的上升趋势。④ 在不同区域的相互作用下，整体的生育率保持稳定。Rindfuss 和 Bumpass 以及 Coale 对 1990 年以来世界各国的生育水平数据

---

① Vitali A., Billari F. C., "Changing Determinants of Low Fertility and Diffusion: A Spatial Analysis for Italy", *Population, Space and Place*, 23(2), 2017: e1998.

② Mason K. O., "Explaining Fertility Transitions", *Demography*, 34(4), 1997: 443–454.

③ Morgan S. P., Taylor M. G., "Low Fertility at the Turn of the Twenty-First Century", *Annu. Rev. Sociol*, 32, 2006: 375–399.

④ Anorak, Rudolf Levine, David Tilly, et al., "The Decline of Fertility in Europe", *Population and Development Review*, 12(2), 1986: 323–40.

分析发现，相距较近的地区，具有相似的生育率水平。[①] 生育率相近的地区会形成生育的集聚现象，这不是偶然发生的现象，是社会经济文化相互制约的结果。Rindfuss 等又对该生育数据进行研究，通过比较高水平生育率地区和低水平生育率地区的数据发现，生育率相近的地区确实形成了集聚现象。[②] 研究结果表明，相邻地区之间的经济水平、社会发展程度、文化水平和生育政策的相似，会产生显著的生育率的空间溢出效应，直接影响地区育龄家庭的生育意愿，使得地区间的生育水平相近。之后，Oliveau 和 Guilmoto 将空间计量工具应用于地区级变量，研究发现，同一国家的不同地区，生育率及其相关因素之间的联系可能是不同的。[③] Vitali 和 Billari 从地理学的角度将生育数据进行可视化处理，验证了生育率的空间分布特征。[④] 随后 Singh 等利用同样的数据，检验了印度生育率的空间相关性，并且验证了生育率的影响因素，肯定了前者的研究。[⑤] Lutz 等研究的是世界生育率的重心变动，研究发现世界生育率的中心，集中在非洲乍得西南部地区。研究说明，生育率开始出现集聚效应，集聚中心位置凸显。[⑥] Sobotka 发现，世界

[①] Rindfuss R. R., Bumpass L. L., Choe M K, et al., "Social Networks and Family Change in Japan", *American sociological review*, 69(6), 2004: 838–861; Coale A. J., *The Decline of Fertility in Europe*, Princeton University Press, 2017.

[②] Rindfuss R. R., Choe M. K., Bumpass L L., et al., "Social Networks and Family Change in Japan", *American Sociological Review*, 69(69), 2004: 838–861.

[③] Oliveau S., Guilmoto C., "XXVe Congrès International de la Population", *Spatial Correlation and Demography*, 2005.

[④] Vitali A., Billari F. C., "Changing Determinants of Low Fertility and Diffusion: A Spatial Analysis for Italy", *Population, Space and Place*, 23(2), 2017: e1998.

[⑤] Vitali A., Billari F. C., Prskawetz A., "Preference Theory and Low Fertility: A Comparative Perspective", European Demographic Research Papers 0702, Vienna Institute of Demography (VID) of the Austrian Academy of Sciences in Vienna, 2009.

[⑥] Lutz, W., Skirbe K. K., et al., "The Low-Fertility Trap Hypothesis: Forces that May Lead to Further Postponement and Fewer Birth in Europe", *Vienna Yearbook of Population Research*, 4, 2006: 167–192.

不同地区生育率也存在着较大差异。① Belair 则对世界范围内生育率进行了研究，发现非洲的生育水平出现了明显的两极分化现象，高水平生育率地区和低水平生育率地区的差异较大，生育率分布不均衡。② Chown 等的研究发现，美洲地区也出现了生育水平两极分化和生育率分布不平衡的问题。③

生育的影响因素分析。Craig 等用衡量生殖和婚姻行为及经济状况的指标，如婚内和婚外生育、自愿堕胎、强制婚姻、工业化程度、失业率和世俗化等，作为研究意大利生育水平的因素。④ 婚育文化可以从根本上影响着生育意愿的形成，妇女的地位、婚姻观、生育观和家庭规模都会影响一个地区的生育率。Adhikari 认为，初婚年龄、理想子女数、识字状况、财富状况和母亲的儿童死亡经历等会对生育率产生影响，特别是妇女教育、女性劳动力参与、城市居住、家庭财富、文化规范和社会发展的总体水平都影响了生育率。⑤ Montgomery 认为，家庭的生育观念对地区生育水平也有着一定的影响。⑥ Cleland 发现，生育率的转变与当时的经济和社会的变化不存在明显的相关性，但生育率

---

① Sobotka T., "Post–Transitional Fertility: Childbearing Postponement and the Shift to Low and Unstable Fertility Levels", *Vienna Institute of Demography Working Papers*, 20(6), 2017: 800–811.

② Belair, "Fertility and Reproductive Preferences in Post–Transitional Societies", *New York Population Council*, 1998, 27(1): 260–281.

③ Chown S. L., Van Rensburg B. J., Gaston K. J., et al., "Energy, Species Richness, and Human Population Size: Conservation Implications at a National Scale", *Ecological Applications*, 13(5), 2003: 1233–1241.

④ Craig M. H., Snow R. W., Le Sueur D., "A Climate–Based Distribution Model of Malaria Transmission in Sub–Saharan Africa", *Parasitology Today*, 15(3), 1999: 105–111.

⑤ Adhikari, Ramesh, "Demographic, Socio–Economic, and Cultural Factors Affecting Fertility Differentials in Nepal", *BMC Pregnancy and Childbirth*, 10(1), 2010: 19–25.

⑥ Montgomery, "The Low Fertility Trap Hypothesis: Forces that May Lead to Further Postponement and Fewer Births in Europe", *Vienna Year Book of Population Research*, 4, 2006: 167–192.

与地区的语言、种族和宗教的相关性很强。① Rosenfield 研究发现，生育率的扩散影响与地区经济和社会的发展不存在明显的相关性，但生育率的扩散影响对生育率的下降起到了积极的作用。② Billari 等的研究验证了生育率下降中存在的扩散因素，且验证了经济社会对生育率的影响。他提供了另一个重要的制度和互动理论，重点关注西方福利国家制度。由于家庭、国家和市场在管理社会风险方面的平衡，社会民主政体下的生育率可能与保守政体不同。③ Morgan 研究发现，从高生育率到低生育率的转变（第一次人口结构转变）主要是由于已经有两个或两个以上孩子的妇女的生育率的下降。④ 生育数量多的家庭通常被视为，稀释了每个孩子可以获得的父母资源，从而威胁到孩子的全部潜力。为了每个孩子得到个性化照料和父母的集中关注，减少家庭规模的压力、减少生育不断加剧。相比之下，低生育率人口的生育趋势主要取决于没有生育或生育一孩的妇女的行为。无子女妇女和有一个孩子的妇女的生育行为在美国婴儿潮中占了很大一部分。

Bongaarts 和 Feeney 的研究表明，妇女第一次生育孩子的年龄对总和生育率至关重要。⑤ 因此，对低生育率的解释必须同时考虑到生育推迟和出生人数减少。具体而言，推迟生育率意味着放弃了一些生育，其中有三种机制在起作用。生育时间越晚，意外怀孕的风险越小；晚

---

① Cleland, "The Future of Human Reproduction: Will Birth Rates Recover or Continue to Fall", *Ageing Horizons*, 7, 2007: 15 – 21.

② Rosenfield, "Low Fertility in Europe: Causes, Implications and Policy Options", *The Baby Bust: Who Will Do the Work*, 2006: 48 – 109.

③ Billari F. C., Liefbroer A. C., Philipov D., "The Postponement of Childbearing in Europe: Driving Forces and Implications", *Vienna Yearbook of Population Research*, 2006: 1 – 17.

④ Morgan S. P., "Is Low Fertility a Twenty First – Century Demographic Crisis?", *Demography*, 40, 2003: 589 – 603.

⑤ Bongaarts J., Feeney G., "On the Quantum and Tempo of Fertility", *Population and Development Review*, 24, 1998: 271 – 91.

育会增加不孕的风险；推迟生育会使得女性改变生育意愿，由于利益冲突的发展，会减少生育数量。生育时间（女性生育子女的年龄）可能会影响女性个体生育子女的数量。Kohler等认为，女性人力资本和工作机会的增加会鼓励推迟结婚和生育，这是对生育机会成本增加的理性反应。在大多数当代情况下，父母在生孩子和抚养孩子时会付出高昂的直接和间接成本。间接成本是巨大的，主要反映了母亲因怀孕、分娩和育儿而放弃的收入。直接成本则很直观，而且更容易定期计算。[1] McDonald认为，从高生育率到围绕更替水平的生育率的转变，伴随着家庭内性别平等的提高，女性地位、声望的提高降低了女性生育意愿，进而降低了生育率。[2]

二 国内相关文献梳理

中国生育水平的变化。在以往对中国生育率的转变的研究中，中国的生育问题是学者研究的热点，中国各地区生育水平的差异也引起了各界学者的广泛关注。研究发现，在20世纪60年代中国不同的省区生育率，已经开始出现较大的差异的。[3] 全国生育率的变化是省区的平均数，此时国家生育率水平变动幅度小，是中国省区生育率有增有减共同作用的结果。20世纪70年代，中国的总和生育率开始急剧下滑，各省份之间甚至是市与市之间，已经出现了很大的差异。这个时期，中国生育率开始出现地理上的集聚，市与市之间的生育水平已经开始出现差异趋势。90年代之后，中国各省份的总和生育率从整体上来讲，处于较低的水平，

---

[1] Kohler H. P., Billari F. C., Ortega J. A., "The Emergence of Lowest - Low Fertility in Europe During the 1990s", *Popul. Dev. Rev*, 28, 2002: 641-80.

[2] McDonald P., "Gender Equity in Theories of Fertility Transition", *Population and Devlopment Review*, 26, 2000: 427-39.

[3] 田心源、李哲夫：《新人口态势与旧传统观念：在诱发性人口转变中的中国家庭》，《人口与经济》1986年第6期。

并且呈现下降态势。① 全国各省份生育率都开始下降,这个时期国家还未出台开放生育的相关政策,加上各地区经济发展取得了突飞猛进的成果,经济的增长伴随着低生育率的显现。徐莉认为,1980年之后中国各地区的生育水平的差距缩小了,但仍存在着一定的差距。② 中国各个省域的总和生育率存在差异,具体表现出"由北向南、由西向东递减"的规律。发达地区生育率低,城乡生育率较低,总体的生育率呈现低水平。林富德和刘金塘研究发现,中国各地区的总和生育率降到更替水平的时间有很大差异,各个地区的总和生育率的更替水平要想达到稳定的时间却十分趋同。③ 各地区生育水平不同,所处的"人口转变"时期不同,是导致生育率降到同一水平的时间有差异的原因。顾宝昌等在研究中发现,中国县域的总和生育率差异呈现出由北向南递减、由西向东递减的趋势。④ 目前中国人口总量缓慢增长,但是个别省份已经出现了人口的负增长,人口转变的下一阶段或早或晚的到来,都需要我们做好充分的准备来应对。王丰在研究中预测,中国的人口总量在到达高峰后,会到达一个拐点,达到拐点之后会出现持续的人口负增长。⑤

国内对总和生育率的空间分布的研究逐渐增多。许多发展中国家的生育率目前正在下降,关于未来生育率趋势的辩论的焦点正从转型的早期阶段转移到后期阶段。但是国内对生育率的研究中,从时间和空间两个角度共同分析的文献较少,更多的是从人口分布变化讨论生育水平的变化。劳动力向东部沿海经济发展较快的地区转移,人口流动使得东部

---

① 刘金菊、陈卫:《中国的生育率低在何处?》,《人口与经济》2019年第6期。
② 徐莉:《中国生育率的地区差异分析》,《人口与经济》1994年第4期。
③ 林富德、刘金塘:《走向21世纪:中国人口发展的地区差异》,《人口研究》1996年第20期。
④ 顾宝昌、侯佳伟、吴楠:《中国总和生育率为何如此低——推延和补偿的博弈》,《人口与经济》2019年第8期。
⑤ 王丰:《21世纪中国人口负增长惯性初探》,《人口研究》2007年第32期。

沿海地区人口集聚加快，人口的迁移不仅使得地区的人口结构发生改变，还使人口的空间分布发生改变。沿海、沿江和内地城区是人口集聚中心，不断吸纳中西部地区人口迁入，人口集聚区域或流失区域分布差异明显。韦艳发现各省的生育率存在扩散效应。[1] 顾宝昌研究发现，中国四大区域的总和生育率也存在着空间上的联系，四大区域的生育率的影响因素不同，这是总和生育率具有扩散效应的表现。[2] 张旭等研究发现，1900—2000年，中国呈现出明显的东西差异，省级的生育水平存在显著为正的空间自相关。[3] 夏磊研究发现，在2000—2010年生育水平的空间自相关趋势有所减弱。[4] 中国的人口空间差异研究逐渐增多，但大部分研究学者的研究数据时间间隔较短，这不利于我们从整体的变化趋势把握生育率的转变规律。

生育的影响因素分析。中国各省份总和生育率的差异，是各方面因素共同导致的，比如生育政策、风俗习惯、婚育观念、养育文化和性别偏好等。[5] 生育的影响因素中的直接原因是生理方面，根本原因与经济发展水平、人力资本水平、医疗水平、价值观念、年龄结构和就业水平等有着重要的关系。[6] 徐莉研究发现，地区的生育水平与经济发展水平正相关。[7] 徐莉在研究生育率的变化时使用的指标大多是人

---

[1] 韦艳：《中国生育率下降中的扩散效应：基于省级时序数据的研究》，《人口研究》2007年第4期。
[2] 顾宝昌、侯佳伟、吴楠：《中国总和生育率为何如此低？》，《人口与经济》2020年第1期。
[3] 张旭、朱欣焰、鲍曙明：《中国人口生育率的时空演变与空间差异研究》，《武汉大学学报》(信息科学版)2012年第37期。
[4] 夏磊：《基于探索性空间数据分析的中国人口生育率空间差异研究》，《西部学刊》2015年第9期。
[5] 庄亚儿、姜玉、李伯华：《全面两孩政策背景下中国妇女生育意愿及其影响因素——基于2017年全国生育状况抽样调查》，《人口研究》2021年第45期。
[6] 刘庚常：《关于当前生育影响因素的思考》，《人口学刊》2010年第1期。
[7] 徐莉：《中国生育率的地区差异分析》，《人口与经济》1994年第4期。

均国民收入、城镇化、非农产业中女性就业者比例以及农村消费水平。不同于其他学者所发现的生育政策和生育观念类型的影响因素，陈容和顾宝昌认为，妇女的受教育程度对地区总和生育率的影响最为明显。① 王良健等选取经济发展指标，研究地区经济的发展会对地区的生育率产生的影响，结果表明地区的经济发展水平与生育率具有相关性。② 喻晓和姜全保在研究地区生育率的时候使用了避孕率和领取独生子女证明数等指标代表各地区实施计划生育政策的效果，通过对政策实施效果的分析得出各地区总和生育率水平的差异情况。③ 顾宝昌等从中国四大区域的角度研究县域生育率的影响因素，研究结果显示中国四大区域的县域总和生育率的影响因素存在明显的差异。④ 侯力研究发现，东部地区的经济发展水平较高，生育观念也较为先进，因此该地区的生育水平较低。同时东部地区育龄妇女的受教育程度与地区医疗水平相对于其他地区来说有明显的优势。⑤ 郭志刚研究表明，中部地区的离婚率越高，总和生育率就越低，而妇女受教育水平和经济发展水平对中部地区的总和生育率也有一定的负向影响。⑥ 西部地区经济发展速度快但是经济发展水平没有发达地区高，因此当地的经济发展水平、离婚率和妇女受教育水平对生育率的影响没有东部地区和中部地区的明显，少数民族的生育观念近年来没有较大的变

---

① 陈蓉：顾宝昌：《低生育率社会的人口变动规律及其应对——以上海地区的生育意愿和生育行为为例》，《探索与争鸣》2021年第7期。
② 王良健、梁旷、彭郁：《中国总和生育率的县域差异及其影响因素的实证研究》，《人口学刊》2015年第37期。
③ 喻晓、姜全保：《低生育水平下中国生育率转变影响机制的地区差异——来自90年代省级面板数据的经验》，《南方人口》2010年第25期。
④ 顾宝昌、侯佳伟、吴楠：《中国总和生育率为何如此低——推延和补偿的博弈》，《人口与经济》2019年第8期。
⑤ 侯力：《东北地区长期低生育水平形成原因探析》，《人口学刊》2018年第2期。
⑥ 郭志刚：《中国的低生育水平及其影响因素》，《人口研究》2008年第32期。

动，因此西部地区的生育率在全国范围里属于较高的位置。东北地区由于经济不景气，地区的育龄妇女生育意愿普遍较低，这些因素使得当地生育水平极低。刘睿文等研究结果发现，中国人口空间结构失衡，经济发展水平和城市化水平是人口集聚的动力，人口呈现沿海、沿江、沿线趋势集聚的态势。[1] 戈艳霞研究表明，城镇化水平的差异也会对生育率产生不同的影响。[2] 郭志刚研究发现，家庭中对孩子的性别偏好和育儿福利也会对生育率产生影响。[3] 生育率会受到各种各样的因素影响，包括经济、社会、人口、对子女性别偏好、家庭居住条件等。刘庚常研究发现，政府的干预对生育率的影响也占据重要地位。[4] 不同地区的经济发展对地区的生育率产生影响的程度不尽相同。人力资本水平使得女性在社会分工中逐渐占有一席之地，从而影响女性对于生育行为的选择。一般而言，教育水平越高，女性对孩子的需求越少，二者负相关；生育政策的实施强度是政策实施效果的呈现，不同的历史发展阶段，生育政策对人们的生育意愿有着举足轻重的影响。

三 文献述评

国外学者从新的视角扩散效应，研究生育率的转变。扩散反映的不仅仅是人口数量的简单变化，还是一个地区从文化、制度、经济等方方面面影响周边地区的生育选择。不同地区拥有相同的文化特征，会经历相似的生育转变。扩散效应下，影响生育率的观念、文化、思

---

[1] 刘睿文、封志明、杨艳昭等：《基于人口集聚度的中国人口集疏格局》，《地理科学进展》2010年第29期。
[2] 戈艳霞：《中国的城镇化如何影响生育率？——基于空间面板数据模型的研究》，《人口学刊》2015年第37期。
[3] 郭志刚：《中国的低生育水平及其影响因素》，《人口研究》2008年第4期。
[4] 刘庚常：《关于当前生育影响因素的思考》，《人口学刊》2010年第1期。

想等会加速传播，会加快生育率的转变。中国的生育转变同样适用扩散效应，社会中的不婚观念、非婚同居等文化的盛行对低生育现象有着重要的影响。扩散效应类似于乘数效应，看似小群体的生育观念，实则会产生深远的影响。短期影响因素和长期影响因素在扩散效应下都会对生育率产生重要的影响。生育的集聚现象逐渐凸显，国内外研究生育率的空间溢出效应也逐渐增多。研究表明，相邻地区的生育率空间溢出效应显著，很大程度上是因为临近地区经济发展水平、生育政策实施和生育文化发展等相似。当前，各地区的生育文化不断渗透，生育水平的空间分布是否出现了新的态势，这是文章中需要探讨的问题。国内外有大量文献对生育的影响因素进行探讨，可见这一问题对每个国家至关重要。基于大量的文献研究，专家学者对衡量生育影响因素的指标选择逐渐全面，在指标的选择时也逐渐趋于多维化。文章整理并分析国内外研究学者选择的指标，科学全面地从多个维度探讨生育影响因素的六个指标。中国人口总量呈缓慢上升趋势，但是生育水平总体呈下降趋势。"单独二孩"和"全面二孩"政策的实施，释放了一部分生育堆积，之后的生育率又开始下降。我们是否能走出低生育率陷阱，回归正常生育水平？国外有成功的案例，我们国家要如何面对并摆脱这样的困境呢？中国在极短的时间内完成了人口转变，当前我们国家人口结构失衡，老龄化问题凸显。我们面临的不仅仅是未富先老一个问题，我们还面临着低生育率的人口问题。值得注意的是，这是许多国家曾经或者现在面临的人口问题，符合国家国情的切实有效的生育政策，是解决低生育率问题的根本。全面放开生育，对于有生育意愿的家庭是一项利好政策，但是有生育意愿的是否可以切实转化为生育行为，这是生理条件和内部条件共同作用的结果。此外，全面放开生育是否会迎来生育堆积？在政策实施之前都要进行评估分析。

人口的转变不仅仅是当前的各种因素共同作用的结果，也是历史的原因共同作用的结果。所以，我们要全面地看待问题，从根本上寻找解决问题。

综上所述，通过阅读和整理大量的低生育率和最低生育率的研究文献，发现许多文献研究旨在从理论和经验两方面评估当代发达社会生育率水平的决定因素，但是不同历史轨迹之间的生育率差异在空间上如何演化的是必须要理清的难题之一。国外的相关研究集中在生育率的高低在各大洲的分布差异，或者各大洲自身内部生育率高低的空间分异情况。而国内对生育率空间分异格局的研究局限于早期和生育率的扩散效应，对生育率整体空间分异的变动以及地区之间的关联性并没有详细的说明。国内对生育水平的空间分析较少，新中国成立之后中国生育水平转变的根本原因，需要从生育的空间分布角度进行多重分析。关于这部分文献较少。目前，许多对生育率的影响因素分析都是从单一的角度，如城镇化水平、经济集聚、人口流动等方面，缺乏全面的视角。除此之外，国内外的学者从社会、经济和人口政策的角度来分析影响生育率的因素，并且仅限于单纯地分析影响生育率变化的因素，而忽略了目前国内外影响生育率空间分异的因素，缺乏从空间角度入手对国内外各地区的生育率空间分异影响因素的研究。因此，本章首先基于对生育率采取"扩散主义"的观点，通过研究时间与空间上的生育率动态相关因素来探索提高生育率的可能性；其次本节基于2005—2020年中国的30个省（除港澳台，不包括西藏）的面板数据对总和生育率的空间演化进行探索性分析，探讨省际总和生育率的聚集过程和省际的变化规律；最后，使用计量模型对选取的相关变量进行稳定性检验，且验证省际总和生育率的空间相关性，实证分析省际生育影响因素的空间溢出效应。

第三节 理论模型和计量模型设计

一 理论模型构建

关于总和生育率与生育率的函数关系,一般采用曲线拟合模型,本节沿用 Entwisle[1]、Campbell 和 Arthur[2] 以及朱宝生和乔晓春[3]对生育率计算的经典理论模型,根据出生率和总和生育率函数关系的假设,结合移动平均算法计算出生率和总和生育率的系数 π。推导过程如公式(1.4)至公式(1.12)所示。

$$Y = \frac{y}{R} \times 1000‰ \qquad (1.4)$$

$$F_X = \frac{S_x}{R} \qquad (1.5)$$

$$l_X = \frac{y_x}{S_x} \times 1000‰ \qquad (1.6)$$

其中,育龄妇女是指15—49岁女性;Y 是指出生率;F_X 是指育龄妇女的结构;S_x 是指育龄妇女人数;R 是指平均总人口数;l_X 是指生育率;y_x 是指出生人口数。

$$tfr = \sum\nolimits_{a_1}^{a_2} l_x \qquad (1.7)$$

$$m_x = \frac{l_x}{tfr} = \frac{l_x}{\sum_{x=15}^{49} l_x} \qquad (1.8)$$

$$y = \sum\nolimits_{x=15}^{49} y_x \qquad (1.9)$$

---

[1] Barbara Entwisle, "CBR Versus TFR in Cross-National Fertility", *Demography*, 18(4), 1981: 635-643.

[2] Campbell, Arthur A., "Manual of Fertility Analysis", London: Churchill Livingstone, 10(1), 1983: 3-10.

[3] 朱宝生、乔晓春:《数据漏报对总和生育率与出生率确定性函数关系的影响》,《人口与经济》2019年第1期。

$$\pi = \sum\nolimits_{x=15}^{49}(m_x \times F_x) \qquad (1.10)$$

其中，tfr 是指总和生育率；a 是指育龄妇女的年龄别；m_x 是指标准生育模式；y 是指出生人口数；y_x 是指出生人口数；h_x 是指标准生育模式。

整理可得公式(1.11)。

$$\pi = \frac{Y}{tfr} \qquad (1.11)$$

对于缺失的年份数据计算关系系数 π 值的缺失值需要通过移动平均算法得出，如公式(1.12)所示。

$$\pi = \sum\nolimits_{x=15}^{49}(m_x \times F_x) = \sum\nolimits_{x=15}^{49}\left(\frac{\frac{y_x}{s_x}}{\sum\nolimits_{x=15}^{49}\frac{y_x}{s_x}} \times \frac{s_x}{R}\right) \qquad (1.12)$$

公式(1.12)的应用中，需要我们对数据进行整理计算，在得到式中各项指标之后，就可以计算出关系系数 π 值。

生育是一个连续的、有时间限制的、不可逆的过程。生育率影响生育率的因素有很多，城市经济实力、人力资本水平、生育政策实施强度、社会意识形态等不断地冲击着人们的生育意愿，从而影响生育行为。地理空间上的差异，会放大或者缩小各种外部环境对生育率的影响。这种影响分为直接和间接两种效应，其中直接影响(直接效应)是外部的环境对本地区生育率的作用效果；间接影响(空间溢出效应)是本地区的外部环境对其他地区的生育率的作用效果。直接效应和间接效应都对生育率有着不可估量的作用效果，空间溢出效应增加了各地区之间的关联性地区与地区之间的关系逐渐紧密，两地的生育率会出现极强的"传染性"。故假设各个影响因素相互独立，选出一个具有代表性的地区的生育率，这一地区经济、社会和人口的函数如公式

(1.13)所示。①

$$TFR_i = TFR_0 \times y(e_i) \times z(x_i) \quad (1.13)$$

其中，e_i 是指解释变量指标；x_i 是指除去 e_i 中所有指标的其他变量；TFR_i 是指在 i 时期状态下的生育率；tfr_0 是指初始状态下的生育率；$y(e_i)$ 是指解释变量指标的影响函数；$z(x_i)$ 是指除去 e_i 中所有指标的其他变量的影响函数。

在公式(1.13)的基础上，对公式进行转换，转换成可应用于地理空间的公式(1.14)。

$$TFR_i = TFR_0 \times y(e_i) h(w_{ij} e_j) \times l(x_i) \quad (1.14)$$

其中，e_i 是指本地区变量指标；e_j 是指其他地区变量指标；$y(e_j)$ 是指其他地区的影响函数；w_{ij} 是指地区 i 与其他的一个地区 j 之间的相关程度；$h(w_{ij}e_j)$ 是指其他地区变量指标对地区生育率的影响函数；$y(e_i)$ 是指在空间上对生育率的影响函数。

将公式(1.14)分别对本节中所选择的具有代表性的地区的解释变量和控制变量指标求一阶偏导，可得公式(1.15)。

$$\alpha = \frac{\partial TFR_i}{\partial e_i} = TFR_0 \times y_{e_i}(e_i) \times h(xe_i) \times l(x_i) \quad (1.15)$$

α 代表选择的解释变量和控制变量指标对生育率的直接影响，具体来看就是，当 $\alpha<0$ 时，本地区的经济、社会和人口指标与生育率成反向关系；当 $\alpha>0$ 时，本地区的经济、社会和人口指标与生育率成正向关系；当 $\alpha=0$ 时，本地区的经济、社会和人口指标对生育率无显著影响。

将公式(1.14)分别对本节中所选择的其他地区的解释变量和控制变量指标求一阶偏导，可得公式(1.16)。

---

① 戈艳霞:《中国的城镇化如何影响生育率？——基于空间面板数据模型的研究》，《人口学刊》2015年第37期。

$$\beta = \frac{\partial\ TFR_i}{\partial\ \upsilon_0} = TFR_0 \times y(\upsilon_0) \times h_{\upsilon_0}(\upsilon_0) \times l(x_i) \qquad (1.16)$$

β 代表选择的解释变量和控制变量指标对生育率的间接影响，具体来讲就是，当 $\beta<0$ 时，其他具有影响力的地区经济、社会和人口指标与生育率成反向关系；当 $\beta>0$ 时，其他具有影响力的地区经济、社会和人口指标与生育率成正向关系；当 $\beta=0$ 时，其他具有影响力的地区经济、社会和人口指标与生育率无显著影响。在假设条件下，分析解释变量对生育率的影响。

二　计量模型设计

当研究影响因素时，不同的地区由于自身发展情况不同对于研究结果带来一定影响，为了研究不同的地理位置对研究内容的影响，空间计量承担了重要角色。根据空间计量的不断发展，学者对于空间计量模型的研究也逐渐深入，可以根据不同的表现选择适合的模型。

目前研究出的模型共 10 种，我们根据 10 种模型的共通之处，总结出广义嵌套空间模型，如公式 (1.17) 和公式 (1.18) 所示。①

$$Y_T = \rho W Y_T + X_T \beta + W X_T \theta + \alpha l_N + u_T \qquad (1.17)$$

$$u_T = \lambda W u_T + \varepsilon_T \qquad (1.18)$$

其中，T_Y 是指某段时间内 $NT \times 1$ 阶的被解释变量；N 是指研究空间的地区数量；T 是指时间长度；X_T 是指某段时间内 $NT \times K$ 阶的解释变量；K 是指解释变量个数；W 是指 $NT \times NT$ 阶空间权重矩阵；l_N 是指 $NT \times 1$ 阶的全 1 矩阵；u_T 是指误差项；ε_T 是指不含空间信息的误差项（均为 $NT \times 1$ 阶矩阵）。ρ、β、θ、α、λ 均为参数。当参数 λ 为 0 时，$u_T = \varepsilon_T$。

---

① Anselin, L., *Spatial Econometrics: Methods and Model*, Dordrecht: Kluwer, 1988; Anselin, L., S. J. Rey, "Properties of Test for Spatial Dependence in Linear Regression Models", *Geographical Analysis*, 23, 1991: 112–131.

根据 β，θ，λ 参数的取值不同，常见的几类模型之间可以相互转换。

本节先进行空间自相关检验，我们首先计算每年的总和生育率的莫兰值，结果显示 2005—2020 年均在 1% 水平下显著，说明我们选择使用空间计量模型合理。综上所述，选用最优的空间杜宾模型的时间固定效应和时空固定效应进行空间计量分析。

综上，本节构建空间杜宾模型，如公式(1.19)所示。

$$tfr = \lambda Wtfr + W\beta + WT\sigma + \varepsilon \qquad (1.19)$$

其中，tfr 是指总和生育率；W 是指空间权重矩阵；δ 是指空间溢出系数；λ 是指空间自相关系数；ε 代表空间误差项；T 代表解释变量向量组(edr，yec，nmb，inp，uur，diu)。

第四节　中国省域生育水平的空间异质

一　指标选取和数据来源

(一)指标选取

本章选择用总和生育率这一指标衡量生育水平。总和生育率是一项加权平均的标准生育率，它可以反映平均每个妇女一生中可能生育的孩子数量。考虑到研究中使用的省际总和生育率面板数据，对于未统计该数据的省份，我们使用曲线拟合模型补充数据。但是，由于西藏地区总和生育率缺失年份较多，为了保证数据的准确性和科学性，我们在实证研究部分，只研究全国 30 个省份(除港澳台，不包括西藏)的总和生育率空间演化。

为了保证研究影响因素的全面性和科学性，生育水平的影响因素的变量，我们分别从六个维度进行选择，分别为经济发展水平、人力资本水平、医疗卫生水平、生育价值观念、年龄结构比例和居民就业水平。选取的变量分别为以下几种。

1. 老人抚养比

老年人口抚养比是人口年龄结构改变的基本要素。近年来,老年人口占比逐年上升,新生儿人口逐年下降,社会抚养负担加重。在家庭生产中,老人抚养比对家庭的影响较为明显,各省份在调查统计年鉴中均有该数据,具有可获得性。老年人口抚养比较高意味着劳动力的生活负担较重,因而导致生育需求减少,生育的预防动机逐渐增强。中国各省老年人口抚养比有明显差异,例如北京、上海等特大城市的老年人口抚养比较低,是因为该地区劳动力输入量大,非劳动力占比小,因此劳动力人口的负担较轻,进而对生育行为也有着正向影响。

2. 人均受教育年限

由于居民的文化素质以及社会观念的不同,不同的生育观念导致不一样的生育行为。人力资本提高,会加快社会文明的建设。人均受教育年限的增加,使得人力资本得到提高,人们有更多工作晋升的机会。人们倾向于接受教育,将自己转化为人力资本,为事业和经济收入打拼,从而在一定程度上会推迟甚至减少生育行为。此外,生育行为会损失女性甚至整个家庭的一部分经济,对女性的事业发展具有一定的阻碍作用。

3. 医疗卫生机构床位数

一个地区拥有的单位医疗卫生机构床位数越多,说明该地区对于育龄妇女的医疗保障更加完善,有利于保障地区的生育需求。东部地区的医疗水平较高,因此该地区单位医疗机构床位数也较多。对于西部地区来说,其医疗环境不如其他地区完善,拥有的单位医疗卫生机构床位数不多，因此对西部地区各省的省域生育率的正向影响没有其他地区明显。

4. 互联网普及率

互联网的普及扩大了人们沟通和交友的范围，改变了人与人之间传统的交流方式。互联网如同网络一般，将全国各个地区的人们紧密连接，新的生育观念会冲击到传统地区人们的思想。年轻夫妻一方或双方由于沉溺网络聊天或网络游戏而疏于家务和照顾孩子的情况很多。互联网的普及吸引了大量的用户，在一定程度上对育龄家庭的生育行为起到了一定的抑制作用，很多有生育意愿的家庭可能会因沉迷于互联网而疏于照顾孩子甚至不愿生育孩子。

5. 城镇失业率

对于大部分家庭来说，工作收入是家庭收入的重要组成部分，甚至是家庭收入的唯一来源。城镇失业率的提高，会使得许多家庭面临家庭收入的短缺。尤其是对于背负房贷和债务的群体，失业会打破个人乃至家庭的未来预期。失业的群体对未来预期降低，对生育的意愿也会大大降低，会选择推迟生育甚至是不生育。城镇失业率也是人们生活水平的反映，失业率高的地区，居民会减少不必要的开支，只对必需品消费，从而也会影响当地的经济发展；失业率低的地区，人们对未来预期美好，也会进行多层次的消费，从而促进当地的经济发展。

6. 城镇居民人均可支配收入

城镇居民人均可支配收入与生育的机会成本息息相关，可支配收入越高，生育的机会成本就越高。生育成本会直接影响居民的生育行为，对于经济条件较差的居民，会因为生育成本过高而推迟生育或者不生育。由于中国各省的经济发展水平不同，因此城镇居民人均可支配收入也不同。经济发达地区的城镇居民人均可支配收入较高，因此对当地省际生育率的负向影响较大。相反，经济欠发达的省份城镇居民人均可支配收入较低，对省际生育率的负向影响较小。

(二) 数据来源

文章的数据来源于各统计年鉴，见表1.1。文章研究分析基于全国以及各省份总和生育率数据，由于中国省域总和生育率只有在普查年份和抽查年份才会统计，因此对缺失数据的省份总和生育率，文章基于大量原始数据的基础上，运用曲线拟合模型，对缺失数据进行测算补充。

表1.1　　　　　　　　变量描述性统计

变量	指标	平均值	标准差	最小值	最大值
tfr	总和生育率	1.242	0.324	0.515	1.935
edr	老人抚养比	2.555	0.207	2.007	3.122
yec	人均受教育年限	8.767	1.008	6.378	12.68
nmb	医疗卫生机构床位数	0.186	0.126	0.0152	0.609
inp	互联网普及率	3.414	0.716	1.072	4.357
uur	城镇失业率	0.178	0.269	-1.702	0.544
diu	城镇居民可支配收入	5.316	0.471	4.381	6.523

二　总和生育率的变化趋势和区域差异

(一) 总和生育率的时间变化

中国地大物博，各个省份乃至村落都有独特的风俗习惯和文化传统等，生育的扩散效应在各个地区的影响各不相同。我们按照地理位置划分为中部地区、西部地区和东部地区。① 总体上看，自2005年以来，与其他地区相比，东部地区的总和生育率一直处于最低水平，且均低于1.2。西部和中部都略高于全国的总和生育率，各个省份之间的生育率大相径庭。西部地区的生育率大部分都高于全国生育率，但是也有地区的生育水平处在全国生育水平以下，比如重庆；中部地区的生育率较为平滑，均高于全国总和生育率水平，其中山西除外；而东部地区的总和生育率普遍较低，几乎每个地区的生育率都处于全国生育水平以下。山东省自2016年之后，总和生育率一直处于全国生育率水平以上，但2018年表现不同；河北省在2005—2014年均略高于全国总和生育率，2015年以后逐渐出现下降趋势。各省域之间经济水平、人力资本、公共服务等影响该区域的生育率，还会产生溢出效应。各省域的生育率情况都不尽相同，不同省份之间的生育率是否有着密切的联系？这些联系是通过哪些原因进行扩散？这是我们实证部分要研究分析的重点。

(二) 总和生育率的空间集聚

在研究总和生育率演化时，借助GeoDa1.14对数据进行可视化分析。在使用GeoDa1.14进行分析时，选择的是Rook临近空间权重矩阵。地理位置上，海南省没有直接相邻的省份，为了方便研究，假设海南省和广东省相邻。

第一，总体来看，不同省份的生育率水平各有不同，生育率的聚集模式在空间上呈聚集状态，2005—2018年生育率的聚集程度是有所

---

① 中部地区（山西、安徽、江西、河南、湖北、湖南）、西部地区（包括重庆、四川、贵州、云南、西藏、陕西、甘肃、青海、宁夏、新疆、内蒙古、广西）和东部地区（除去中部地区和西部地区的其余省份）。

提高的。其中，2005年、2010年、2015年和2018年显著的"高—高"聚集模式热点中心、"低—低"聚集模式冷点中心出现向外扩散的现象。自2005年以来，"高—高"聚集模式的中心区域从云南省开始，不断地扩大；2018年热点中心增加为云南、广西、广东和湖南四个省份。从全国范围来看，低生育现象日益严重；但是从省级角度来看，西南地区、华南地区和中部地区都是高生育水平的集聚区域。今后这种"高—高"聚集模式的生育水平是否会继续扩散，还有待进一步研究。"低—低"的聚集模式演变，也是呈现出不断扩散的现象。自2005年以来，"低—低"聚集模式的中心区域从吉林开始；随着时间的演变，冷点中心的数量也在增加，包括吉林、内蒙古、河北和黑龙江。显而易见，"低—低"聚集模式的扩散方式是从刚开始以吉林为中心的东北地区向以内蒙古为中心的北部地区，然后再扩展到了以河北为中心的中部地区，低生育水平的区域随着时间不断扩散。

第二，关于"高—低"和"低—高"异常模式的解释。"高—低"模式是指高观察值空间单元被低观察值空间单元所包围；"低—高"模式是指低观察值空间单元被高观察值空间单元所包围。在2005年，河北省呈现显著的"高—低"型异常模式，河北省总和生育率较低，但是河北省生育水平与周边临近地区相比较高，所以表现出"高—低"型异常模式。

第三，总体来看，2005—2015年各省份生育率的聚集模式有向外扩散的趋势。"高—高"聚集模式热点中心和"低—低"聚集模式冷点中心的省份都增加了，可以说明各个地区之间是相互影响的，一个地区的影响因素可能不仅仅影响该地区，甚至会出现溢出效应，影响其他地区的生育率。

从空间分布上看，中国各省总和生育率在空间上存在明显的区域集聚的特征，证明本节选择空间计量模型的正确性和科学性。本节使用空间统计方法研究生育水平的空间演化是符合科学规律的，接下来是我们对前文提出的问题的实证研究部分。

（三）总和生育率的时空演化

文章对2005—2020年中国30个省（不包括西藏）的总和生育率面板数据进行分析。限于篇幅，分别选取2005年、2010年、2015年、2018年和2020年中国各省份总和生育率进行局部空间相关性检验，结果见表1.2至表1.6。

表1.2　　　　　2005年中国生育水平Moran散点图结果

类型	省 份
高—高	甘肃、广西、贵州、海南、湖北、湖南、江西、宁夏、青海、山西、四川、新疆、云南
低—高	福建、广东、河南、江苏、陕西、上海、重庆
低—低	北京、黑龙江、吉林、辽宁、内蒙古、天津、浙江
高—低	安徽、河北、山东

由表1.2可知，2005年属于"高—高"集聚区域的有13个省份，说明这些省份的生育水平较高，并且被生育水平高的地区所围绕；"低—高"集聚区域有7个，分别是福建、广东、河南、江苏、陕西、上海、重庆，生育水平较低，同时被其他生育水平较高的地区所围绕；"低—低"聚集区域有7个，说明这7个省份的生育水平较低，此外还被生育水平低的地区所包围；"高—低"集聚区域有3个，分别为安徽、河北和山东，这3个地区的生育水平较高，但是被生育水平较低的地区围绕。

表1.3　　　　2010年中国生育水平Moran散点图结果

类型	省　份
高—高	甘肃、广西、贵州、海南、河南、湖北、湖南、江西、宁夏、青海、新疆、云南
低—高	福建、广东、江苏、山西、陕西、四川、重庆
低—低	北京、黑龙江、吉林、辽宁、内蒙古、山东、上海、天津、浙江
高—低	安徽、河北

数据来源：笔者自制。

由表1.3可知，2010年属于"高—高"集聚区域的有12个省份，说明这些省份的生育水平较高，并且被生育水平高的地区所围绕；"低—高"集聚区域有7个，分别是福建、广东、江苏、山西、陕西、四川、重庆，生育水平较低，同时被其他生育水平较高的地区所围绕；"低—低"聚集区域有9个，说明这9个省份的生育水平较低，此外还被生育水平较低的地区所包围；"高—低"集聚区域有2个，分别为安徽和河北，这3个地区的生育水平较高，但是被生育水平较低的地区围绕。

表1.4　　　　2015年中国生育水平Moran散点图结果

类型	省　份
高—高	福建、甘肃、广西、贵州、海南、河南、湖北、湖南、江西、宁夏、青海、新疆、云南
低—高	广东、江苏、陕西、上海、重庆
低—低	北京、河北、黑龙江、吉林、辽宁、内蒙古、山西、天津、浙江
高—低	安徽、山东、四川

由表 1.4 可知，2015 年属于"高—高"集聚区域的有 13 个省份，说明这些省份的生育水平较高，并且被生育水平较高的地区所围绕；"低—高"集聚区域有 5 个，分别是广东、江苏、陕西、上海、重庆，这些省份的生育水平较低，同时被其他生育水平较高的地区所围绕；"低—低"聚集区域有 9 个，说明这 9 个省份的生育水平较低，此外还被生育水平较低的地区所包围；"高—低"集聚区域有 3 个，分别为安徽、山东和四川，这 3 个地区的生育水平较高，但是被生育水平较低的地区围绕。

表 1.5　　　　2018 年中国生育水平 Moran 散点图结果

类型	省　份
高—高	福建、甘肃、广东、广西、贵州、海南、河南、湖北、湖南、江西、宁夏、青海、陕西、云南
低—高	江苏、上海、新疆、重庆
低—低	北京、河北、黑龙江、吉林、辽宁、内蒙古、山西、天津、浙江
高—低	安徽、山东、四川

数据来源：笔者自制。

由表 1.5 可知，2018 年属于"高—高"集聚区域的有 14 个省份，说明这些省份的生育水平较高，并且被生育水平较高的地区所围绕；"低—高"集聚区域有 4 个，分别是江苏、上海、新疆、重庆，这些省份的生育水平较低，同时被其他生育水平较高的地区所围绕；"低—低"聚集区域有 9 个，说明这 9 个省份的生育水平较低，此外还被生育水平较低的地区所包围；"高—低"集聚区域有 3 个，分别为安徽、山东和四川，这 3 个地区的生育水平较高，但是被生育水平较低的地区围绕。

表 1.6 2020 中国生育水平 Moran 散点图结果

类型	省 份
高—高	安徽、甘肃、广东、广西、贵州、海南、河南、湖北、湖南、江西、宁夏、青海、陕西、新疆、云南
低—高	福建、江苏、上海、重庆
低—低	北京、河北、黑龙江、吉林、辽宁、内蒙古、山西、天津
高—低	山东、四川、浙江

数据来源：笔者自制。

由表 1.6 可知，2020 年属于"高—高"集聚区域的有 15 个省份，说明这 15 个省份的生育水平较高，并且被生育水平较高的地区所围绕；"低—高"集聚区域有 4 个，分别为福建、江苏、上海和重庆，生育水平较低，但是被其他生育水平较高的地区所围绕；"低—低"集聚区域有 8 个，说明这 8 个省份的生育水平较低，此外还被生育水平较低的地区所包围；"高—低"集聚区域有 3 个，分别为山东、四川和浙江，这 3 个地区的生育水平较高，但是被生育水平较低的地区围绕。

表 1.2 至表 1.6 展示了中国 30 个省份（除西藏）2005 年、2010 年、2015 年、2018 年和 2020 年总和生育率的空间分布特征；在地理上 2005 年、2010 年、2015 年、2018 年和 2020 年的生育率存在明显的高低集聚区。

不同省份的生育率水平各有不同，生育率的聚集模式在空间上呈聚集状态，2005—2020 年生育率的聚集程度是有所提高的。从全国范围来看，低生育现象日益严重；但是从省级角度来看，西南地区、华南地区和中部地区都是高生育水平的集聚区域。今后这种"高—

高"聚集模式的生育水平是否会继续扩散，还有待进一步研究。"低—低"的聚集模式演变，也是呈现出不断扩散的现象。自2005年以来，"低—低"聚集模式的中心区域从吉林开始，随着时间的演变，冷点中心的数量也在增加，包括吉林、内蒙古、河北和黑龙江。显而易见，"低—低"聚集模式的扩散方式是从刚开始以吉林为中心的东北地区向以内蒙古为中心的北部地区，然后再扩展到了以河北为中心的中部地区，低生育水平的区域随着时间不断扩散。"低—低"集聚区域集中在中国的北部，今后是否会继续向中部地区扩散，需要持续关注且研究。

在2005年，河北省呈现显著的"高—低"型异常模式，可以观察与河北省相邻的华北地区，北京、天津、山西、河北中南部和内蒙古中部地区的总和生育率较低；但是河北生育水平与周边临近地区相比较高，所以表现出"高—低"型异常模式。2005—2020年各省份生育率的聚集模式有向外扩散的趋势。"高—高"聚集模式和"低—低"聚集模式的省份都增加了，可以说明各个地区之间是相互影响的，一个地区的影响因素可能不仅仅影响该地区，甚至会出现溢出效应，影响其他地区的生育率。此外，地区之间的生育水平的扩散效应显著。

从空间分布上看，中国省际总和生育率在空间上存在明显区域集聚的特征。高生育水平地区之间和低生育水平地区之间集聚明显，冷点区域和热点区域在增加，说明生育水平的集聚的范围在扩大。但就目前而言，人口集聚的方向是朝着合理的人口结构，还是朝着失衡的人口结构，是我们需要进一步探讨的。此时，对影响人口集聚的因素研究是非常必要的，这一研究可以帮助我们调整人口集聚方向，均衡人口结构。

三 中国总和生育率的空间分析

(一) 中国总和生育率的空间自相关

莫兰指数可以用来判断是否存在空间自相关。我们在进行空间统计回归之前，先对2005—2020年中国省际总和生育率进行空间自相关检验，见表1.7。

表1.7　2005—2020年中国省域总和生育率全局Moran's I 指数

年　份	Moran's I	z	p - value
2005	0.24	2.901	0.004
2006	0.286	3.386	0.001
2007	0.284	3.331	0.001
2008	0.29	3.404	0.001
2009	0.282	3.321	0.001
2010	0.337	3.932	0.000
2011	0.286	3.375	0.001
2012	0.278	3.312	0.001
2013	0.27	3.22	0.001
2014	0.241	2.907	0.004
2015	0.319	3.707	0.000
2016	0.267	3.182	0.001
2017	0.265	3.161	0.002
2018	0.314	3.68	0.000
2019	0.317	3.733	0.000
2020	0.287	3.428	0.001

本节使用 Moran's I 指数对中国各省总和生育率全局空间相关性进行分析。变量的空间相关性检验计算 Moran's I 指数，如公式（1.20）所示。

$$I = \frac{n \sum_{i=1}^{n} \sum_{j=1}^{n} w_{ij}(x_i - \overline{x})(x_j - \overline{x})}{\sum_{i=1}^{n} \sum_{j=1}^{n} w_{xj} \sum_{i=1}^{n} (x_i - \overline{x})^2} \tag{1.20}$$

其中，n 代表的是中国30个省份（除去西藏），w_{ij} 代表 x_i 和 x_j 的2个数据空间关联的权重，x 代表自变量，$\overline{x}$ 代表均值。本书使用3类空间权重矩阵进行实证研究。①

由表1.7可以看出，中国各省份总和生育率的莫兰指数均显著且大于0，说明中国省际总和生育率存在显著的空间正相关。2005—2020年 Moran's I 指数均为正值，说明生育率存在显著的集聚效应，并且随着时间的演化，生育率的集聚效应呈现逐渐增强的趋势。本节将通过空间计量模型进一步探讨中国生育率的影响因素。

研究结果表明，中国各省总和生育率在空间上存在显著的相关性。因此，文章可以进一步构建空间回归模型来研究总和生育率的空间特征，模型即为前文所描述的公式（1.19）。接着对模型回归进行矩阵的选择，其中包括地理权重矩阵、经济权重矩阵和总和权重矩阵。结果见表1.8，三种不同的权重矩阵下，模型的系数均为正值且高度显著，说明了不同类型的空间权重矩阵不会影响模型系数的方向，但是会影响模型系数的大小。

---

① 本书使用3类空间权重矩阵进行实证研究：距离权重矩阵；经济权重矩阵；经济距离权重矩阵也称为综合权重矩阵。

表1.8　　　　　　　　　　　矩阵的选择

空间权重类型	地理权重	经济权重	综合权重
空间误差系数	0.399*** (−3.87)	0.357*** (−6.46)	0.237** (−2.74)

(二) 中国总和生育率的空间计量结果及其解释

基于地理权重矩阵、经济权重矩阵和总和权重矩阵对总和生育率进行回归分析，实证回归结果分析见表1.9。

表1.9　　　　　解释变量在使用不同矩阵情况下的结果

变量	(1)地理权重	(2)经济权重	(3)综合权重
β_{edr}	−0.339*** (−4.27)	−0.281*** (−4.03)	−0.189** (−3.22)
β_{yec}	−0.133*** (−4.07)	−0.150*** (−4.58)	−0.147*** (−8.01)
β_{nmb}	0.787*** (5.20)	0.676*** (4.60)	0.416*** (4.67)
β_{inp}	−0.129*** (−3.95)	−0.0286 (−0.85)	−0.218*** (−5.38)
β_{uur}	−0.164** (−2.79)	−0.142* (−2.47)	−0.487*** (−10.27)
β_{diu}	−0.0121 (−0.08)	0.121 (0.90)	−0.567*** (−6.10)
$W \times_{edr}$	0.898*** (5.04)	0.445*** (4.31)	−0.314 (−1.73)

续　表

变量	(1)地理权重	(2)经济权重	(3)综合权重
$W \times_{yec}$	0.137* (2.19)	0.120** (2.67)	-0.292*** (-6.67)
$W \times_{nmb}$	-1.335 (-1.62)	-1.393*** (-5.34)	0.376 (1.21)
$W \times_{inp}$	0.202** (2.91)	-0.048 (-1.05)	0.177 (1.59)
$W \times_{uur}$	-0.502 (-1.69)	0.0857 (0.73)	-0.297*** (-3.57)
$W \times_{diu}$	-0.297 (-1.17)	-0.00220 (-0.01)	1.617*** (8.42)
λ	0.399*** (3.87)	0.357*** (6.46)	0.237** (2.74)
Variance sigma2_e	0.011*** (14.43)	0.0109*** (14.31)	0.0297*** (15.53)
R^2	0.370	0.298	0.103

注：括号中的数字是 t 值，*、** 和 *** 分别表示在 10%、5% 和 1% 水平下显著；情形（1）、情形（2）、情形（3）分别使用了地理权重、经济权重、地理经济权重矩阵。

表1.9 中的 λ 为公式（1.19）中的空间自回归系数，β_x 为公式（1.19）中 β 系数的统计结果，W_x 为公式（1.19）中 WT 系数的统计结果。表1.9 中的实证结果显示，空间自回归系数在三种不同矩阵类型中均为正值且高度显著，说明总和生育率对自身具有正向的空间溢出效应。由 β_x 中统计的 β 值来看，医疗卫生机构床位数对总和生育率

具有正向影响；老人抚养比、人均受教育年限、互联网普及率、城镇失业率和居民可支配收入对总和生育率具有负向影响。

W_X 项比 β_x 的系数更能说明空间传导效应，其中人均受教育年限和城镇失业率显著为负，说明人均受教育年限和城镇失业率具有负向的空间溢出效应，一个地区的周边地区的人均受教育年限和城镇失业率对当地的总和生育率具有负向的扩散传导作用；居民可支配收入具有正向的空间溢出效应，说明周边地区的居民可支配收入对该地区的总和生育率具有正向的影响。另外，省域生育率的空间滞后变量的估计系数为 0.23 左右，并且通过显著性检验，省域生育率存在显著的空间相关性，说明地区与地区之间具有扩散作用，影响一个地区的生育率的影响因素，也可以作为其他地区生育率的影响因素。本节将进一步从以下几个方面进行解释。

第一，经济发展水平。实证结果显示，居民人均可支配收入的系数为负且高度显著，说明一个地区的经济发展水平越高，生育水平越低。欧美地区经济发展水平较高的国家现状也证明了这一点，这些国家没有实施任何的生育政策，也较早地进入了低生育水平国家。当经济发展到一定水平时，每个家庭对孩子的生育动机和养育成本会有所改变，家庭对孩子的需求动机决定了家庭的生育选择。随着收入水平的提高，生育小孩的性质在发生变化，由"投资品"变为"耐用消费品"，会带来生育率的下降。

第二，人力资本水平。人均受教育年限的系数为负且高度显著。人力资本水平越高，尤其是女性的整体受教育水平越高，生育率反而越低。人力资本水平的提高，影响社会分工，女性更容易就业，导致生育的机会成本增加，生育率反而下降。同时，女性开始突破传统的家庭主妇角色，越来越多的女性选择工作，女性逐渐在家庭中增加话语权。由于生育和养育会占据大量的时间和精力，育龄妇女可能会选择推迟生育或者不生育，促使生育率下降。

第三，医疗卫生水平。医疗卫生机构床位数在一定程度上反映了一个地区的医疗水平。医疗卫生机构床位数的系数为正且高度显著，说明一个地区的医疗卫生水平越高，生育率也越高，这意味着医疗卫生水平对生育率具有推动作用。医疗卫生机构床位数可以反映一个地区的医疗设施水平，是保障育龄妇女生育需求的前提，女性从怀孕到生产都能够得到较好的就医保障以及产后恢复，进而对生育率具有促进作用。新冠肺炎疫情冲击是全人类生命安全共同面对的挑战，也是对各个地区医疗条件的挑战。完善的医疗设施和医疗服务人员也是保障产妇和婴幼儿生命安全的重要基础。一个地区的医疗水平和医疗便利性对育龄妇女的生育意愿有显著的影响，更进一步来讲，疫情期间的孕产妇对医疗保障的关注会更显著地影响其生育行为。

第四，生育价值观念。随着5G时代的到来，互联网影响着每个人的方方面面。互联网普及率的系数为负并且高度显著。网络通过传播扩散思想、文化，改变生育观念，在生育成本增加的情况下，将会形成和扩散低生育文化，影响女性的生育决策。互联网可以放大新的生育观念，网民之间也会互相传播这种观念，会对育龄群体产生极为深远的影响。东亚地区的日本、韩国已经形成低生育观，低生育观念促使这些国家的人口迈入低生育甚至极低生育行列。由此可见，生育的价值观念会在无形中对人们的生育选择产生潜移默化的影响。

第五，人口年龄结构。老人抚养比的系数为负且高度显著，这是符合规律的结论。家庭扶养老人的负担加重，会抑制家庭的生育选择，有的家庭会选择推迟生育，也有的家庭会选择不再生育。老人和小孩对于一个家庭来讲，存在家庭劳动分工分配的问题。"未富先老"是我们当前面临的严峻挑战，一个年轻人要照顾两位老人，对家庭而言是巨大的压力。扶养老人的压力，不单单会抑制生育行为，导致选择推迟生育或者少生育；更有可能会使得20—30岁青年人选择单身，来缓解自己的抚养负担。家庭抚养负担的加重，是导致生育率下降的原因之一。

第六，居民就业水平。城镇失业率在一定程度上反映了整个社会的稳定程度。城镇失业率的系数为负且高度显著，说明一个地区的失业者越多，生育率越低。对于一个家庭而言，工作如果不能提供稳定的经济来源，对未来的就业、经济环境抱有不乐观的态度时，会影响当期生育，会导致选择推迟生育甚至不生育，从而使得生育率下降。新冠肺炎疫情在一定程度上增加了家庭负担，学生停课会增加家长的抚养负担，失业或者收入减少更会增加一个家庭的经济负担。在双重的压力下，使得原本有生育二孩或三孩意愿的家庭推迟生育，从而使得生育率下降。

(三) 中国总和生育率影响效应的分解

我们以综合权重结果为代表，对实证结果进行分析。根据表1.10的结果，总效应中，所有区域的老人抚养比、人均受教育年限和城镇失业率变化1个单位可以对本区域总和生育率产生 -0.647、-0.577和 -1.034 单位的影响；所有区域的医疗卫生机构床位数变化1个单位可以对本区域总和生育率产生 1.366 单位的影响。我们文章所选择的解释变量老人抚养比、人均受教育年限、医疗卫生机构床位数、互联网普及率、城镇失业率和居民可支配收入在直接效应中都非常显著；人均受教育年限、城镇失业率和居民人均可支配收入在直接效应和间接效应上都非常显著；老人抚养比、人均受教育年限、医疗卫生机构床位数、城镇失业率和居民人均可支配收入在直接效应和总效应上都非常显著。在直接效应中本区域内老人抚养比、人均受教育年限、互联网普及率、城镇失业率和居民可支配收入分别上升1个单位可以导致总和生育率分别变动－2.022、－0.162、－0.209、－0.514和－0.513个单位；医疗卫生机构床位数上升1个单位可以导致总和生育率变动0.438个单位。间接效应中，相邻地区人均受教育年限和城镇失业率上升1个单位可以导致总和生育率分别变动－0.415和－0.520个单位；相邻地区居民可支配收入上升1个单位可以导致总和生育率变动1.879个单位。

表1.10 空间杜宾模型中的直接效应、间接效应和总效应

变量	(1)地理权重	(2)经济权重	(3)综合权重
直接效应			
edr	－0.316*** (－4.01)	－0.246*** (－3.66)	－0.202** (－3.62)
yec	－0.134*** (－4.95)	－0.147*** (－5.58)	－0.162*** (－10.79)
nmb	0.761*** (4.90)	0.570*** (3.54)	0.438*** (4.91)
inp	－0.122*** (－3.47)	－0.0318 (－0.92)	－0.209*** (－4.73)
uur	－0.195** (－2.66)	－0.151* (－2.12)	－0.514*** (－9.66)

续 表

变量	(1)地理权重	(2)经济权重	(3)综合权重
diu	-0.0178 (-0.13)	0.127 (1.05)	-0.513*** (-5.62)
间接效应			
edr	1.254*** (5.07)	0.509*** (3.49)	-0.445 (-1.84)
yec	0.121 (1.37)	0.0902 (1.68)	-0.415*** (-6.79)
nmb	-1.869 (-1.32)	-1.686*** (-4.53)	0.587 (1.60)
inp	0.235** (2.51)	-0.0856 (-1.50)	0.162 (1.07)
uur	-0.991 (-1.72)	0.0441 (0.24)	-0.520*** (-4.40)
diu	-0.450 (-1.24)	0.0638 (0.35)	1.879*** (7.54)
总效应			
edr	0.938*** (4.12)	0.263 (1.80)	-0.647** (-2.85)
yec	-0.0134 (-0.16)	-0.0568 (-1.13)	-0.577*** (-9.56)
nmb	-1.108 (-0.77)	-1.116* (-2.40)	1.025** (2.64)

续 表

变量	(1)地理权重	(2)经济权重	(3)综合权重
inp	0.113 (1.28)	-0.117* (-2.25)	-0.047 (-0.30)
uur	-1.186 (-1.94)	-0.107 (-0.48)	-1.034*** (-7.40)
diu	-0.468 (-1.42)	0.190 (1.33)	1.366*** (5.88)

注：括号中的数字是 t 值，*、**和***分别表示在10%、5%和1%水平下显著；情形（1）、情形（2）、情形（3）分别使用了地理权重、经济权重、地理经济权重矩阵。

第一，老人抚养比的直接效应显著为负，说明该区域内老人抚养比对本区域的生育率的影响为负，老人抚养比每增加1单位，会使得该区域的生育率下降0.202；间接效应不显著，代表周边地区的老人抚养比增加或减少，不会对该地区的生育率产生显著的影响，即老人抚养比对周边地区没有空间外溢现象；总效应显著为负，说明全国所有省份的老人抚养比变化1个单位，会使得该地区的生育率变化-0.647单位；老人抚养比的直接效应高度显著，说明老人抚养比的总效应主要来自直接效应。

第二，人均受教育年限的直接效应显著为负，说明该区域内人均受教育年限变化对本区域的生育率的影响为负，人均受教育年限每增加1个单位，会使得该区域的生育率下降0.16左右；间接效应显著为负，说明周边区域的人均受教育年限每增加1个单位，会使得该地区生育率减少0.42左右；总效应显著为负，说明全国所有省份的人均受教育年限每增加1个单位，会使得该区域的生育率下降0.58左右；说明人均受教育年限具有空间外溢现象，并且总效应来自直接效应和间接效应。

第三，医疗卫生机构床位数的直接效应显著为正，说明该区域医疗卫生机构床位数对本区域的生育率的影响为正，医疗卫生机构床位数每增加1个单位，会使得该区域的生育率提高0.44左右；间接效应不显著，说明周边区域的医疗卫生机构床位数增加或减少1个单位，对本区域的生育率没有明显变化；总效应显著为正，说明全国所有省份的医疗卫生机构床位数增加1个单位，会促进该地区生育率提高1.025左右；医疗卫生机构没有显著的空间外溢效应，其总效应主要来自直接效应。

第四，互联网普及率的直接效应显著为负，说明该区域内互联网普及率对本区域的生育率的影响为负，互联网普及率每增加1个单位，会使得该地区生育率下降0.209左右；间接效应不显著，说明周边区域的互联网普及率增加或减少1个单位，对该区域的生育率没有明显变化；总效应不显著，则代表全国所有省份的互联网普及率增加或者减少，不会对该区域的生育率产生明显的变化；互联网普及率没有显著的空间外溢效应。

第五，城镇失业率的直接效应显著为负，说明该区域内城镇失业率对本区域的生育率影响为负，城镇失业率每增加1个单位，会使得该区域的生育率下降0.514左右；间接效应显著为负，说明周边区域的城镇失业率每增加1个单位，会使得该地区生育率减少0.520左右；总效应显著为负，说明所有省份的人均受教育年限每变化1个单位，会使得本区域生育率下降1.034左右；城镇失业率的总效应来自直接效应和间接效应。

第六，居民可支配收入的直接效应显著为负，说明该区域内居民可支配收入对本区域的生育率的影响为负，居民可支配收入每增加1

个单位，会使得该地区的生育率下降 0.513 左右；间接效应显著为正，说明周边区域的居民可支配收入每增加 1 个单位，会使得该地区生育率增加 1.879 左右；总效应显著为正，说明全国所有省份的居民可支配收入每变化 1 个单位，会使得该区域的生育率增加 1.366 左右；居民可支配收入具有显著的空间外溢效应，并且总效应主要来自空间外溢效应。

四 稳健性检验

为检验模型的稳定性，本部分沿用前面第二部分划分区域的方法，对中国东部地区、中部地区、西部地区的总和生育率的影响因素进行空间计量分析。本部分选择了空间杜宾模型，分析各区域总和生育率分布规律形成的影响因素，见表 1.11。结果显示，东部、中部、西部总和生育率是为负且高度显著。东部地区、中部地区和西部地区的省域生育率存在显著的空间依赖性，周边地区的生育率的变化对该地区有一定的影响。

表 1.11　　　　　分区域省域生育率空间计量分析结果

指标	东部地区	中部地区	西部地区
edr	-0.200* (-2.45)	0.513*** (3.76)	-0.504** (-3.37)
yec	0.0263 (0.57)	-0.169*** (-3.99)	-0.246*** (-4.41)
nmb	0.759*** (3.95)	-0.763* (-2.05)	0.0656 (0.18)
inp	-0.285** (-5.43)	-0.130 (-3.08)	0.0460 (0.58)

续表

指标	东部地区	中部地区	西部地区
uur	-0.169** (-2.83)	-0.109 (-0.86)	-0.0738 (-0.63)
diu	-1.101*** (-5.02)	0.216 (0.69)	-0.674* (-2.47)
Spatial rho	-0.213* (-2.06)	-0.807*** (-5.18)	-0.412*** (-2.94)
Variance sigma2_e	0.00546***	0.00302***	0.00730***

第一，东部地区。老人抚养比、互联网普及率、城镇失业率和居民可支配收入对东部地区总和生育率的影响是负相关且高度显著。经济发展水平越高的国家，人口生育率越低；本节中的研究结果显示，东部地区经济因素对省际生育率显著为负，符合以往学者探究经济因素对生育率的变动关系。城镇失业率对东部地区省际生育率有着负向影响且高度显著，城镇失业率的增高会增加家庭的经济风险。这一指标不仅仅与东部地区负相关，与全国范围内的地区，均负相关。这也证明了家庭的社会保障和经济风险对生育率有着举足轻重的影响，失业率的升高不仅仅会对家庭经济造成影响、降低家庭的生活质量，还会对家庭预期产生影响。家庭收入的减少会使得生育成本相对增高，居民会选择推迟生育甚至不再生育，来抵抗家庭所面临的经济风险。互联网的全面普及，加速了人们生活观念的转变，改变了人们根深蒂固的生活习惯。几千年来形成的生育行为和生育观念，在现代化和信息化的影响下，生育行为和生育观念发生了巨大的转变，女性在生育选择中，也逐渐拥有了主动权。再加上互联网的"少生育"观念不断

传播和冲击，导致生育意愿不强烈，从而减少生育行为。老人抚养比与东部地区的省际生育率负相关。"未富先老"是社会面临的严峻挑战，家庭的抚养负担加重，不仅会增加家庭的照料成本，巨大的压力还会导致妇女的延迟生育甚至不生育。人口老龄化在空间上分布不均衡，东部地区老人抚养比较高，需要抚养的老年人口数量较高，会使得育龄家庭选择减少生育需求，东部地区的老人抚养比对省际生育率的影响为负。社会因素中医疗卫生机构床位数这一指标对东部地区省际生育率的影响为正且高度显著。其中东部地区的单位医疗卫生机构床位数较多，反映出该地区医疗水平的先进程度；良好的医疗条件，可以减少女性在生育的过程中可能面临的风险，能够促使育龄家庭提升生育需求。

第二，中部地区。互联网普及率对中部地区的作用与东部地区的结果是相同的。互联网在全国范围内的覆盖，加速了新的生育观念的传播，对推进生育率的转变影响深远。网络盛行的"生育文化"不断地从方方面面影响人们的生育观念，从而改变育龄妇女的生育选择。人均受教育年限指标与中部地区省际生育率负相关且高度显著。九年义务教育的普及、国家对贫困家庭学生的补助等绿色助学政策，使得越来越多的家庭的孩子走进课堂，接受教育。女性拥有受教育权利，接受教育的时间越长，可能会使得女性推迟生育，来获得更长时间的学习机会。此外，从另一角度来讲，女性受教育年限的不断增加，会增加女性拥有好工作的机会，提高自己的社会地位，在婚姻家庭生活的选择中拥有更多的话语权。但是中部地区的医疗卫生机构床位数对省际生育率的影响是负相关的，这一点与东部地区结果是不相同的。这可能是由于中部地区的医疗水平正处于发展阶段，这一指标近几年在中部地区上涨的速度较快，但是还未达到促进省际生育率的临界点，所以还处于负相关阶段。

第三，西部地区。城镇居民可支配收入对西部地区的省际生育率有一定的影响。近年来，从"西部大开发"到"一带一路"，西部地区的经济发展进程加快。经济的发展在一定程度上抑制生育率的上升。人均受教育年限指标与中部地区省际生育率负相关且高度显著，受教育年限的增加会使得家庭的生育行为会推迟或者减少。人口层面的老年人口抚养比这一指标与西部地区的省域生育率负相关，这与东部地区的结果相同，西部地区的老年人口抚养比比东部地区高，因此西部地区劳动年龄人口的负担更重，这导致该地区育龄家庭的生育意愿下降。

综上，居民可支配收入对东部地区和西部地区的省际生育率的影响是负相关的，这是符合经济理论的。城镇失业率对省际生育率的影响在东部地区较为显著，东部地区近年来的城镇化进程逐渐放缓，与经济发达地区产生了差距。但是国家对东北地区实行的东北振兴战略使得东北地区的发展重新恢复了活力，居民生活成本升高，城镇的失业率增高会使得东部地区的生育需求下降。人均受教育年限的提高是反映人口质量提升的指标之一，国家近年来对教育的扶持力度也在逐渐加大，教育对地区的影响是潜移默化、循序渐进的，女性受教育年限的延长会降低生育需求，对省际生育率有负面影响。生育理念方面的互联网普及率、互联网的生育文化传播，对生育文化的影响功不可没。网民们会在浏览信息的同时，模仿其他人的方法甚至会成为传播者，改变自己的生育选择的同时也会影响周围人的生育选择，减少生育行为，这一点在东部地区和中部地区尤为显著。

第五节　研究结论和政策建议

一　研究结论

使用2005—2020年中国30个省（不含港澳台，不包括西藏）的数据，采用空间计量模型，考虑了经济发展水平、人力资本水平、医疗卫生水平、价值观念、年龄结构和就业水平对生育水平的影响，实证考察了生育率的空间异质性和变量指标对生育率的作用机制。实证结果如下。

第一，从时间演化来看，省际生育率存在明显区域集聚的特征，生育率的集聚效应呈现逐渐增强的趋势；生育率的集聚效应与人口的流动有关。省际、城乡之间和城城之间人口流动是导致人口空间差异扩大的关键因素。2020年，流动人口37582万人，比2010年增加了70%。其中，从农村向城市流动的比重占66.3%，从城市向城市流动的比重为33.7%。人口流动数量增加，人口流动的方向也较为集中。随着时间的推移，集聚效应有增强趋势。

第二，从空间分布来看，"高—高"集聚模式和"低—低"集聚模式均有向外扩散趋势，生育水平的集聚的范围在扩大；在一定程度上，生育率具有扩散效应，并且存在显著的空间外溢效应。2005—2020年，中国总和生育率整体上呈显著减少态势，以吉林为中心的东北地区和以内蒙古为中心的北部地区，扩展到了以河北为中心的中部地区生育率的"低—低"值聚集区域，云南、广西、湖南、广东等地区均属于总和生育率"高—高"值聚集的区域。

中国省际生育率空间异质。2005年中国总和生育率为1.34，省际生育率北低南高。2005年，东部地区的总和生育率均低于0.85，处于全国最低水平。中部地区的总和生育率相比东部地区更高，基本处于1.06—1.27的范围内。西部地区的省域生育率最高，尤其是西藏、广西、贵州和宁夏，生育率均高于1.48。2018年中国省域生育率在2018年的分布大致呈由西南地区向其他地区递减的趋势。具体来看，东部地区中的北京、天津、上海属于特大城市，因此总和生育率相对较低。中部地区的省域生育率范围在1.0—1.33；其中总和生育率最低的省份是山西，仅1.09；而最高的省份是湖北，达到了1.36。西部地区整体的生育率相对较高，统计数据显示西部地区省域生育率最高的省份是广西，达到了1.68；其次是贵州，为1.59。最低的省份为内蒙古，仅为0.84。从已有数据来看，西部地区的省域生育率跨度较大，2018年的总和生育率跨度为0.84—1.68。东北地区的省域生育率处于较低水平，2018年东北地区平均总和生育率为0.61。

第三，从空间相关来看，省际生育率在空间上相邻省份之间存在着较高的正相关性。省际生育率的空间滞后变量的估计系数为正且高度显著，省际生育率存在显著的空间依赖性；2005—2020年中国省域总和生育率全局自相关情况显示，中国省域生育率关联性分析全局自相关指标Moran's I指数在各个时段的演变看，总体较为平稳，呈现小幅上升降的趋势。说明中国省域总和生育率在空间上毗邻的省份间具有较强的正相关性，说明高值省域单元能够对周边省份产生较强的辐射作用。另外，由空间面板模型估计结果可知，省域生育率的空间滞后变量的估计系数为0.96左右，且通过1%水平的显著性检验，省域生育率存在显著的空间依赖性。经济层面中的两个指标人均国内生产总值和城镇居民人均可支配收入的空间滞后变量的估计系数为负值，说明不仅该地区居民的收入水平对地区的总和生育率有抑制效果，周边地区居民的收入水平对本地区省域生育率也有相反的影响。

2005—2020年中国省域总和生育率全局自相关情况显示，中国省际生育率关联性分析全局自相关指标Moran's I指数在各个时段的演变看，总体较为平稳，呈现小幅上升降的趋势。说明中国省域总和生育率在空间上相邻的省份间具有较强的正相关性，说明高值省际单元能够对周边省份产生较强的辐射作用。另外，由空间面板模型估计结果可知，省域生育率的空间滞后变量的估计系数为0.96左右，且通过1%水平的显著性检验，说明省际生育率存在显著的空间依赖性。经济层面中的两个指标人均国内生产总值和城镇居民人均可支配收入的空间滞后变量的估计系数为负值，说明不仅该地区居民的收入水平对地区的总和生育率有抑制效果，周边地区居民的收入水平对本地区省域生育率也具有相同影响。

第四，从空间演化的影响因素来看，生育的诸多影响因素在省际也存在显著的空间关系。各省生育率存在较强的空间相关性。经济发展水平、人力资本水平、医疗卫生水平、价值观念、年龄结构和就业水平均对生育率直接效应显著，其中人均可支配收入、人均受教育年限和城镇失业率具有明显的空间外溢效应。在总效应中，医疗卫生机构床位数和居民可支配收入每增加1个单位，分别促进生育率变化1.025和1.366；老人抚养比、人均受教育年限和城镇失业率每增加1个单位，分别影响生育率变化 -0.647、-0.577和 -1.034。除此之外，分区域来看，结果如下：

一是东部地区。老人抚养比、互联网普及率、城镇失业率和居民可支配收入对东部地区总和生育率的影响是负相关且高度显著。经济社会发展到一定水平，生育和养育孩子的成本上升，就会出现低生育率。城镇失业率对东部地区省际生育率有着负向影响且高度显著，城镇失业率的增高会增加家庭的经济风险，家庭的社会保障和经济风险对生育率有着举足轻重的影响，失业率的升高不仅仅会对家庭经济造成影响降低家庭的生活质量，甚至会影响家庭对未来生活的预期从而使其放弃生育来抵抗经济风险。互联网全面的普及冲击着原有人文文化，渗入人们生活的方方面面，加速了人们生活观念的转变，改变了人们根深蒂固的生活习惯。几千年来形成的生育行为和生育观念，在现代化和信息化的影响下，生育行为和生育观念发生了巨大的转变，女性在生育选择中，也逐渐拥有了主动权。再加上互联网的"少生育"观念不断传播和冲击，导致生育意愿不强烈，从而减少生育行为。抚养比的上升会加重家庭的抚养负担，增加家庭的照料成本，家庭繁重的抚养负担，可能会导致妇女的延迟生育甚至不生育。人口老龄化在空间上分布不均衡，东部地区老人抚养比较高，需要抚养的老年人口数量较高，会使得育龄家庭选择减少生育需求，东部地区的老人抚养比对生育率的影响为负。社会因素中医疗卫生机构床位数这一指标对东部地区省际生育率的影响为正且高度显著。地区医疗水平的先进程度、良好的医疗条件，可以减少女性在生育的过程中可能面临的风险，能够在一定程度上提高育龄家庭、提升生育需求。

二是中部地区。互联网普及率对中部地区省际生育率的影响是负相关的。网络盛行的"生育文化"不断地从方方面面影响人们的生育观念，从而改变育龄妇女的生育选择。人均受教育年限指标与中部地区省际生育率负相关且高度显著。接受教育的时间越长，可能会使得育龄妇女推迟生育，来获得更长时间的学习机会。此外，从另一角度来讲，女性受教育年限的不断增加，会增加女性拥有好工作的机会，提高自己的社会地位，在婚姻家庭生活的选择中拥有更多的话语权。但是中部地区的医疗卫生机构床位数对省际生育率的影响是负相关的，这一点与东部地区结果是不相同的。这可能是由于中部地区的医疗水平正处于发展阶段,这一指标近几年在中部地区上涨的速度较快,但是还未达到促进省际生育率的临界点,所以还处于负相关阶段。

三是西部地区。城镇居民可支配收入对西部地区的省际生育率有一定的影响。经济的发展在一定程度上抑制生育率的上升。人均受教育年限指标与中部地区省际生育率负相关且高度显著,西部地区的人均受教育年限高,使得家庭的生育行为会推迟或者减少。人口层面的老年人口抚养比这一指标与西部地区的省域生育率负相关,这与东部地区的结果相同;西部地区的老年人口抚养比比东部地区高,因此西部地区劳动年龄人口的负担更重,这导致该地区育龄家庭的生育意愿下降。

二 政策建议

中国的低生育水平的演变不是一朝一夕形成的,制定出符合中国国情的政策需要不断地改进调整。低生育问题不仅仅是中国面临的问题,世界上许多国家已经面临或者正在面临这一难题,如何以更加积极良好的对策解决这一难题。为此,本章根据实证分析的结论,提出如下建议,为制定科学有效的生育政策提供建设性的参考。

第一,各区域协调联动,发挥各地区比较优势。随着时间的推移,生育的集聚效应逐渐增强。人口流动的方向是不断推动生育集聚的重要因素。劳动力大规模地向沿海城市、发达城市等转移,寻找新的就业岗位,从而使得集聚区域经济发展更快,城市建设更加现代化。因此,要缓解这种不断集聚的结果。区域均衡发展经济,实现资源的有效配置,也有助于缓解区域生育集聚的增强。

第二,加强生育保障制度建设,推动"高—高"生育集聚扩散。生育的"高—高"集聚中心和"低—低"集聚中心逐渐增加。人口负增长的省份不断增加，这不利于中国人口的均衡发展，也不利于城市的建设。为从根本上提高生育率，各省份因地制宜地提出了一系列生育支持政策。但是各地生育政策的实施和效果，是否能够得到真正意义的落实，是否切实地保障了育龄妇女的生育权益，需要加强生育保障制度建设。从制度层面保障女性的生育权益，加强对各地区政策的实施，推动"高—高"集聚中心的扩散。

第三，完善生育配套措施，释放各区域生育潜能。省际生育水平相互影响，增强各地区生育政策的包容性，有助于释放社会上的生育潜能。人口流动是当代的人口特征，在外务工的劳动力占多数，这部分年轻劳动力正是适合生育的年龄。因此，要降低生育成本，发放育儿补贴，解决异地入学等养育难题，释放各区域生育潜能。

第四，构建生育公共服务体系，提高各地生育意愿。构建生育公共服务体系，保障孕产妇健康生育，保障新生儿的生命安全。从生育家庭角度考虑，家庭的经济状况、照料负担、工作压力等都会推迟家庭的生育行为。构建生育公共服务体系，减轻养育负担，可提高各地生育意愿。

第二章　生育与贸易：国际经验与中国证据

世界贸易持续增长已经超过50年，2020年世界十大贸易国家排行榜中有八个发达国家，发展中国家仅有位居第二的中国和位居第十的印度。2020年世界十大贸易国家中仅有韩国的总和生育率低于中国，其余国家总和生育率均高于中国。中国贸易水平的增加伴随着生育水平的下降，贸易与生育的发展面临两大挑战。一方面，美国和英国等贸易大国生育水平虽有所下降但仍高于中国，欧美国家并未因贸易的提升而导致生育水平的下降，但在同样贸易扩展条件下中国的生育水平下降速度过快；另一方面，中国正处于老龄少子化时代，新生育政策的提出并未大幅提升中国的生育意愿和生育水平。论证开放经条件下贸易对生育的影响有利于寻找不同国家贸易对生育影响的一致性与异质性，为促进中国人口增长、避免进入"人口陷阱"提供了新的解决思路。

第一节　文献综述

国内外直接研究贸易对生育影响的成果很少，但相关研究可以给予我们启发，针对贸易对人口方面的影响，国外学者主要从人口结构与贸易之间的关系角度研究。Williamson 和 Bloon 对 20 世纪 70 年代的研究中发现,在贸易增长过程中人口结构变化是不容忽视的因素,人口结构转型所释放的人口红利发挥了不可替代的作用。[1] Gnangnon 使用家庭优化模型检验贸易自由化对人口结构的影响,贸易自由化产生的收入效应和性别工资效应影响人口增长速度,最终影响人口结构。[2] Lehmijoki 和 Palokangas 指出,贸易自由化带来的贸易收益增加了收入,因此促进了人口增长,而在强大的储蓄激励下也刺激了投资从而阻碍了人口增长,贸易对人口的影响取决于储蓄效应和投资效应的大小;Lehmijoki 和 Palokangas 发现,发展中国家贸易对人口结构的影响中环境扮演着重要的角色,环境越差的发展中国家贸易对人口结构的影响程度越低。[3] Hatzigeorgiou 运用瑞典的数据论证了移民对贸易的影响,移民的增加显著促进了贸易水平的提升,移民在人口中的占比对国家的贸易产生了深远影响。[4] Yakita 发现人口结构趋于老龄化的过程中,老龄化导致预期寿命的延长取决于要素禀赋变化的正 Rybczynski 效应和自给自足稳定状态下消费储蓄选择对相对价格的负效应的相对大小。[5] Dix-Carneiro 估计了巴西劳动力市场结构均衡模型,发现贸易自由化对劳动力影响巨大,但需要一定的过渡时间,贸易对劳动力的影

---

[1] Williamson J. G., Bloom D. E., "Demographic Transitions and Economic Miracles in Emerging Asia", *The World Bank Economic Review*, 12 (3), 1998: 419–455.

[2] Gnangnon S. K., "Multilateral Trade Liberalization and Economic Growth", *Journal of Economic Integration*, 33 (2), 2018: 1261–1301.

[3] Lehmijoki U., Palokangas T., "Trade, Population Growth, and the Environment in Developing Countries", *Journal of Population Economics*, 23 (4), 2010: 1351–1370.

[4] Hatzigeorgiou A., "Does Immigration Stimulate Foreign Trade? Evidence from Sweden", *Journal of Economic Integration*, 20 (3), 2010: 376–402.

[5] Yakita A., "Different Demographic Changes and Patterns of Trade in a Heckscher–Ohlin setting", *Journal of Population Economics*, 25 (3), 2012: 853–870.

响取决于最初的就业部门和工人人口统计数。① Leukhina 和 Tarnovsky 发现，贸易的发展促进了英国从农业到制造业的结构和技术变革，但人口结构的变化在其中同样扮演着不可忽视的作用。②

国内学界主要从贸易对人口流动的影响角度探究。朱农和曾昭俊分析了1985—2000年对外开放及其他因素对中国省际人口迁移的影响，发现外向型经济不仅可以降低居民迁出的意愿，还可以吸收外省过剩劳动力。③ 丁天明基于人口与贸易数据，使用几何重心法研究中国人口流动与贸易之间的关系，结果表明贸易对人口流动存在滞后性，人口流动促进了贸易的发展。④ 张明志和陈榕景研究流动人口与企业加工贸易之间的关系，结果显示流动人口与企业加工贸易出口产品种类数正相关，与企业一般贸易出口产品种类数负相关。⑤ 霍杰研究省际贸易和人口流动对人均收入的影响，发现省际贸易与人均收入影响负相关，而人口流动有正相关关系，要重视人口流动在贸易与收入关系中的重要地位。⑥ 文婕和张晓玲利用2007—2018年中国省级面板数据进行分析，发现劳动力流动有利于促进商贸发展，对外出口削弱了劳动力流动对商贸流通业发展的促进作用。⑦ 陈晔等从往来与人员流动角度

---

① Dix-Carneiro R., "Trade Liberalization and Labor Market Dynamics", *Econometrica*, 82 (3), 2014: 825-885.

② Leukhina O. M., Turnovsky S. J., "Population Size Effects in the Structural Development of England", *American Economic Journal: Macroeconomics*, 8 (3), 2016: 195-229.

③ 朱农、曾昭俊：《对外开放对中国地区差异及省际迁移流的影响》，《市场与人口分析》2004年第5期。

④ 丁天明：《人口流动对商贸流通产业的影响——基于时空演化机制的分析》，《技术经济与管理研究》2019年第8期。

⑤ 张明志、陈榕景：《流动人口对加工贸易出口转型升级的影响》，《经济科学》2020年第6期。

⑥ 霍杰：《省际贸易和人口流动对省区人均收入的影响》，《云南社会科学》2016年第6期。

⑦ 文婕、张晓玲：《劳动力流动、出口扩大对商贸流通业影响》，《商业经济研究》2021年第14期。

研究了中非人口流动问题，发现中非间国际贸易是国际移民的格兰杰因果原因，只有曾经的援非人员或外派人员才会移民非洲。[①]

也有学者从贸易对老龄化的影响角度去研究。张晓嘉等通过贸易增加值前向分解法度量中国贸易的国际竞争力，发现不同情形下人口老龄化对中国制造业的国际竞争力影响的方向与机制略有差异，老龄化在劳动力禀赋效应、劳动力质量等方面促进了中国制造业国际竞争力的提高。[②] 贾晓丹和李煜鑫研究人口老龄化对中国出口贸易的影响，发现因为老龄化的加重，中国的经济发展正进入转型期，老龄化促进中国贸易结构优化升级。[③] 刘璐以2005—2017年中国省域为样本研究老龄化、对外贸易特征对经济增长的影响，发现老龄化与对外贸易对经济增长有协同作用机制，老龄化对经济增长的抑制作用对着贸易水平的提高而减弱。[④] 王丽燕和刘京华利用2005—2016年87个国家的数据分析老龄化与服务贸易的关系，发现人口老龄化抑制一国服务贸易，人口老龄化有利于促进服务贸易出口结构优化。[⑤]

Sayan运用动态均衡模型研究两个国家间商品和劳动力流动问题，两个国家劳动力年龄的差异导致工资和租金的差异，这为贸易的发展提供了前提和基础。[⑥] Domeij和Floden发现，一国经常账户赤字的扩

[①] 陈晔、康腾、黄丹妮：《国际贸易与国际移民关系实证研究——以中非贸易往来与人员流动为例》，《时代经贸》2021年第18期。

[②] 张晓嘉、姜丙利、史兆安：《人口老龄化对中国制造业国际竞争力的影响研究——基于贸易增加值的视角》，《上海经济研究》2021年第11期。

[③] 贾晓丹、李煜鑫：《人口老龄化、要素禀赋与出口贸易结构——基于中国老龄化进程的实证研究》，《劳动经济评论》2019年第12期。

[④] 刘璐：《老龄化、对外贸易与经济增长——基于中国省域数据的实证分析》，《西北人口》2019年第40期。

[⑤] 王丽燕、刘京华：《人口老龄化对服务贸易出口结构优化的影响——基于跨国面板数据的实证分析》，《成都大学学报》（社会科学版）2020年第2期。

[⑥] Sayan S., "Trade and Labor Flows Between Countries With Young and Aging Populations", *Elsevier Science*, 2003.

大与人口老龄化的加重密不可分。① Kim 和 Lee 对东亚地区老年抚养比研究时发现,老年抚养比增加消费,抚养费的增加抑制了国家的贸易收支。② Naito 和 Zhao 制定了两个国家、两种商品、两个时期重叠的世代模型,研究人口老龄化对贸易的影响,发现老龄化促进资本密集型贸易小国经济的发展。③ Stoyanov 发现,人口差异是国际贸易中比较优势的来源,老龄化促进了资本密集型贸易的发展。④ Chisik 等研究了由人口老龄化引起的国际贸易模式的变化及移民政策的变化,发现老龄化使制造业产出份额减少,最终导致贸易成本的下降。⑤ Gu 和 Stoyanov 发现,随着人口老龄化水平的增加,企业越来越难找到具有新技能的工人,人口老龄化国家开始在依赖新技能工人的行业中失去比较优势。⑥ Kiziltan 使用面板向量自回归分析方法,考察 1994—2018 年 G20 国家人口老龄化、国际贸易、外国直接投资和经济增长之间的关系,发现三者之间相互关联,要重视老龄化对经济的影响。⑦

综上所述,贸易与人口学的研究主要从贸易对人口结构、人口流

---

① Domeij D., Floden M., "Population Aging and International Capital Flows", *International Economic Review*, 47 (3), 2006: 1013-1032.

② Kim S., Lee J. W., "Demographic Changes, Saving, and Current Account in East Asia", *Asian Economic Papers*, 6 (2), 2007: 22-53.

③ Naito T., Zhao L., "Aging, Transitional Dynamics, and Gains from Trade", *Journal of Economic Dynamics and Control*, 33 (8), 2009: 1531-1542.

④ Stoyanov A., "Population Aging and Comparative Advantage", *Journal of International Economics*, 102 (1), 2016: 1-21.

⑤ Chisik R., Onder H., Qirjo D., "Aging, Trade and Migration", *World Bank Policy Research Working Paper*, 2016: 740-746.

⑥ Gu K., Stoyanov A., "Skills Population Aging, and the Pattern of International Trade", *Review of International Economics*, 27 (2), 2019: 499-519.

⑦ Kiziltan A., "The Nexus Between Population Aging, International Trade, Foreign Direct Investment, and Economic Growth in G20 Countries: A Panel Vector Autoregressive Analysis", *Economic and Social Impacts*, 2021.

动和老龄化的角度展开，认为人口结构所释放的人口红利促进了贸易的发展，而人口结构转型是导致贸易下降的重要原因。有学者将出生率下降作为人口老龄化的衡量变量，研究老龄化对贸易的影响，少有学者研究贸易与生育之间的关系与影响，这为本节实证二者关系提供了研究空间。为此，本节将首先结合已有的经济学原理推演出贸易对生育影响的经济学模型；其次，运用 WITS 数据库实证贸易与生育的关系，得出具有贸易和生育关系的国际经验；最后，运用贸易对生育影响的国际经验验证中国贸易与生育的关系及可能趋势，发现其中的问题并提出对策与建议。

第二节　贸易对生育影响的经济学机理

本节理论模型基于宏观经济学中四部门均衡恒等式 $Y=AE$，即总收入＝总支出，如公式（2.1）至公式（2.4）所示。

$$Y = AE = C + I + G + NX \tag{2.1}$$

$$C = a + bYD \tag{2.2}$$

$$YD = Y - (T_a + tY - T_r) \tag{2.3}$$

$$I = I_n - dr \tag{2.4}$$

其中，Y 为总收入（或 GDP），AE 为总支出，C 为消费，I 为投资，G 为政府购买，NX 为贸易进出口。消费被视为个人可支配收入 YD 的线性函数，a 为自发性消费，b 为边际消费倾向，T_a 为定量税，T_r 为政府转移支付，t 为边际税率，$T_a + tY - T_r$ 为个体所负担的净税收。I_n 为自发性投资，r 为利率，d 为利率对投资的反应程度。联立公式（2.1）至公式（2.4）可得公式（2.5）。

$$Y = \frac{A}{1-b(1-t)} + \frac{NA}{1-b(1-t)}(A = a - bT_a + bT_r + I_n + G - dr) \tag{2.5}$$

已有研究发现收入与生育负相关①，假定收入与生育负相关且呈线性关系，可得公式(2.6)。

$$N = e - fY \qquad (2.6)$$

N 为生育子女的数量，e 为自发性生育，f 为收入与生育的相关系数。将公式(2.5)与公式(2.6)联立，可得公式(2.7)。

$$N = e - \frac{f \times A}{1-b(1-t)} - \frac{f \times NX}{1-b(1-t)} \qquad (2.7)$$

假定社会生产函数为 $f(L,h)$，企业生产仅由要素 L 与要素 h 决定，其中 L 为低技能劳动力，h 为高技能劳动力，且假定劳动力总数固定不变，即满足公式(2.8)。

$$L + h = M \qquad (2.8)$$

设 β_1 为低技能劳动者的生产率，β_2 为高技能劳动者的生产率，且 $\beta_2 > \beta_1$。贸易企业需同时雇佣低技能劳动者与高技能劳动者才能完成生产，若贸易企业中 $L > h$，则为劳动密集型贸易企业；若 $L < h$，则为资本密集型贸易企业。贸易企业的产出为如公式(2.9)所示。

$$NX = \beta_1 L + \beta_2 h \qquad (2.9)$$

将公式(2.9)代入公式(2.7)：可得公式(2.10)。

$$N = e - \frac{f \times A}{1-b(1-t)} - \frac{f \times (\beta_1 L + \beta_2 h)}{1-b(1-t)} \qquad (2.10)$$

公式(2.10)为贸易对生育影响的函数表达式，从中可以得到初步结论，贸易(NX)的发展抑制一国生育水平(N)。若劳动密集型贸易增加，社会对低技能劳动者 L 的需求增加，则 L 上升，h 下降；由于

---

① Weir D R., "Family Income, Mortality, and Fertility on the Eve of the Demographic Transition: A Case Study of Rosny-Sous-Bois", *The Journal of Economic History*, 55(1), 1995: 1 – 26; Simon J L., "The Effect of Income on Fertility", *Population Studies*, 23(3), 1969: 327 – 341; Borg M., "The Income-fertility Relationship: Effect of the Net Price of a Child", *Demography*, 26(2), 1989: 301 – 310.

$\beta_2 > \beta_1$，此时 $NX = \beta_1 L + \beta_2 h$ 取值为负，贸易对生育正相关。若资本密集型贸易增加，社会对高技能劳动者 h 的需求增加，h 上升，L 下降，此时 NX 取值为正，则贸易与生育负相关。因此得出结论，劳动密集型贸易发展促进一国生育水平的提升，资本密集型贸易发展抑制一国生育水平。

依据上文的分析提出本节机制假说，生育与贸易总体负相关，贸易通过影响不同类型劳动者的供给数量影响一国生育水平。

第三节 变量选取与描述性统计

本节数据主要来源于世界银行贸易数据库（World Integrated Trade Solution，WITS）与《中国统计年鉴》。世界银行 WITS 数据库中共有 193 个国家 1988—2019 年的贸易数据，对缺失数据进行处理，最终保留 88 个国家 1993—2019 年的数据。人类发展指数（Human Development Index，HDI）是衡量国家人类发展水平的指标。规定 HDI 在 0.8 以上为极高人类发展指数，HDI 在 0.7—0.8 为高人类发展指数，0.55—0.7 为中等人类发展指数，0.55 以下为低人类发展指数。本节依据联合国开发计划署发布的《2020 年人类发展报告》中公布的最新 HDI 排名，将数据中 88 个国家分成四类，对应赋值为 1—4，得到 36 个低 HDI 国家、24 个中等 HDI 国家、19 个高 HDI 国家与 9 个极高 HDI 国家。

一 被解释变量

以总和生育率（TFR）为核心被解释变量，总和生育率衡量了某一国家或地区育龄妇女平均生育子女的个数。相比于出生率总和生育率能够更好地处理不同育龄妇女因生育偏好等问题而造成的数据偏差。

二 解释变量

货物进出口额与服务进出口额这两个变量是核心解释变量。运用货物和服务的进出口额来衡量各国的贸易水平，货物和服务是国际贸易中经常项目的重要组成部分，因为解释变量的取值与被解释变量相比过大，因而进行了对数处理以保证数据处理的合理性。

三 控制变量

人均收入，用各国人均 GDP 的对数（lnGDP）来衡量。通常来说，一国的收入水平越高，人们对于物质资本的需求越高，为了弥补市场中的资本缺失，国家会大量进口。

人力资本水平，用人均受教育水平（Education）来衡量。随着各国科技水平的提升，贸易品从劳动密集型产品向资本密集型产品过渡，货物贸易和服务贸易对技术的依赖程度越来越高。因此，贸易水平越高对技术人才的需求越大，通过这样一个机制来倒逼一国人均受教育水平的提升。受教育程度与生育水平负相关，育龄父母的学历提升显著抑制生育意愿和生育数量。[1]

女性劳动力供给，用女性占总人口比重乘以劳动力数量来表示。WITS 数据中没有女性劳动力数量的数据，本节用"15—64 岁人数占总人口占比"变量来衡量一国劳动力数量，与女性人口占比相乘得到女性劳动力数量。贸易公司的女性劳动力越多，则女性照料子女的时间就

---

[1] 张丽萍、王广州：《女性受教育程度对生育水平变动影响研究》，《人口学刊》2020 年第 42 期。

越少,一般认为男性的工作时间与照料子女的时间并无显著关系。主要变量的描述性统计,如表 2.1 所示。

表 2.1　　　　　　　　样本描述性统计

变量名称	样本个数	均值	标准差	最小值	最大值
总和生育率	2376	2.86	1.43	0.92	7.74
货物进出口	2376	23.90	2.21	18.22	29.13
服务进出口	2376	22.75	2.06	17.88	28.01
ln 人均收入	2376	8.56	1.42	5.61	11.33
成年人口比重	2376	65.60	120.03	0.28	5822.00
未成年人口比重	2376	30.64	37.26	0.12	1517.00
人均受教育年限	2376	12.50	3.17	2.30	23.30

第四节　实证结果与稳健性检验

一　国际贸易对生育影响的国际经验

(一) 实证结果

为了验证贸易对生育的影响,本节构建固定效应模型,实证模型设定如公式 (2.11) 所示。

$$TFR_{it} = \alpha_0 + \alpha_1 \text{wtrade}_{it} + \alpha_2 \text{Strade}_{it} + \alpha_3 \text{control}_{it} + \mu_{it} \quad (2.11)$$

其中,TFR 为总和生育率;wtrade 为货物进出口额的对数;Strade 为服务进出口额的对数;control 为控制变量,包括 lnGDP、女性劳动力供给、人均受教育年限等；μ 为误差项；下标 i 为国家（$i=1$，2，…，88），t 为时间（$t=1993$，1994，…，2019）。

表2.2　　　　　　　　　　基准回归结果

	(1)	(2)	(3)	(4)
货物进出口	-0.355*** (-13.84)	—	-0.304*** (-11.24)	—
服务进出口	-0.0333 (-1.33)	—	-0.0754*** (-2.91)	—
货物进出口的平方	—	-0.00692*** (-12.55)	—	-0.00546*** (-9.42)
服务进出口的平方	—	-0.00104* (-1.82)	—	-0.00144** (-2.45)
人均受教育年限	—	—	-0.101*** (-11.91)	-0.114*** (-13.29)
ln 人均 GDP	—	—	0.518*** (8.77)	0.434*** (7.13)
女性劳动力	—	—	-0.110*** (-4.03)	-0.116*** (-4.15)
_cons	12.10*** (51.25)	7.394*** (60.44)	9.557*** (24.68)	5.395*** (13.37)
N	2376	2376	2376	2376
F	766.5	689.0	377.0	347.4

注：*$p<0.1$，**$p<0.05$，***$p<0.01$。

表 2.2 为贸易对生育的实证回归结果。其中，模型 1 与模型 2 仅对贸易水平和平方项单独回归，模型 3 和模型 4 在前两个模型的基础之上加入了控制变量，对比结果是否发生变化。通过回归结果可以发现，货物贸易和服务贸易都与生育负相关，表明贸易对生育有抑制作用，验证了本节的假设——贸易与生育负相关，且贸易水平的二次项与生育成负向关系，加入控制变量以后不改变回归结果。随着世界各国的技术水平的提升，各国之间的贸易品从劳动密集型向资本密集型过渡。劳动密集型贸易促进生育水平的提升，而资本密集型的贸易抑制一国生育水平，国际间贸易类型的转变导致贸易对生育负向影响的形成。为了进一步验证这一观点，表 2.3 显示了贸易类型对生育的影响。

表 2.3　　　　　　　　　贸易类型对生育影响

变量名称	(1)	(2)
劳动密集型贸易	0.415*** (3.34)	0.304** (2.44)
资本密集型贸易	-0.501*** (-4.66)	-0.758*** (-5.87)
人均受教育年限	—	-0.044* (-2.29)
人均收入	—	0.483*** (3.52)
_cons	3.186*** (16.39)	1.415** (2.24)
N	1750	1750

注：*$p<0.1$，**$p<0.05$，***$p<0.01$。

数据来源：Wind 数据，在原有数据上剔除缺失数据后的结果。

表2.3中，模型1显示了不同贸易类型对生育的影响，模型2加入了控制变量，对回归结果无影响。结果表明，劳动密集型贸易促进一国生育水平，而资本密集型贸易对生育有抑制作用。资本密集型贸易与劳动密集型贸易相比，需要更多的专业性人才，劳动者必须拥有较高的人力资本。高人力资本的劳动者收入较高，时间等机会成本高，因而生育意愿下降。

图2.1为2015—2019年全球第二产业、第三产业就业人数占比，可以发现服务业就业人数远高于制造业就业人数。另外，随着技术的进步，以第三产业为代表的服务贸易和以第二产业为代表的货物贸易的发展都逐渐向资本密集型转移，当前第三产业对低学历、人力资本程度较低的劳动力需求较高，对于科技人才需求较低。货物贸易和服务贸易相比，以第二产业为代表的货物贸易对人力资本要求更高，因此可以解释表2.2中货物贸易对生育的影响系数大于服务贸易对生育的影响系数。

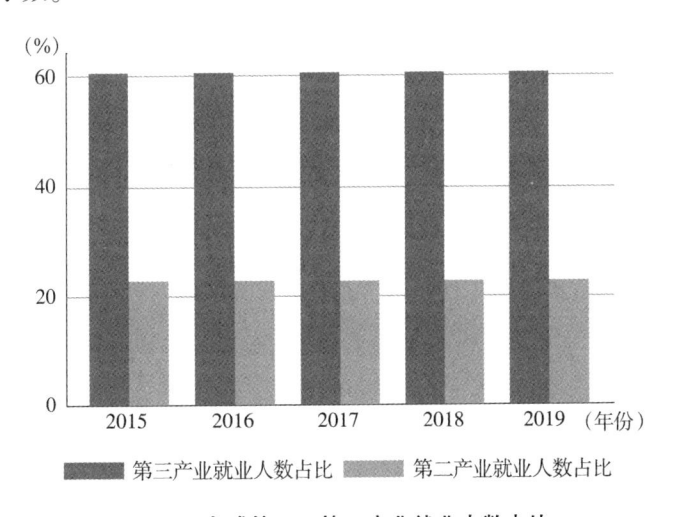

图2.1 全球第二、第三产业就业人数占比

数据来源：笔者绘制。

综上，货物贸易和服务贸易对生育有抑制作用，但抑制程度不同，服务贸易对生育的抑制作用程度较轻。随着世界各国老龄化程度的加深，已有研究表明老龄化促进出口技术的复杂度，促进资本密集型贸易的发展。① 资本密集型贸易发展程度越高，对生育的抑制作用越大，使倒"U"形曲线拐点提前到来。因此，低生育意愿导致的人口老龄化对贸易的影响会促进经济的发展，但会进一步抑制国家的生育水平，形成恶性循环。

随着全球化的发展，货物贸易和服务贸易呈现出以下特点。首先，世界服务贸易增长速度快于货物贸易增长速度。2000—2019年世界货物进出口平均增速分别为6.6%、6.7%，服务贸易进出口平均增速为7.2%、7.3%。如图2.2所示，2010年以来受到金融危机等因素影响，世界贸易水平进入新常态，经常项目增速下降但服务贸易增速仍高于货物贸易。服务贸易的发展一定程度上缓解了贸易对生育的抑制作用。

第二，货物贸易与服务贸易发展不均衡。根据表2.4，发达国家经常项目出口额高于发展中国家且服务出口增速高于货物出口，发展中国家货物出口增速与服务出口增速相当。运用比较优势理论可知，发展中国家货物贸易占优势，发达国家在服务贸易上有优势。随着经济的发展，第三产业尤其是新兴服务的发展是促进国家经济发展的重要引擎，发达国家在服务。

---

① 李谷成、魏诗洁、高雪：《人口老龄化、教育水平和农产品出口技术复杂度——来自中国和"一带一路"沿线国家的经验证据》，《华中科技大学学报》（社会科学版）2019年第33期。

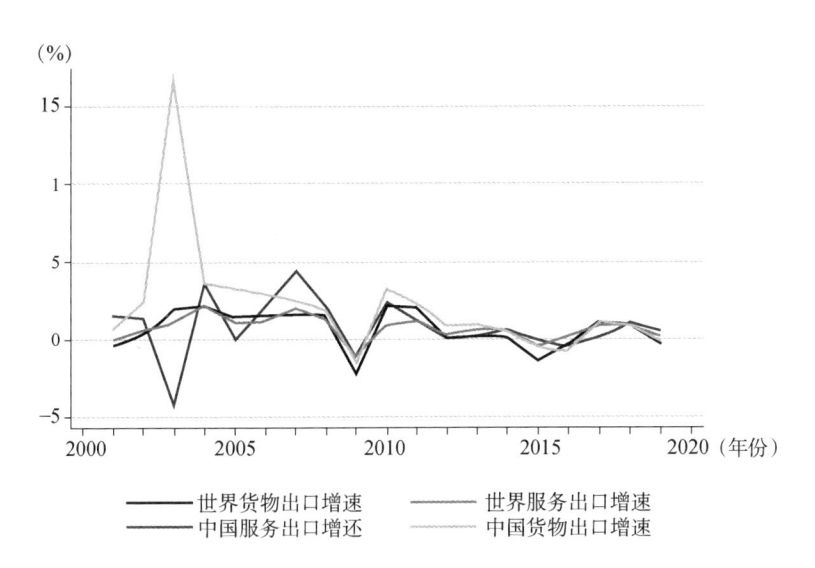

图 2.2　2001—2019 年中国与世界贸易出口增速

数据来源：笔者绘制。

表 2.4　发展中国家与发达国家贸易增速

时间	发展中国家				发达国家			
	货物贸易额	增速	服务贸易额	增速	货物出口额	增速	服务出口额	增速
2013	0.575	0.055	0.208	0.015	12.705	0.031	3.355	0.060
2014	0.574	-0.002	0.220	0.058	12.806	0.008	3.560	0.061
2015	0.471	-0.179	0.222	0.009	11.308	-0.117	3.427	-0.037
2016	0.460	-0.023	0.228	0.027	10.990	-0.028	3.450	0.007
2017	0.522	0.135	0.259	0.136	12.122	0.103	3.705	0.074
2018	0.578	0.107	0.285	0.100	13.247	0.093	4.050	0.093
2019	0.585	0.012	0.300	0.053	12.879	-0.028	4.098	0.012

注：货物出口额单位：万亿美元。

数据来源：WITS 筛选数据后所得。

贸易上的长期顺差不利于发展中国家经济的发展与进步。因此，发展程度不同的国家贸易对生育的影响存在差异，表2.5是按照2020年人类发展指数将国家划分的回归结果。模型1为所有国家总体回归结果，作为基准。模型2至模型5依次为低、中、高、极高人类发展指数国家的回归结果，高HDI国家和极高HDI国家技术发展水平较高，货物贸易和服务贸易抑制生育水平，与模型1的基准结果相同。低HDI国家由于经济发展水平较低，生产发展水平不及发达国家，因此贸易以出口初级产品、进口高端产品为主，大量的技术密集型产品的进口对生育有抑制作用。而中等HDI国家经济发展虽不及发达国家，但能够独立自主发展本国经济，因此限制服务贸易的自由化，更加注重国内的服务贸易，大量的劳动密集型服务业的发展使中等HDI国家服务进口促进生育率的提升。

表2.5　按人类发展指数划分结果

	（1）	（2）	（3）	（4）	（5）
货物进出口	−0.304*** (−11.24)	−0.0201 (−0.43)	−0.457*** (−5.99)	−0.365*** (−9.22)	−0.0272 (−0.78)
服务进出口	−0.0754*** (−2.91)	−0.258*** (−5.32)	0.161 (2.72)	−0.375*** (−8.70)	−0.122*** (−3.70)
人均受教育年限	−0.101*** (−11.91)	−0.0794*** (−6.70)	−0.150*** (−7.05)	0.0173 (1.14)	−0.134*** (−12.77)
人均收入	0.518*** (8.77)	−0.360*** (−3.32)	−0.310* (−1.94)	1.082*** (10.98)	0.647*** (8.37)
女性劳动供给	−0.110*** (−4.03)	−11.98*** (−17.54)	−0.319** (−2.47)	−0.0298 (−1.12)	−0.167*** (−3.63)
_cons	9.557*** (24.68)	108.9*** (20.66)	16.85*** (14.80)	10.75*** (21.07)	2.418*** (3.92)
N	2376	243	513	648	972

注：* $p<0.1$，** $p<0.05$，*** $p<0.01$。

（二）稳健性检验与安慰剂检验

尽管在研究贸易对生育的影响时，考虑了可能的变量对结果产生影响，但仍存在样本分类选择问题对回归结果产生影响。为避免文章结论出现偏误须进行稳健性检验与安慰剂检验，表 2.6 显示了稳健性检验的结果。首先将数据按照大洲进行分类，第（1）列至第（5）列分别代表亚洲、欧洲、美洲、大洋洲、非洲的回归结果，虽然洲际的不同对结果造成影响，但货物和服务贸易与生育都成反向关系。模型 6 为安慰剂检验，使用各国 0—14 岁人口比重作为总和生育率的替代变量。需要注意的是 0—14 岁人口比重的高低不等同于总和生育率的高低。

表 2.6　　　　　　　　稳健性检验与安慰剂检验

变量类型	（1）	（2）	（3）	（4）	（5）	（6）
货物进出口	-0.432*** (-5.60)	0.231*** (8.68)	-0.393*** (-8.32)	-0.271*** (-3.58)	-0.245*** (-5.04)	3.242 (1.04)
服务进出口	-0.0801 (-1.15)	-0.117*** (-5.17)	-0.448*** (-8.40)	-0.0730 (1.06)	-0.0545 (-1.13)	-2.604 (-0.87)
人均受教育年限	-0.129*** (-5.62)	-0.0741*** (-8.43)	-0.0651*** (-4.15)	-0.132*** (-7.93)	-0.0869*** (-6.46)	-1.369 (-1.41)
人均收入	0.883*** (7.56)	-0.0464 (-0.61)	1.223*** (9.28)	0.812*** (4.56)	-0.423*** (-3.68)	-1.048 (-0.15)
女性劳动供给	-0.216*** (-3.05)	-0.0244 (-0.76)	0.0166 (0.39)	0.00900 (0.13)	-0.0222 (-0.52)	-0.716 (-0.23)
_cons	11.21*** (11.67)	0.375 (0.79)	12.09*** (18.06)	2.820** (2.32)	15.25*** (23.51)	44.23 (0.99)
N	540	595	512	135	594	2376

注：*$p<0.1$，**$p<0.05$，***$p<0.01$。

0—14岁人口比重较高意味着过去14年新生儿的出生率较高，而并不能代表今年的育龄产妇生育率会高于去年，有众多因素影响总和生育率的高低。通过模型6可以发现，安慰剂检验结果并不显著，贸易的变化并不影响一国0—14岁人口占比，通过了安慰剂检验。

二 国际贸易对生育影响的中国证据

新中国成立以来，中国对外贸易飞速发展。2001年中国加入世贸组织，积极主动地融入全球贸易和产业链，对外贸易规模逐年增加，贸易结构持续优化，贸易伙伴逐年增加。20世纪90年代以来，中国的老龄化进程加快，65岁及以上的老年人口从1990年的6299万增加至2020年的19064万人。中国生育水平持续下降，"十三五"时期"全面二孩"政策仅仅带来生育水平的小幅上升，并未对中国人口老龄化、低生育的现状造成实质性的改变。"七普"数据显示2020年中国总和生育率为1.3，是中国总和生育率首次低于1.5，较低的生育率增加了中国的人口压力，劳动力人数持续缩减，养老保健等配套服务改革发展势在必行。

表2.7显示了中国贸易对生育的影响，2020年世界银行公布中国人类发展指数为0.761，排名第85位。因此，中国的贸易对生育的影响与上一节中高HDI国家的结果相近，说明贸易对生育的影响结果是稳健的且具有普适性，中国的货物贸易在全球名列前茅，2021年中国货物贸易进出口额突破30万亿元，货物贸易世界排名上升至第一位。而中国服务贸易发展以传统的旅游、运输等行业作为支撑，主要属于劳动密集型产业，虽然国家大力支持服务贸易的发展，但服务贸易中资本密集程度较低。因此，中国货物贸易对生育的抑制作用高于服务贸易对生育的促进作用，最终中国的贸易对生育有负向影响。模型3

及模型4展示了中国制造业贸易对生育的影响,资本密集型产业的进出口对生育有抑制作用,劳动密集型产业与生育正相关,此结论与Gries和Grundmann保持一致。[1] 劳动密集型的企业对人力资本需求较高,资本密集型行业发展迅速倒逼劳动力提升人力资本。一方面,育龄父母提升人力资本会挤出生育子女的时间成本,通过控制变量的结果也能证明人均教育年限与生育负相关;另一方面,随着全社会人力资本的提升,养育子女的教育等成本也在增加,抑制了父母的生育意愿。劳动密集型产业需要大量劳动力,对人力资本要求不高,因此对生育有促进作用。

表2.7　　　　　　　　中国贸易对生育影响回归结果

变量类型	(1)	(2)	(3)	(4)
货物进出口	-0.269*** (-3.11)	—	—	—
服务进出口	0.539*** (3.12)	—	—	—
货物贸易平方	—	-0.010* (-2.78)	—	—
服务贸易平方	—	0.041*** (4.24)	—	—
加工贸易品出口	—	—	-0.196*** (-7.01)	—
初级贸易品出口	—	—	0.181*** (3.48)	—

---

[1] Gries T., Grundmann R., "Trade and Fertility in the Developing World: The Impact of Trade and Trade Structure", *Journal of Population Economics*, 27 (4), 2014: 1165-1186.

续 表

变量类型	(1)	(2)	(3)	(4)
加工贸易品进口	—	—	—	-0.185*** (-3.95)
初级贸易品进口	—	—	—	0.0937** (2.47)
人均受教育年限	0.161*** (3.43)	0.0821(1.57)	0.0750 (1.69)	0.114*** (3.83)
人均收入	-0.638*** (-4.95)	-0.666*** (-6.19)	-0.254** (-2.79)	-0.272** (-2.87)
_cons	4.501*** (8.44)	5.689*** (7.75)	2.941*** (6.54)	3.181*** (6.87)
N	27	27	27	27
F	7.76	11.07	26.42	8.289

注：* $p<0.1$，** $p<0.05$，*** $p<0.01$。

综上所述，国际和国内贸易对生育具有相同的影响机制，资本密集型贸易对生育有抑制作用，劳动密集型贸易对生育有促进作用。不同国家资本密集型贸易和劳动密集型贸易的占比不同，导致不同国家贸易对生育的影响存在差异。以中国和美国为例，发达的科技水平使美国有发展资本密集型贸易的先天优势，美国在货物贸易和服务贸易上资本占比较高，劳动占比较低，因此美国的贸易对生育有负向影响。一方面，中国货物贸易的资本密集程度逐年增加，而服务贸易仍以传统服务业为主，因此服务贸易中劳动密集程度较高；另一方面，中国的货物贸易和服务贸易发展不均，货物贸易的发展程度远高于服务贸易。中国货物贸易对生育的抑制作用远大于服务贸易对生育的促进作用，因此中国总和生育率下降幅度较大。中国的服务贸易以劳动密集型产业为主，因此大力发展服务贸易有助于提升中国的生育水平。虽然未来中国服务贸易会发展成为以资本密集型为主，但在拐点（资本密集型为主的服务贸易发展模式）到来之前服务贸易的发展仍可以促进中国的生育意愿，拐点何时到来及拐点之后如何平衡贸易对生育的影响是未来值得深思的课题。

第五节 结论与建议

本章基于 WITS 数据库研究了贸易对生育的影响，得出如下结论，贸易对生育的影响取决于贸易中劳动和资本的占比。资本密集程度高的贸易对生育有抑制作用，劳动密集程度较高的贸易对生育有促进作用。欧美国家人口总量少，科技发展速度快，对外贸易以资本密集型为主，劳动密集型企业在贸易中占比较低，因此贸易与生育成负向关系。中国的服务贸易以传统产业为主，货物贸易的资本密集程度较高，因此服务贸易的发展有利于提升生育水平，货物贸易对生育有负向影响。中国的货物贸易已经为全球第一，而服务贸易的发展较弱，因此中国货物贸易对生育的抑制作用要大于服务贸易对生育的促进作用，中国货物贸易与服务贸易发展的不均衡是导致中国贸易对生育有负向影响的重要原因。政府等有关机构要重视贸易对生育的影响，采取政策加以应对，本章提出以下几点建议。

第一，促进服务贸易的发展。采取政策提升中国服务业的发展，持续推进改革，深化服务贸易创新发展试点，促进与服务贸易相关的资金、技术等的流动。促进互利合作，提升中国新型服务业的发展，打破中国以传统服务业为主的现状，培养并吸引服务业的尖端人才，促进中国服务贸易的发展。

第二，提升生育补贴等社会保障力度，降低生育成本。在老龄少子化的今天，劳动力人数趋于下降，劳动者照料老人和子女的负担加重，不利于生育意愿的增加。提升职工生育保险的保费金额，降低产妇与儿童住院等医疗费用，降低抚养子女的成本，健全的社会保障机制有助于提升育龄夫妇的生育意愿。

第三，促进货物贸易与服务贸易的互联互通。鼓励货物贸易企业与服务贸易企业合作交流，增加相互学习的机会，共同促进贸易的平衡发展。全力保障货物贸易和服务贸易企业员工生活保障及闲暇时间，减轻员工工作压力，促进生育意愿的提升。

第二篇
微观篇

第三章　非意愿不孕不育：生育意愿与生育行为的悖离

"老年人数增多""人口结构趋于老龄化"等论断早已为人们所默许，新生代子女养老负担逐年增加，加之物价水平的上升等因素让人们对养育子女"望而却步"。"全面二孩"政策的提出短期内提升了中国的生育水平，但随着堆积效应的释放，生育率又呈下降趋势，2020年中国的总和生育率创新低。人口出生率下降的现实使中国陷入了"未富先老"的窘境，人口机会窗口期的关闭引发众多学者对如何提高民众生育意愿、生育意愿如何提升生育行为等问题的思考。

在"三孩"政策后中国的生育水平仍提升缓慢的背景下，本章关注的主要问题是如今生育意愿与生育行为的悖离。关于生育意愿和生育行为之间关系的研究自20世纪70年代就已经开始，学者认为生育行为与生育意愿之间存在差异的原因主要包括对子女的偏好、早年理想的生育意愿、非意愿不孕不育等。本章利用2018年与2020年中国家庭追踪调查（CFPS）数据库深入对非意愿不孕不育进行研究，从这一角度探究育龄夫妇生育意愿和生育行为悖离的原因，并提出对策建议以促进中国生育水平的提升，使中国尽快摆脱未富先老的局面。

第一节 文献综述

20世纪70年代是人口学领域成果迸发的时代,《人口炸弹》等书的出版让人们开始正视人口危机和生育问题等课题的研究。对于生育问题的衡量,最重要的变量就是生育意愿和生育行为;对于生育水平和生育意愿及相互关系,国内外学者研究已久。总和生育率一直是衡量育龄产妇一生平均生育子女的数量最为重要的变量,往往以总和生育率是否大于二来衡量是否高于或低于人口更替水平。生育率低于二意味着平均一个家庭死亡两人只有不到两个新生子女进行替代,生育率长期低于更替水平所带来的后果必然是人口结构的变化和人口增长率的转变。[①]

世界各地生育水平逐年下降,未来生育水平能否恢复到更替水平成为学者讨论的重点。Quesnel-Vallée 和 Morgan 基于1979年美国青年数据研究居民生育意愿的变化,发现1982—2000年美国青年超过二孩的生育意愿急剧下降,而低于二孩生育意愿的人数在增加。生育意愿的下降可能是造成生育水平下降的重要原因。[②] Willems 对欧洲国家的生育水平进行研究,发现在老年人的生育能力得到恢复的前提下进一步推迟生育率的结束会导致欧盟国家生育率的进一步上升,进一步使得总和生育率接近更替水平。若出现生育率稳定的下降趋势则很难使总和生育率回到更替水平。[③] Lutz 等研究发现,欧盟生育率较低有两个

[①] 郭志刚:《中国的低生育水平及其影响因素》,《人口研究》2008年第4期。

[②] Quesnel-Vallée A., Morgan S. P., "Missing the Target? Correspondence of Fertility Intentions and Behavior in the US", *Population research and policy review*, 22 (5), 2003: 497 – 525.

[③] Willems P., "Is Low Fertility a Temporary Phenomenon in the European Union?", *Population and Development Review*, 25 (2), 1999: 211 – 228.

原因，即育龄妇女生育意愿的推迟和人口增长惯性，人口增长存在惯性，既可以为正也可以为负，人口增长惯性的存在使得未来的生育水平很难恢复到更替水平。[1] 郭志刚对总和生育率进行深入分析，发现总和生育率在计算的时候出现漏算的问题，并指出准确总和生育率的计算是预测未来生育水平何时恢复到更替水平的重要前提。[2]

在人口结构趋于老龄化的大环境下，众多学者对生育意愿进行研究，期望得出提升生育意愿的方法，在这期间迸发出众多生育模型。Leibenstein 提出边际子女选择理论[3]；Becker 和 Lewis 提出了子女数量质量替代理论[4]；Easterlin 和 Crimmins 提出了生育率需求供给理论[5]；Caldwell 提出了代际财富论[6]；Davis 和 Blake 提出了中介变量论[7]；Bongaarts 对生育模型进行完善，提出了著名的邦嘎兹模型。[8] 学者们在理论模型的引导下找到了提升生育行为的新途径。Ajzen 和 Klobas 研究发现 TPB 可以有效了解人们的生育意愿，无论是发达国家还是发展中国家生育意愿都是理性决策的结果。[9] Park 等认为，生育是资源分配的

---

[1] Lutz W., O'Neill B. C., Scherbov S., "Europe's Population at a Turning Point", *Science*, 299 (5615), 2003: 1991–1992.

[2] 郭志刚:《从近年来的时期生育行为看终身生育水平——中国生育数据的去进度效应总和生育率的研究》,《人口研究》2000 年第 1 期。

[3] Leibenstein H., "Economic Backwardness and Economic Growth", 20 (2), 1957: 100–110.

[4] Becker G. S., Lewis H. G., "On the Lnteraction Between the Quantity and Quality of Children", *Journal of Political Economy*, 81 (2, Part 2), 1973: S279–S288.

[5] Easterlin R. A., Crimmins E. M., *The Fertility Revolution: A Supply–Demand Analysis*, University of Chicago Press, 10 (4), 1985: 201–208.

[6] Caldwell J C., "Demography and Social Science", *Population Studies*, 50 (3), 1996: 305–333.

[7] Davis K., Blake J., "Social Structure and Fertility: An Analytic Framework", *Economic Development and Cultural Change*, 4 (3), 1956: 211–235.

[8] Bongaarts J., "Fertility and Reproductive Preferences in Post–Transitional Societies", *Population and Development Review*, 27 (2), 2001: 260–281.

[9] Ajzen I., Klobas J., "Fertility Intentions: An Approach Based on the Theory of Planned Behavior", *Demographic Research*, 29, 2013: 203–232.

结果,生育意愿的变化基于人们对未来投资意愿的变化,夫妻双方的生育意愿相互影响,因此,在低生育社会父亲对子女投资的提高可能是促进女性特别是职业女性提升生意意愿最重要的渠道。① Ibrahim 和 Arulogun 认为,生育意愿和生育行为的高低完全取决于社会、经济、文化等因素,生育意愿是社会文化的一部分,生育意愿受到当地文化和宗教信仰的影响。② 风笑天和张青松以二十年全国生育意愿调查数据库为基础,研究中国城乡居民的生育意愿,发现生育意愿具有滞后性、内部失调性和诱导性的特点。③ 风笑天通过对青年夫妇生育意愿的调查发现,青年夫妇生育意愿不高,仅有一半左右的青年人有二孩生育意愿,无论是否是流动人口对研究结果没有影响,政策制定者要防范在研究生育意愿过程中的研究偏差。④ 王天宇和彭晓博研究新型农村合作医疗对生育意愿的影响,发现医疗合作与生育意愿之间呈显著负相关,社会保障制度的建立为放松人口政策提供了空间。⑤

随着研究的深入,学者逐渐发现生育意愿的提升与生育行为的增加之间不存在一一对应的关系,生育意愿只是影响最终生育行为的变量之一。因此,对于生育行为和生育意愿之间关系的研究在 20 世纪 70 年代开始盛行。Udry 将生育意愿分为两种不同的模型去研究,即同步决策生育模型和顺序决策模型,同步决策模型意味着夫妻双方在生育子女前有明确的生育子女意愿,婚后按照夫妻双方的生育意愿执行生

---

① Park S. M., Cho S. I. L., Choi M. K., "The Effect of Paternal Investment on Female Fertility Intention in South Korea", *Evolution and Human Behavior*, 31 (6), 2010: 447 – 452.
② Ibrahim F. M., Arulogun O. S., "Posterity and Population Growth: Fertility Intention Among a Cohort of Nigerian Adolescents", *Journal of Population Research*, 37 (1), 2020: 25 – 52.
③ 风笑天、张青松:《二十年城乡居民生育意愿变迁研究》,《市场与人口分析》2002 年第 5 期。
④ 风笑天:《三孩生育意愿预测须防范二孩研究偏差》,《探索与争鸣》2021 年第 11 期。
⑤ 王天宇、彭晓博:《社会保障对生育意愿的影响:来自新型农村合作医疗的证据》,《经济研究》2015 年第 2 期。

育行为；顺序决策模型指夫妻双方的生育意愿是不断变动的，受到各种不同的因素影响。[1] Miller 研究发现驱动生育行为的动机序列分为三步，即动机特征、生育欲望和生育意图。生育意愿到生育行为的转化受到生育欲望和生育意图之间不同连接结构的影响。[2] De Silva 通过分析斯里兰卡的数据分析发现，育龄妇女生育意愿在一定程度上可以预测未来的生育行为，非自愿生育与妇女的人口特征和其丈夫对子女的生育意愿有关。[3] Hayford 和 Agadjanian 研究了莫桑比克南部农村已婚女性在停止生育后的生育意愿和生育行为，通过研究分析个人、家庭和社区特征的调节能力，结果发现停止生育的愿望但生育行为增加的预测，其对应关系高度显著。[4] Agadjanian 通过研究撒哈拉以南非洲地区人口生育问题，发现生育意愿和生育行为取决于外部压力和心理意愿的相互影响，非正式的社会互动在就生育问题建立社会共识方面发挥着重要作用。[5] Marteleto 等研究巴西寨卡病毒流行期间女性的生殖意图和行为，发现生殖保健服务的不平等性决定了不同妇女在流行期间面临不同的意外怀孕风险，升级保健服务和社会公平性对生育意愿到生育行为的转化起到了重要的作用。[6]

---

[1] Udry J. R., "Do Couples Make Fertility Plans one Birth at a Time?", *Demography*, 20 (2), 1983: 117 – 128.

[2] Miller W. B., "Differences Between Fertility Desires and Intentions: Implications for Theory, Research and Policy", *Vienna Yearbook of Population Research*, 12 (20), 2011: 75 – 98.

[3] De Silva W. I., "Consistency Between Reproductive Preferences and Behavior: the Sri Lankan Experience", *Studies in Family Planning*, 22 (3), 1991: 188 – 197.

[4] Hayford S. R., Agadjanian V., "From Desires to Behavior: Moderating Factors in a Fertility Transition", *Demographic Research*, 26, 2012: 511.

[5] Agadjanian V., "Fraught with Ambivalence: Reproductive Intentions and Contraceptive Choices in a Sub – Saharan Fertility Transition", *Population Research and Policy Review*, 24 (6), 2005: 617 – 645.

[6] Marteleto L. J., Weitzman A., Coutinho R. Z., et al., "Women's Reproductive Intentions and Behaviors During the Zika Epidemic in Brazil", *Population and Development Review*, 43 (2), 2017: 199.

在中国研究生育意愿和生育行为的成果有很多。石智雷和杨云彦对湖北省的青年夫妇进行研究，发现农村居民的生育意愿高于城市居民，就业迁移显著降低农村家庭的生育偏好，生育偏好的降低显著降低了青年夫妇的生育行为。① 茅倬彦和罗昊通过对江苏省的数据进行分析研究发现，40%的育龄妇女生育意愿高于生育行为，60%的育龄妇女生育意愿等于生育行为，没有夫妇生育意愿小于生育行为。② 杨菊华详细分析了西方学者关于生育意愿和生育行为之间关系的研究，并总结出生育意愿和生育行为的悖离由以下几个原因导致。中国人的传统思维方式，受古人影响具有重男轻女的偏好，如果一孩生育为女孩则会有强烈的生育二孩的愿望；初婚年龄的提高，由于现阶段全民学历水平的提高，人均受教育年限增加致使人均生育年龄推迟，生育年龄的推迟是阻止生育行为和生育意愿之间转化的重要原因。③ 张霞和夏巧娟对近年来生育意愿和生育行为的研究进行整理，发现家庭规模、生育观念的滞后性及经济、制度等因素的影响使得生育意愿和生育行为之间存在差异。④ 原新等基于2017年生育抽样调查对女性的生育情况进行研究，发现少数民族女性生育行为与生育经历和妇女地位负相关，父辈的生育经历与子女的生育行为正相关，有关机构要加强对生育经历的重视。⑤ 陈滔和胡安宁利用家庭追踪调查数据对不同类型夫妇的生育行为进行研究，发现不同的生育动机对生育行为产生不同的影响，

---

① 石智雷、杨云彦：《符合"单独二孩"政策家庭的生育意愿与生育行为》，《人口研究》2014年第5期。
② 茅倬彦、罗昊：《符合二胎政策妇女的生育意愿和生育行为差异——基于计划行为理论的实证研究》，《人口研究》2013年第1期。
③ 杨菊华：《意愿与行为的悖离：发达国家生育意愿与生育行为研究述评及对中国的启示》，《学海》2008年第1期。
④ 张霞、夏巧娟：《生育意愿与生育率研究进展》，《经济学动态》2018年第12期。
⑤ 原新、金牛、刘志晓：《女性地位、生育经历与生育意愿——聚焦少数民族省区育龄妇女的分析》，《云南师范大学学报》（哲学社会科学版）2020年第2期。

个体主义的生育动机对生育意愿负相关，家庭主义的生育动机与生育行为正相关。①

对于生育意愿和生育行为之间关系的悖离，现有研究主要从生育观念改变、生命周期改变等角度进行研究。Miller 和 Pasta 发现，行为意图是生育动机、态度、信念和欲望行为的最终途径，夫妻之间生育意愿的相互作用对促进生育行为无显著影响，夫妻双方生育意愿的互补并不能成为弥补意愿和行为悖离的解决之道。② Morgan 和 Rackin 利用美国青年纵向调查数据研究家庭生育意愿和生育行为之间的悖离，发现 24 岁的男性（或女性）仍然未婚、无子女或仍在上学更容易实现生育意愿和生育行为的悖离。③ 宋健和阿里米热·阿里木利用家庭动态监测数据研究生育意愿与生育行为的偏离，发现女性生育意愿与生育行为偏向度约为 0.14 个子女，超过 80% 的女性生育意愿高于生育行为，家庭生育支持行为可以显著减少意愿与行为之间关系的悖离。④ 周国红等利用宁波市调查文件数据研究生育意愿和生育行为之间关系的悖离，发现影响生育意愿的重要因素为行为态度，感知行为与控制行为，三者均产生正向影响，物质支持影响生育行为，但感知与生育行为之间负相关。⑤ 马志越和王金营通过北方省份数据研究生育意愿和生育行为偏离的因素，发现影响因素是多方面的，其中年

---

① 陈滔、胡安宁：《个体主义还是家庭主义？——不同生育动机对生育行为的影响效应分析》，《江苏社会科学》2020 年第 2 期。

② Miller W. B., Pasta D. J., "Behavioral Intentions: Which Ones Predict Fertility Behavior in Married Couples?", *Journal of Applied Social Psychology*, 25 (6), 1995: 530–555.

③ Morgan S. P., Rackin H., "The Correspondence Between Fertility Intentions and Behavior in the United States", *Population and Development Review*, 36 (1), 2010: 91–118.

④ 宋健、阿里米热·阿里木：《育龄女性生育意愿与行为的偏离及家庭生育支持的作用》，《人口研究》2021 年第 4 期。

⑤ 周国红、何雨璐、杨均中：《"生育主力"缘何有名无实？——基于 743 份城市青年生育意愿的问卷调查分析》，《浙江社会科学》2021 年第 5 期。

龄、受教育程度、姐妹数、住房面积等都对其产生影响。① 张樨樨和崔玉倩通过研究2018年CGSS数据发现，人力资本中的受教育程度、工作薪酬与身体健康、生活幸福感知度等因素均显著阻碍生育意愿向生育行为的转化。② 曹献雨和睢党臣通过访谈的形式研究"全面二孩"政策背景下生育意愿和生育行为之间的悖离，发现家庭因素、女性因素、社会因素是主要的影响因素。③ 陈蓉运用横断历史分析法研究上海市生育意愿和生育行为的转变，发现生育政策已不再是决定生育行为的主导因素，仅靠"全面二孩"政策对生育水平的提升作用有限。④ 王军和王广州利用四次全国抽样调查数据研究生育意愿与生育行为的差异，发现中国目前的生育意愿在1.82至1.88范围内，显著低于更替水平，生育行为低于生育意愿，生育政策对生育行为提升的贡献度略高于30%，"全面二孩"政策对生育水平的提升作用有限。⑤

总的来看，已有研究从不同角度对生育意愿和生育行为之间的关系进行研究，研究的成果主要分为两个方面。一是生育意愿通过非意愿生育、替补效应和性别偏好等因素促进生育行为；二是由于进度效应、不孕效应和竞争效应等因素使生育意愿和生育行为存在悖离。尽管有学者对生育意愿和生育行为之间关系的悖离进行研究，

---

① 马志越、王金营：《生与不生的抉择：从生育意愿到生育行为——来自2017年全国生育状况抽样调查北方七省市数据的证明》，《兰州学刊》2020年第1期。
② 张樨樨、崔玉倩：《高人力资本女性更愿意生育二孩吗——基于人力资本的生育意愿转化研究》，《清华大学学报》（哲学社会科学版）2020年第2期。
③ 曹献雨、睢党臣：《"全面二孩"政策背景下城市女性生育意愿与生育行为差异研究》，《重庆社会科学》2019年第5期。
④ 陈蓉：《从生育意愿与生育行为的转变看中国大城市全面两孩政策的实施效应——以上海为例》，《兰州学刊》2018年第4期。
⑤ 王军、王广州：《中国低生育水平下的生育意愿与生育行为差异研究》，《人口学刊》2016年第2期。

但并未对非意愿不孕不育导致的悖离进行深入研究，都是简单带过。本章对因非意愿不孕不育而导致生育意愿和生育行为的悖离进行深入研究，找出其中存在的问题并提出相应的对策和建议。本章的研究建立在经济学的角度，因而不研究夫妻双方生理性原因导致的不孕不育。

第二节 研究设计

一 数据来源及样本处理

本章的研究基于2018年与2020年中国家庭追踪调查数据库，该数据库收集有关家庭、个人等详细的数据。数据库包含中国25个省（自治区、直辖市），32669个调查数据，追踪数据可以分析同一位观察者在不同年份的生活、家庭情况。在本节的研究中，观察的重点是育龄夫妇生育意愿和生育行为的悖离，因此同一位观察者在不同年份之间拥有子女数量的变化量是本节研究的重点。2018年和2020年的调查问卷中都含有"个人ID""家庭户内三位码"和"2018年家庭样本编码数据"，以上三个变量对每一位观察者进行了精准的编码，本节运用Stata 16软件和SPSS 25软件对数据进行处理，将2018年和2020年的数据进行匹配并删除匹配缺失项，得到最终所需的追踪数据。

CFPS数据有"希望要几个男孩"和"期望孩子数（个）"两个变量可以衡量育龄父母的生育意愿和性别偏好，但数据库中没有生育子女个数的变量。数据库中有十个"同子女关系如何"问卷变量，因此对其进行处理，将很不亲近、不大亲近、一般亲近、已去世这四个回答作为拥有对应子女的计数标准来衡量。因为只有拥有子女的父母才可以对子女的关系进行评价，将其他回答默认为无对应子女，通过这样的方式得到调查者真实的子女数量。为了对文章进行精准分析，重新计算了被调查者2022年的年龄，删除小于20岁和大于85岁的调查数据，为了降低离群值的影响，将月收入大于两万元的数据剔除，最终得到11778个数据。样本的基本情况见表3.1。

表3.1　家庭追踪调查数据库中青年夫妇基本情况

变量	类别	人数	比例(%)	变量	类别	人数	比例(%)
年龄	20-40	3113	26.43	2020年拥有子女数量	0	9477	80.46
年龄	41-60	5803	49.27	2020年拥有子女数量	1-2	1594	13.53
年龄	61-85	2862	24.30	2020年拥有子女数量	≥3	707	6.00
2018年拥有子女数量	0	9516	80.79	两年间拥有子女数变化	<0	545	4.63
2018年拥有子女数量	1-2	1423	12.08	两年间拥有子女数变化	0	10781	91.54
2018年拥有子女数量	≥3	839	7.12	两年间拥有子女数变化	>0	452	3.83
2018年期望子女数	0	171	1.45	月收入(元)	<2000	6653	56.49
2018年期望子女数	1-2	9719	82.52	月收入(元)	2000-8000	4863	41.29
2018年期望子女数	≥3	1888	16.03	月收入(元)	>8000	262	2.22

注：观察值总数为11778。

二　分析策略

为了更深入地研究生育行为与生育意愿的偏离，找到生育意愿无法有效驱动生育行为的原因，后文分析了非不孕不育在其中扮演的作用，剖析非意愿不孕不育的构成要素。主要运用交叉表、卡方检验等经济学分析法对2018年和2020年育龄夫妇进行研究。这样做的优点包括以下两个方面。一方面，运用交叉表等描述性分析方法可以更加清晰直观地发现行为与意愿悖离的原因；另一方面，描述性分析法可以避免因回归而造成的内生性问题。

第三节　对比与分析

一　育龄夫妇生育意愿及行为基本情况及比较

将2018年作为基准年，研究未来两年育龄妇女生育行为的变化，表3.2展示了基准年中育龄夫妇实际生育子女数量和期望子女数量对比的情况。结果显示在1%的置信水平下的卡方值为49383.589，表明2018年当年的子女拥有数量与当年的生育意愿不相关，因为生育意愿存在滞后性。虽然二者相关性不强，但可以从表中得出育龄夫妇生育意愿。

表3.2　2018年育龄夫妇生育意愿和子女数量交叉

		2018年拥有子女数量						总计
		0	1	2	3	4	≥5	
期望子女数量	0	105	6	4	6	2	0	123
	1	1775	129	36	17	4	2	1963
	2	6504	303	734	131	64	20	7756
	3	827	56	78	325	25	12	1323
	4	204	21	30	39	129	4	427
	≥5	64	6	13	16	4	35	138

续 表

	\multicolumn{6}{c}{2018年拥有子女数量}	总计
	0	1	2	3	4	≥5	
总计	9479	521	895	534	228	73	11730

注：由于有48个数据超过卡方临界值因而被删除，数据总量变为11730。

所有被调查者中只有12.42%的人实现了期望子女数量等于实际子女拥有数量，2.8%的被调查者实际拥有子女数量超过期望子女数量，84.78%的被调查者实际生育数量小于子女拥有数量，这个结论与茅倬彦的研究存在出入，茅倬彦和罗昊认为不存在生育意愿小于生育行为的夫妇。[①] 生育意愿小于或等于实际生育数量的育龄夫妇虽然存在但占比较少，超过八成以上夫妇的生育意愿高于当前子女拥有数量。从纵向的角度研究，2018年无子女的育龄夫妇的生育意愿显著高于已有子女夫妇的生育意愿，二者占比差距约为70%，因此有足够多的理由证明中国的生育行为和生育意愿之间存在差异。

二 2018—2020年生育行为的变化

以2018年作为基准年，观察2020年育龄夫妇生育子女数量的变化，结果见表3.3。从实际子女拥有量的变化角度来看，91.54%的夫妇子女数量无变化，3.83%的夫妇增加了实际拥有的子女数量，4.63%的夫妇子女数量出现了下降。子女数量的下降产生的原因是由于疾病、夭折等原因导致的子女死亡，对于子女数量下降的有关数据在后文不做进一步研究和分析。从横向的角度分析，基准年无子女的

[①] 茅倬彦、罗昊：《符合二胎政策妇女的生育意愿和生育行为差异——基于计划行为理论的实证研究》，《人口研究》2013年第1期。

夫妇增加子女的人数最多，占子女数增加的72%；已有儿女的夫妇再生育子女的数量逐级递减。

表3.3　　　　　　　　　两年间子女数量变化

变量		2020年拥有子女数量					
		0	1	2	3	4	≥5
2018年拥有子女数量	0	9190	109	149	55	11	2
	1	52	399	54	15	3	2
	2	116	100	650	20	9	3
	3	69	37	63	349	16	3
	4	32	12	13	15	157	0
	≥5	18	3	5	5	5	37
2018年期望子女数量	0	107	6	4	4	2	0
	1	1740	162	38	15	7	1
	2	6449	390	724	119	55	19
	3	855	61	111	262	27	7
	4	209	32	41	40	105	0
	≥5	79	6	14	15	4	20

从基准年期望子女数量的角度进行研究，2020年完成自我期望子女数的夫妇占11.76%，超期望值的占2.60%，未达到期望值的占85.64%。与表3.2相比，超期望值的人数占比增加而未达到期望值的占比下降，原因在于存在夭折和死亡的子女。总体而言，期望子女数超出实际拥有子女数的人数占比居高不下，运用跨期追踪的数据对结果的改变无影响，寻找生育行为与生育意愿悖离的原因仍然迫在眉睫。

三 生育意愿与行为悖离的原因：非意愿不孕不育

（一）生育意愿与生育行为的关系

要理解非意愿不孕不育，首先要分析生育意愿与生育行为之间的关系，即生育意愿对于生育行为的驱动作用，可以用特征—愿望—意图—行为这样的思维逻辑来概括。驱动个人或育龄夫妇生育行为的动机力量是一个连续的过程，而不是单一的、离散的过程，生育意愿开始于无意识生育动机或倾向（称为特征），这导致了人们要或者不要子女的有意识的欲望（愿望），进一步会使人们产生想要或不想要子女的动机（意图），最终产生生育或者不生育子女的行为。

生育意愿即上述驱动思路中的第二步愿望，生育行为即第四步行为，生育意愿向生育行为转化的过程中需要有第三环节的存在也就是生育意图。生育意图就像一座桥梁连接着首尾两端，生育意图的缺失是造成生育意愿和生育行为悖离的重要原因。生育意图缺失的原因有生理性原因、配偶死亡、离婚、非意愿不孕不育等，本节重点研究的就是生育意图中的非意愿不孕不育。

（二）收入水平与非意愿不孕不育的关系

由于数据库中含有子女变化数为负的样本数据，因此将此类数据剔除得到11233个数据。问卷中有"您的税后月收入是多少元？"这一问题，根据这一变量将月收入分为四个等级。月收入水平小于等于2000元赋值为1，令其为低收入水平；将月收入水平介于2000元与4000元之间的赋值为2，令其为中等收入水平；将月收入介于4000元与8000元之间的赋值为3，令其为中等偏上收入水平；将月收入高于8000元的赋值为4，令其为高收入水平。将被调查者月收入与拥有子女变化数进行交叉得到表3.4。通过结果可以发现，收入水平的提高并不是提升育龄夫妇生育数量的原因，低收入水平的夫妇增加子女数量的比例远大于其他收入水平。收入水平越低，生育行为产生的概率越大，收入水平与生育行为负相关，此结论与王玥等[①]所得结论相同。

表3.4　　　　　　　　收入等级与子女变化数交叉

		收入等级				总计
		1	2	3	4	
拥有子女数量的变化	0	5816	3216	1488	261	10781
	1	142	46	10	1	199
	2	129	36	11	0	176
	3	56	4	2	0	62
	4	9	2	0	0	11
	≥5	4	0	0	0	4
总计		6156	3304	1511	262	11233

注：Pearson chi2 (4) = 94.722, pr = 0.000。

将年龄按照等级进行区分，20—40岁赋值为1，令其为低年龄层；40—60岁赋值为2，令其为中等年龄层；60—70岁赋值为3，令其为中高年龄层；大于70岁赋值为4，令其为高年龄层。将低收入群体按照年龄层和性别进行区分并与子女变化量进行交叉，得到表3.5。相比于其他收入水平的群体，低收入群体生育子女的占比最高；从年龄的角

[①] 王玥、王丹、张文晓：《亚洲女性收入对生育率影响的国际比较研究——基于劳动参与率、受教育程度、就业方式的视角》，《西北人口》2016年第2期。

度看，中高年龄水平的夫妇是生育子女的主体，而青年群体在2018—2020年几乎无生育子女行为。

表3.5　　　　　低收入群体年龄、性别与子女变化量交叉

变量		子女变化量						合计
		0	1	2	3	4	5	
年龄	1	1002	0	0	0	0	0	1002
	2	3239	0	1	0	0	0	3240
	3	1031	118	119	50	8	3	1329
	4	544	24	9	6	1	1	585
性别	男	2459	77	68	32	6	2	2644
	女	3357	142	129	56	9	4	3512

注：样本总量为6156。

一方面，生育子女人数较多的群体年龄较高，这些人接近或已经到达退休年龄，有足够的时间和精力支持他们做出生育决策和生育行为；另一方面，生育子女多的人群大多是"60后"或者"70后"，他们受到成长环境或早期生育意愿的影响促进了生育意愿向生育行为的转化。而青年群体由于受教育水平的提高，导致结婚时间推迟，年龄的增加与当代生活水平的提高扼制了青年群体生育行为的产生。从性别的角度分析，在子女增加的群体中男性占比较高，表明男性被调查者更容易实现生育意愿到生育行为的转化。在中国，男性一般作为家庭生活的主力，男性对家庭保障的责任更大，这引发了一个思考——社会福利或保障水平的提升是否能成为驱动生育行为的因素之一，社会保障水平的不足能否成为非意愿不孕不育的组成因子。

(三) 社会福利保障水平与非意愿不孕不育的关系

CFPS 调查问卷中含有"每月是否有实物福利"和"现金福利金额"这两个问题，现金福利的回答包含交通补贴费、餐补费、住房补贴费、过节费等，将每一位观察者一年所有的现金补贴金额进行加总，得到总现金补贴金额。将现金补贴金额分为四个不同的等级，将现金福利金额为零人员赋值为 1，令其为"无现金福利获得者"；将有现金福利但年总额小于 1000 元的赋值为 2，令其为"低现金福利获得者"；将高于 1000 元但低于 8000 元现金福利的人员赋值为 3，令其为"中等现金福利获得者"；将每年高于 8000 元现金福利人员赋值为 4，令其为"高现金福利获得者"。将税后月收入水平分成四个等级，将其与两年子女变化量进行交叉得到表 3.6。

表 3.6　　　　不同收入群体现金福利与子女数量变化交叉

变量		拥有子女数量的变化					
		0	1	2	3	4	≥5
低收入群体现金福利	1	4652	123	110	48	8	4
	2	58	2	1	0	0	0
	3	17	1	0	0	0	0
	4	0	0	0	0	0	0
中等收入群体现金福利	1	3389	58	45	9	3	0
	2	163	0	1	2	0	0
	3	114	0	2	0	0	0
	4	3	0	0	0	0	0

续　表

变量		拥有子女数量的变化					
		0	1	2	3	4	≥5
中等偏上收入群体现金福利	1	1782	13	16	3	0	0
	2	110	0	0	0	0	0
	3	115	0	0	0	0	0
	4	10	0	0	0	0	0
高收入群体现金福利	1	319	1	1	0	0	0
	2	15	1	0	0	0	0
	3	32	0	0	0	0	0
	4	2	1	0	0	0	0

注：Pearson chi2 = 4.374，pr = 0.000。

通过数据结果可知，无论是哪一等级的收入水平，现金福利水平的增加对子女数量的增加没有影响。一方面，在收入水平不变的情况下，现金福利水平越低实际子女的增加量越高，现金福利水平越高实际子女数几乎没有增加；另一方面，从现金福利不变的角度看，在现金福利水平处于相同等级的情况下，劳动者收入水平越高子女增加的数量越少。综上可以发现，在收入水平不变的情况下单纯提升劳动者的福利水平，或者在福利水平不变的情况下单纯提升劳动者的收入水平无法有效地驱动生育行为。这个结论令人深思，与以往的结论不同，大多数的研究者或政策制定者将生育水平的下降或生育意愿不能驱动生育行为的原因归结为社会福利保障制度的不健全或劳动者收入水平的不足。通过对比分析发现，纯粹的收入水平或福利水平的变化并不属于非意愿不孕不育的组成部分，要理性地分析收入水平和福利水平变化背后真正驱动育龄父母非意愿不孕不育的原因。

(四) 生育风险与非意愿不孕不育的关系

与社会保障相对应的是社会风险，什么样的风险存在使得社会保障金额的提升不能驱动生育行为，接下来对被调查者的离职原因进行分析，试图通过离职原因找到被调查者的社会风险，结果见表3.7。

表3.7　　　　　　　　　离职原因与子女变化数交叉

		子女变化量						总计
		0	1	2	3	4	5	
离职原因	未离职	9686	162	162	55	10	2	10077
	单位破产/倒闭	48	2	1	0	0	0	51
	单位裁员	11	0	1	0	0	0	12
	被解雇/开除	5	1	0	0	0	1	7
	合同到期	16	0	0	0	0	0	16
	季节性/临时性工作结束	51	1	0	0	0	0	52
	生育	345	7	4	1	1	0	358
	寻找其他工作	26	0	0	0	0	0	26
	找到其他工作	2	0	0	0	0	0	2
	重返学校/进修	3	0	0	0	0	0	3
	退休/离休	139	7	2	1	0	0	149
	疾病/伤残	203	3	4	2	0	1	213
	其他	246	16	2	3	0	0	267
总计		10781	199	176	62	11	4	11233

注：剔除子女变化量为负，样本容量变为11233。

从结果中可以发现，在不考虑子女变化量为零的条件下，所有情况中未离职劳动者子女增加人数最多。只有稳定的收入来源才可以有足够的能力保障抚养子女，因此是否有持续的收入来源是产生生育行为的重要前提。剔除未离职员工的数据，考察离职员工的离职原因与子女变化数量之间的关系。因生育子女而导致离职的员工子女数量未增加的人数最多，为345人，占比超30%。而与其他诸如重返学校进修、合同到期等正常离职原因相比，因生育离职而导致子女数增加量为零的人数高于其他正常离职原因的人数之和。

因生育行为的产生而导致育龄夫妇失业是扼制育龄夫妇生育意愿向生育行为转化的主要原因，因此生育行为产生的离职风险构成非意愿不孕不育的核心，以往的研究或政策制定者最容易忽视的要点也在于此。大量的研究将生育意愿对生育行为驱动力的不足归因为政策福利的不足或收入水平较低，根据上文的分析发现，虽然政策福利或收入在一定程度上会影响生育的意图，但因生育而造成的未来失业的风险更能削弱育龄夫妇的生育意图。无论是否有生育保险或是否有生育子女的生育补贴都不能成为驱动生育行为的引擎，而是建立在生育下一个子女以后仍能够继续工作或有持续稳定的收入的基础上。在私企工作或者打工族为代表的人群没有稳定的工作保障，生育行为的产生导致未来失业、失去预期收入，因此即使有生育意愿也没有足够的动力驱动生育行为。

第四节　结论与建议

生育意愿的延续或改变是社会环境改变与人们思维方式改变相互交织的结果，生育意愿与生育行为的差距逐渐增加是值得关注的人口现象。学术界对于生育意愿和生育行为悖离的研究有两种不同的观点：一种观点认为这种悖离是暂时性的；另一种观点认为这种悖离是持久性的。无论哪种观点，找到其中的原因是首要工作。为此，本章对非意愿不孕不育进行分析，研究结果如下。

社会福利保障的不足或较低的收入水平不是非意愿不孕不育的主要组成部分，由于生育而导致的失业风险即生育风险是非意愿不孕不育的核心。在基准年84.78%的育龄夫妇生育意愿高于实际子女拥有数量，两年后80%以上的育龄夫妇仍存在生育意愿高于生育行为的现象。通过对比发现，在子女数量增加的人员中，人均收入水平普遍较低，两年间高收入水平的育龄夫妇生育子女明显低于其他收入水平；青年群体成为生育意愿和行为悖离的主要群体，"60后"或"70后"成为实现生育意愿向生育行为转化的主力军。社会对于生育风险关注度或保障程度的缺失是造成生育意愿和生育行为悖离的主要原因，也是非意愿不孕不育的核心要素，政府等有关机构要重点关注对育龄夫妇生育风险的关注，本章提出以下意见和建议。

第一，采取政策降低生育风险，让产妇无后顾之忧。完善孕产妇的生育补贴等有关福利制度，切实保障各地产妇都能享有同等待遇，在此基础之上保护工薪一族的合法权益，不能以生育或抚养子女为由解雇员工，减轻育龄妇女的生育顾虑。对因生育子女而解雇或降低薪资的单位或企业采取相应的处罚。

第二，加强医疗建设，提升妇幼保障服务功能。政府等有关机构应加大对妇女优生的培训力度，对高龄、贫困家庭的孕产妇给予帮助和关注。保障落后地区医疗服务水平和医疗器械的供应，对农牧村地区制定差异化且符合当地实际情况的生育补贴或医疗救助政策。加强对农牧村地区孕产妇产前、产后的保健、保障工作，加强对流动人口或无户口人员生育医疗保障和子女疫苗接种等医疗环节的保障。

  第三,加强并推进托幼机构的建设,减轻养育子女的压力。大量的育龄夫妇都忙于工作,没有充足的时间照顾子女,托幼机构在其中扮演的角色不言而喻,政府等有关机构鼓励引导企业或社会组织加入托幼机构的体系中来,形成一套保障制度全面、流程完整、保障措施丰富的托幼服务制度,增加托幼服务形式,可以设置全日、半日等多样化托幼服务,使育龄夫妇可以放心地把子女送入托幼机构代为照料。

  第四,让生育政策回归家庭,提高家庭的社会化。生育政策提出的目的是平衡好子女和家庭之间的关系,尤其是青年群体面对新生子女的到来,如何平衡好工作和养育子女的关系,如何更好地培育下一代子女。夫妻双方如果不能平衡好工作、家庭和养育子女的关系,育龄夫妇就不会有生育下一个子女的行为和意愿,政府应采取政策营造良好的社会氛围,让生育政策回归家庭。

第四章　不同学历层次群体生育意愿的影响因素

改革开放以来，中国经济发展进入新阶段。过去的时间里保持两位数的经济增长，被誉为"中国奇迹"。随着改革开放的脚步不断深入，推动经济发展的引擎由人口红利转变成为改革红利，是经济发展新常态的表现之一。在经济发展新常态的今天，如何进一步挖掘人口红利是劳动经济学的研究方向之一，人口结构乃至生育问题也就成了研究的重点。人口分布、生育率等人口问题影响国家经济、社会等方面的发展，合理的人口结构影响可预期的未来的劳动力供给。中国的出生率由1970年的33.4%，下降到2012年的12.1%。在此情形下，中国逐步放开对"独生子女"政策的管制，开始实行"单独二孩"政策。[①] 生育政策的放松并没有带来生育结构的大幅变化，生育率仍处于较低水平。影响生育的因素有很多，众多学者对生育问题进行研究并得到许多结论，如夫妻双方的生育意愿影响生育行为。[②] Becker 和 Lewis

---

[①] 任沁沁、孙亮全、李树峰：《中国为何放开"单独二胎"政策》，《科技日报》2013年第6期。

[②] 卿石松：《夫妻生育偏好变化及其相互影响》，《中国人口科学》2020年第5期。

将子女视为"耐用品"与"非耐用品"进行研究。① 自1977年恢复高考、1978年恢复研究生考试以来,中国国民教育水平逐渐提高,人民生活水平得到改善。高考人数从2002年的527万,增至2008年的1031万。② 高校毕业生人数急剧增加,就业市场供求不平衡导致工作单位压低就业者工资,就业者的教育回报出现问题。培育子女的教育支出不断增加,就业等压力导致的学历回报过低,育龄父母通过成本、收益的对比影响生育意愿,进而影响生育行为。文章利用2017年中国社会调查数据(CGSS),运用分层回归模型(HLM)对不同学历层次、不同地区的被调查者进行分层,研究教育回报对生育意愿的影响。本章采用文献综述及总结的方法进行研究,通过阅读有关文献,分析目前为止此领域研究的概况,从中梳理研究脉络。

第一节 文献综述

欧美国家较早开始了生育对收入的惩罚效应研究,Hill 研究发现白人女性的工资会受到子女的负面影响。在此以后进行了大量关于生育对收入的影响研究,众多学者发现生育与收入之间存在某种联系与影响。③ Barro 和 Sala-i-Martin 对102个国家的数据进行分析发现,人均收入低于767美元的国家生育与收入正相关,其他国家负相关。④ Adair 等对2000多名妇女进行研究,发现8年的时间间隔内再生孩子大大减

---

① Becker, G. S., H. G. Lewis., "On the Interaction Between the Quantity and Quality of Children", *Journal of Political Economy*, 5 (7), 1973: 279 – S288.

② 尹银、邹沧萍:《扩招以来高考报名人数减少的原因——基于省级面板数据的分析》,《兰州学刊》2016年第10期。

③ Hill M. S., "The Wage Effects of Marital Status and Children", *Journal of Human Resources*, 12 (5), 1979: 579 – 594.

④ Barro, R. J, Sala-i-Martin, *Economic Growth*, Mc-Graw-Hill, 10 (3), 1995: 89 – 95.

少了父母的收入。① Anderson 等对 1968—1988 年全国青年妇女纵向调查的数据分析表明母亲刚回到工作岗位时往往受到最高工资的惩罚，中等技能的母亲比低技能或高技能的母亲遭受更长时间、更大的工资损失。② Amuedo-Dorantes 和 Kimmel 使用 1979 年全国青年纵向调查妇女个人数据（NLSY79），发现受过教育的妇女生育子女后的工资会有一定提升，因此受过教育的妇女延迟生育会影响未来收入的上升。③ Amuedo-Dorantes 和 Kimmel 利用 1979 年全国青少年纵向调查的数据，发现产妇的较低工资可能反映了她们对提供健康保险工作的相对偏爱。④ Petersen 等通过挪威的数据发现收入对母亲的惩罚主要是由于对职业和职业机构单位的分类，因不同职业和职业单位的生育"惩罚"政策不同。⑤ Pacelli 等使用大型的意大利雇主——雇员匹配数据来研究影响母亲收入的因素，发现工资差距惩罚只出现在全职工作的妇女中，这可能归功于意大利对兼职工作的保护。⑥ Viitanen 利用国家儿童发展研究数据库研究英国儿童对女性收入的影响，发现 23—51 岁的女性一孩生育都对收入有不同程度的影响。⑦ 张川川研究发现，子女数量的增

---

① Adair L., Guilkey D., Bisgrove E., et al., "Effect of Childbearing on Filipino Women's Work Hours and Earnings", *Journal of Population Economics*, 15 (4), 2002: 625-645.

② Anderson D. J., Binder M., Krause K., "The Motherhood Wage Penalty Revisited: Experience, Heterogeneity, Work Effort, and Work-Schedule Flexibility", *ILR Review*, 56 (2), 2003: 273-294.

③ Amuedo-Dorantes C., Kimmel J., "The Motherhood Wage Gap for Women in the United States: The Importance of College and Fertility Delay", *Review of Economics of the Household*, 3 (1), 2005: 17-48.

④ Amuedo-Dorantes C., Kimmel J., "New Evidence on the Motherhood Wage Gap", *Journal of Population Economics*, 27 (6), 2008: 101-130.

⑤ Petersen T., Penner A. M., Høgsnes G., "The Within-Job Motherhood Wage Penalty in Norway, 1979-1996", *Journal of Marriage and Family*, 72 (5), 2010: 1274-1288.

⑥ Pacelli L., Pasqua S., Villosio C., "Labor Market Penalties for Mothers in Italy", *Journal of Labor Research*, 34 (4), 2013: 408-432.

⑦ Viitanen T., "The Motherhood Wage Gap in the UK Over the Life Cycle", *Review of Economics of the Household*, 12 (2), 2014: 259-276.

加会显著降低城镇已婚女性的劳动供给,且降低女性的工作时间和工资水平。① 梁超通过实证研究发现,城乡实际二元生育政策阻碍了中国的城镇化进程并导致城乡收入差距扩大。②

虽然学者都发现生育对收入有负面影响,但不同学者发现生育对收入影响的系数不同,如 Budig 和 England 发现,在美国年轻女性中工资惩罚约为每个孩子 7%。③ Anderson 等研究发现,没有完成高中学业的母亲收入并不比没有孩子的母亲低,而高中和大学毕业学历的母亲会因每个孩子降低 10% 的收入。④ Gamboa 和 Zuluaga 利用哥伦比亚生活水平调查数据将工资差距分为四个组成部分,其中三个因素可以用女性可观察到的特征来解释,第四个因素是无法解释(即生育的影响)的差距。结果发现,有孩子的母亲月收入比没有孩子的母亲月收入低 1.73%。⑤ Oesch 等发现富裕国家的母亲和非母亲之间存在巨大的无法解释的工资差距,分析结果显示,招聘人员给母亲的工资比非母亲的工资低 2%—3%。⑥ 舒扬和付渊文发现计划生育从"生育惩罚途径"对母亲收入产生正向影响,生育意愿每减少一个,收入增加 12.7%。⑦

---

① 张川川:《子女数量对已婚女性劳动供给和工资的影响》,《人口与经济》2011 年第 5 期。

② 梁超:《实际二元生育政策下的城镇化和城乡收入差距》,《山东社会科学》2017 年第 8 期。

③ Budig M. J., England P., "The Wage Penalty for Motherhood", *American Sociological Review*, 10 (5), 2001: 204 – 225.

④ Anderson D. J., Binder M., Krause K., "The Motherhood Wage Penalty: Which Mothers Pay it and Why?", *American Economic Review*, 92 (2), 2002: 354 – 358.

⑤ Gamboa L. F., Zuluaga B., "Is There a Motherhood Penalty? Decomposing the Family Wage Gap in Colombia", *Journal of Family and Economic Issues*, 34 (4), 2013: 421 – 434.

⑥ Oesch D., Lipps O., McDonald P., "The Wage penalty for Motherhood: Evidence on Discrimination from Panel Data and a Survey Experiment for Switzerland", *Demographic Research*, 37 (14), 2017: 1793 – 1824.

⑦ 舒扬、付渊文:《计划生育异质性与农村母亲的"收入惩罚"》,《开发研究》2017 年第 3 期。

刘娜依和卢玲花根据"生育惩罚效应"结合 CFPS 数据发现,每多生育一个孩子,女职工工资率将显著下降 18.4%,月工资亦显著下降 15.9%。[①]

有学者从生育惩罚效应的对立面出发,研究收入对生育的影响,如 Docquier 探讨了家庭的教育决策问题,支出人力资本投资的离散性制约了孩子数量和质量的转换,进而导致了收入对生育的影响。[②] 张本飞以贝克尔孩子质量与数量选择理论分析母亲教育程度提高降低孩子的生育数量。[③] 张伊娜等利用莱宾斯坦成本效用分析法推导出"U"形收入生育曲线。[④] 熊永莲和谢新发现,随着收入水平的提高、女性受教育水平提升以及城镇化的发展都显著地降低了中国生育水平。[⑤] 柳如眉和柳清瑞发现,收入增长对城镇家庭生育水平有显著的正效应,而对农村家庭则产生负效应。[⑥] 陈云等基于中国家庭追踪调查数据库(CFPS)研究发现,二孩家庭绝对收入流动性不断放慢,家庭收入向下的流动性显著增加。[⑦]

对于教育支出对生育的影响大多数的学者集中关注的是公共教育支出对生育的影响,而不是父母自身教育支出对生育的影响。Lavely 和 Freedman 对 20 世纪 60—70 年代中国城市农村教育和生育关系进行研

[①] 刘娜、卢玲花:《生育对城镇体制内女性工资收入的影响》,《人口与经济》2018 年第 5 期。
[②] Frédéric Docquier, "Income Distribution, Non – Convexities and the Fertility – Income Distribution", *Economica*, 71 (282), 2004: 261 – 273.
[③] 张本飞:《孩子质量与数量选择的理论模型及其应用》,《西北人口》2004 年第 4 期。
[④] 张伊娜、刘建波、王桂新:《生育率的经济学分析》,《西北人口》2007 年第 3 期。
[⑤] 熊永莲、谢新:《贸易开放、女性劳动收入与中国的生育率》,《财经科学》2016 年第 4 期。
[⑥] 柳如眉、柳清瑞:《城乡收入增长、养老金与生育水平——基于扩展 OLG 模型的实证检验》,《人口与发展》2020 年第 3 期。
[⑦] 陈云、霍青青、张婉:《生育政策变化视角下的二孩家庭收入流动性》,《人口研究》2021 年第 2 期。

究，发现在计划生育以前教育水平就已经与生育成反向关系且学历水平影响生育行为。[1] Omori 将生育决策和育儿成本引入具有公共教育的时代模型中，研究发现增加所得税即增加了教育的公共资金促进生育率；在税率不变的情况下对教育公共投资的多少会影响生育率的高低。[2] Azarnert 分析免费公共教育对不同经济发展水平国家的影响，发现在生育率内生的条件下，经济发展落后且父母人力资本较低时，公共教育与生育率成反向关系；当经济发展较高且父母人力资本较高时，公共教育与生育率成正向关系。[3] Fanti 和 Gori 研究发现提供儿童津贴不能促进生育水平，反而对公共教育支出的筹资有利于生育。[4] Alam 等对巴基斯坦女性有条件现金转移助学金计划进行研究，发现学历增加的影响有可能转化为未来生产力、消费和期望的生育率的增长。[5]。Baudin 通过生育理论发现教育补贴越高生育水平越高。[6] Yasuoka 和 Goto 发现由所得税资助的儿童津贴不能提升生育水平，由消费税资助的补贴可以提升生育水平。[7] 因此提出平衡子女津贴和老龄化带来的养老金取决于津贴是由所得税构成还是消费税构成。史大林等对中国经

---

[1] Lavely W., Freedman R., "The Origins of the Chinese Fertility Declin", *Demography*, 27 (3), 1990: 357 – 367.

[2] Omori T., "Effects of Public Education and Social Security on Fertility", *Journal of Population Economics*, 22 (3), 2009: 585 – 601.

[3] Azarnert L. V., "Immigration, Lertility, and Human Capital: A Model of Economic Decline of the West", *European Journal of Political Economy*, 26 (4), 2010: 431 – 440.

[4] Fanti L., Gori L., "Child Policy Ineffectiveness in an Overlapping Generations Small Open Economy with Human Capital Accumulation and Public Education", *Economic Modelling*, 28 (1 – 2), 2011: 404 – 409.

[5] Alam A., Baez J. E., Del Carpio X. V., "Does Cash for School Influence Young Women's Behavior in the Longer Term? Evidence from Pakistan Evidence from Pakistan", *World Bank Policy Research Working Paper*, 50 (5669), 2011: 150 – 160.

[6] Baudin T., "Family Policies: What Does the Standard Endogenous Fertility Model Tell Us?", *Journal of Public Economic Theory*, 13 (4), 2011: 555 – 593.

[7] Yasuoka M., Goto N., "How is the Child Allowance to be Financed? By Income Tax or Consumption Tax?", *International Review of Economics*, 62 (3), 2015: 249 – 269.

济不平等发展进行简要分析,发现社保体系的完善在有生育政策的国家会与其他国家产生不同效果。① 杨龙见等构建了生育率内化的时代交替模型,分析政府教育支出对生育的影响,结果发现政府教育支出对人口出生率成反向关系。② 杨华磊等采用 2006—2017 年省级面板数据发现,公共财政教育支出对生育的促进并不显著,只有教育早期阶段的公共教育支出投入会显著促进生育。③

也有从教育水平对生育影响的角度进行研究。Braakmann 认为父母学历的提高增加了家庭收入,家庭的预算约束曲线放松,因此生育数量不会下降。④ Luigi 和 Paolo 运用泊松回归分析意大利的受教育程度与儿童数量之间的相关性,在意大利生育率可能非常低。从结果来看,教育水平和儿童人数之间存在显著的负相关。⑤ Testa 使用 2006 年和 2011 年欧洲晴雨表调查数据对欧盟 27 个国家和地区的个人进行调查,结果表明妇女的教育水平与终生生育意愿存在正相关,在允许高学历妇女拥有大家庭的体制背景下,育龄妇女更倾向于在人力资本和家庭规模上进行投资。⑥ Behrman 使用 20 世纪 90 年代在马拉维、埃塞俄比亚等地实施的普及初等教育(UPE)政策进行分析,结果表明教育程

---

① 史大林等:《收入分配与经济增长——基于家庭教育—生育决策的政治均衡模型》,《宏观经济研究》2012 年第 4 期。

② 杨龙见、陈建伟、徐琰超:《财政教育支出降低了人口出生率?》,《经济评论》2013 年第 3 期。

③ 杨华磊、胡浩钰、张文超、沈政:《教育支出规模与方式对生育水平的影响》,《人口与发展》2020 年第 2 期。

④ Braakmann N., "Female Education and Fertility - Evidence from Changes in British Compulsory Schooling Laws", *Newcastle Discussion Papers in Economics*, 5 (2), 2011: 2011.

⑤ Luigi, Paolo, "Education and Fertility: an Investigation on Ltalian Families", *MPRA Paper*, 2011.

⑥ Testa M. R., "On the Positive Correlation Between Education and Fertility Intentions in Europe: Individual - and Country - Level Evidence", *Advances in Life Course Research*, 21 (6), 2014: 28 - 42.

度的提高降低了妇女的理想家庭规模和生育意愿。[1] Chen 发现，父母教育是降低生育率的重要因素，母亲受教育程度比父亲受教育程度更具有决定性。[2] 张丽萍和王广州以全国人口普查和抽样调查数据分析中国低生育问题，发现学历与生育成反向关系。[3] 左诗和杨玲使用美国健康与遗传研究的数据研究受教育程度和生育率之间的关系，结果发现受教育程度显著减少了欧洲人生育孩子的个数。[4]

虽然收入对生育的影响以及教育（包括公共教育支出）对生育的影响研究较多，但对教育回报即收入水平、个人对子女教育支出和生育意愿之间的关系研究较少，按照学历把育龄父母进行分层研究对生育的影响文章较少。本章依据当前教育支出增加且不同学历水平的教育回报不同的社会现状，运用成本收益相对比的方式结合分层回归的研究方法探究不同学历水平下的教育回报对生育的影响，为收入对生育影响提供新的经验证据。

第二节　模型构建与变量选取

一　理论模型

本章依据明瑟（Mincer）的研究，假设学历与收入成"U"形曲线关系，X 为父母期待子女的受教育年限，Y 为子女预期的教育回报即收入

---

[1] Behrman J. A., "Does Schooling Affect Women's Desired Fertility? Evidence from Malawi, Uganda, and Ethiopia", *Demography*, 52 (3), 2015: 787–809.

[2] Chen I. C., "Parental Education and Fertility: An Empirical Investigation Based on Evidence from Taiwan", *Journal of Family and Economic Issues*, 37 (2), 2016: 272–284.

[3] 张丽萍、王广州：《女性受教育程度对生育水平变动影响研究》，《人口学刊》2020 年第 6 期。

[4] 左诗、杨玲：《受教育程度对生育率的影响：来自遗传因素的证据》，《中国优生与遗传杂志》2021 年第 1 期。

水平，Z 为培养子女的教育支出。如公式（4.1）和公式（4.2）所示。

$$Y = aX^2 - bX + c \tag{4.1}$$

$$Z = dX + e \tag{4.2}$$

其中，a、b、c、d、e 为对应系数且均大于零；a 为教育回报的差距度，a 越大、"U"形曲线越陡峭，不同学历的教育回报差距也就越大。b 为低教育回报决定系数，公式（4.1）二次方关系的对称轴为 $X = -b/2a$，b 的大小决定了教育回报的最低学历。c 为人力资本，即无学历也能获得的收入。e 代表完成义务教育家庭所要花费的必要支出。d 代表父母对子女的期待值或者子女所具备的能力素养，比如父母期待子女既会琴棋书画又会游泳等其他才艺，父母就会以给子女报很多辅导班等方式提升子女的能力素养，父母对子女的期待值越高，相同学历下父母对子女的教育支出就越高，对应的斜率也就越大。

育龄夫妇会根据预期养育子女的成本收益比来决定生育子女的意愿，因此可以得出公式（4.3）和公式（4.4）。

$$W = aX^2 - (b+d)X + c - e \tag{4.3}$$

$$\text{number} = \alpha_1 f(W) + \alpha_2 \text{control} + \mu \tag{4.4}$$

W 为生育子女的收益即父母能得到的回报，公式（4.4）体现了生育子女的父母的回报和生育意愿之间的关系。我们不期望任何一个学历是生育子女收益的最低谷，但只有当满足公式（4.5）时才会出现递增的生育意愿。

$$X \gg (b+a)/a \tag{4.5}$$

我们的目标是使得 $(b+d)/2a$ 尽可能地小。为此我们可以采取以下策略。

第一，降低父母对子女的期待值，让子女按照自己的兴趣自由成长，使 d 减少；第二，使 b 减少，本章的主要目标就是找到 b 的大小以及提出对策建议，找到减小 b 大小的方法；第三，使 a 增大，扩大 a 的值的负面影响是学历回报的差距扩大，会引起不平等现象的发生，政府等有关部门要找到最优的 a、b、d 组合值使得 $(b+d)/2a$ 尽可能小。对于第一点和第三点的深入讨论超出本节的范围，下面本章将对第二点进行深入研究。

二 计量模型

中国社会调查问卷中有专门对生育意愿的调查部分："如果没有政策限制的话，您希望有几个孩子？"通过被调查者的回答可以获得希望子女数量的信息。基于此本章设定的 HLM 如公式（4.6）至公式（4.8）所示。

$$number_{ij} = \beta_{0j} + \beta_{1j} income_{ij} + \gamma_{ij} \tag{4.6}$$

$$\beta_{0j} = \gamma_{00} + \gamma_{01} place_j + \mu_{0j} \tag{4.7}$$

$$\beta_{1j} = \gamma_{10} + \gamma_{11} place_j + \mu_{1j} \tag{4.8}$$

其中，$number_{ij}$ 为被调查者的期望生育子女个数，具体含义为 j 学历的第 i 个调查者的期望生育子女数；$income_{ij}$ 表示 j 学历的第 i 个调查者的收入水平；β_{0j} 为学历水平上的残差；γ_{1j} 为样本个体的残差。γ_{00} 与 γ_{10} 是 β_{0j} 与 β_{1j} 的均值，他们在相同的学历层面上取值是恒定的，是 β_{0j} 与 β_{1j} 的固定部分。$place_j$ 代表不同地区的 j 学历水平的情况；μ_{0j} 与 μ_{1j} 是 β_{0j} 与 β_{1j} 的随机成分，代表学历之间的变异。

把公式（4.7）、公式（4.8）代入公式（4.6）得到公式（4.9）。

$$\begin{aligned}number_{ij} = & \gamma_{00} + \gamma_{10} income_{ij} + \gamma_{01} place_j + \mu_{0j} + \gamma_{10} income_{ij} + \\ & \gamma_{11} place_j income_{ij} + \mu_{1j} income_{ij} + \gamma_{ij}\end{aligned} \tag{4.9}$$

三 样本说明及变量选取

数据主要来源于 2017 年中国社会调查数据(Chinese General Social Survey, CGSS)。[①] 调查对象为年龄在 25 周岁至 85 周岁之间的夫妇,为了剔除离散样本造成的误差,删除子女总数大于 5 的样本个体,删除收入对数大于 12.7 且小于 6 的样本。原始样本总量为 12582 个,剔除变量后最终保留的有效样本为 8805 个。

本章以被调查者的教育回报(收入)作为第一层,调查者的学历作为第二层,地区差异作为第三层。利用分层回归模型(HLM)探究教育回报对生育意愿的影响,因此将被调查者的收入作为核心解释变量,生育意愿作为被解释变量。

(一)被解释变量

夫妻双方(被调查个体)期望生育子女的数量一般是非零连续的离散常数,本节以期望子女数量作为被解释变量。被解释变量的取值范围为 0 到 5。通过初步观察发现期望子女数为零的丁克家庭占 1.92%,绝大多数的夫妇想要一个至两个子女,期望要两个子女的占比最多,为 63.44%。在"希望有几个男孩"和"希望有几个女孩"这两个问题中选项较多的都是希望有一个男孩(占比 64.43%)、希望有一个女孩(占比 65.08%),这也印证了在中国夫妻双方容易受到"龙凤胎"等影响,最希望要两个子女。[②]

[①] 姜春云:《性别角色观念、家庭照料与流动女性劳动参与——基于 CGSS2015 的实证研究》,《河北农业大学学报》(社会科学版)2021 年第 1 期。
[②] 刘景琦:《"过日子"视角下农民家庭的生育决策——兼论农民"儿女双全"的生育决策是如何形成的》,《中共杭州市委党校学报》2018 年第 1 期。

(二) 主要解释变量

被调查者的收入以及对子女的教育支出是本节重要的解释变量,以被调查者的学历水平、所在地区为第二层和第三层的分层依据。学历水平按照学历从低到高依次赋值 1–14,如 1 表示"未接受过任何教育"、2 代表"私塾班、扫盲班"……12 代表"大学本科"、13 代表"研究生及以上"、14 代表"其他";所在地区按照 1–31 赋值,分别代表中国的 31 个省市、自治区。性别分为男、女,分别赋值"1""2";民族赋值 1–8,分别代表汉、蒙、满、回、藏、壮、维吾尔族和其他少数民族。户口情况按照农业户口、非农业户口、居民户口(以前是农业户口)、居民户口(以前是非农业户口)、军籍、无户口、其他分别赋值 1–7。变量的描述性统计见表 4.1。

表 4.1　　　　　变量的描述性统计

变量类型	变量名称	均值	标准差	最小值	最大值
被解释变量	期望子女数量	1.99	0.797	0.2	5.0
解释变量	收入对数	9.95	1.252	6.2	12.7
	教育支出对数	9.61	2.764	3.0	16.1
分层变量	本人学历	5.20	3.169	1.0	14.0
	所在地区	13.86	9.294	1.0	31.0
控制变量	性别	1.49	0.500	1.0	2.0
	民族	1.34	1.345	1.0	8.0
	户口情况	1.92	1.134	1.0	7.0
	配偶户口	2.08	4.644	1.0	7.0

第三节 实证结果

一 基准回归结果

运用 HLM（分层线性模型）对收入和生育意愿进行回归，得到的结果见表 4.2。第（1）列代表收入对生育意愿的影响；第（2）列在第（1）列的基础之上加入了性别、民族等控制变量；第（3）列、第（4）列分别加入了收入对数平方对生育意愿的影响。依据回归结果，收入与生育意愿成反向关系，无论是否加入控制变量结果都在1%的置信水平下显著。性别与生育意愿成反向关系，体现出相同学历情况下男性生育意愿较高，女性生育意愿较低；民族、户口的差距对生育意愿无显著影响。从第（3）列、第（4）列可以得出收入与生育意愿成"U"形关系，为找出"U"形关系的具体形式对不同学历层次的个体进行逐个回归。

表 4.2　　　　　　　　实证分析结果

变量类型	(1)	(2)	(3)	(4)
收入对数	-0.078*** (-9.16)	-0.079*** (-8.65)	-0.441*** (-5.20)	-0.369*** (-4.07)
收入对数平方	—	—	0.019*** (4.31)	0.015** (3.22)
性别	—	-0.109*** (-6.19)	—	-0.103*** (-5.85)
民族	—	-0.001 (-0.08)	—	-0.001 (-0.08)
本人户口	—	-0.010 (-0.66)	—	-0.010 (-0.65)

续 表

变量类型	(1)	(2)	(3)	(4)
配偶户口	—	-0.025* (-1.73)	—	-0.026* (-1.73)
常数项	2.737*** (28.45)	3.011*** (27.84)	4.391*** (11.08)	4.328*** (10.21)
学历组间差异系数	0.018	0.015	0.020	0.015
地区组间差异系数	0.027	0.029	0.028	0.029
组内差异系数	0.568	0.522	0.567	0.521
N	8805	7303	8805	7303

注：*、**、*** 分别代表在10%、5%、1%的置信水平下显著。

表4.3运用地区分层，采取HLM模型对不同学历水平的调查者进行回归。第（5）列至第（9）列分别代表未接受过任何教育、小学、技校、正规大学本科、研究生及以上学历。通过结果可以发现技校、大专是收入对生育意愿的转折点，未接受教育至高中学历的夫妇收入与生育意愿负相关；技校至研究生以及上学历的夫妇收入与生育意愿正相关。

表4.3　　　　　　　分学历收入对生育意愿的影响

变量类型	(5)	(6)	(7)	(8)	(9)
收入对数	-0.092*** (-3.64)	-0.109*** (-6.60)	0.313*** (3.41)	-0.040 (-0.77)	0.154** (2.02)
常数项	3.167*** (14.03)	3.195*** (20.20)	-1.662* (-1.73)	2.318*** (4.01)	0.013 (0.02)
地区组间差异系数	0.016	0.024	0.002	0.032	0.000

续 表

变量类型	(5)	(6)	(7)	(8)	(9)
地区组内差异系数	0.806	0.672	0.337	0.542	0.456
N	876	1909	62	567	118

注：*、**、*** 分别代表在10%、5%、1%的置信水平下显著。

收入与学历水平正相关，学历水平的高低决定了教育回报水平。一方面，当学历低于技校水平时，在劳动力市场竞争愈发激烈的今天教育回报较低，日常收入水平不能满足全部的生活需要，因而生育意愿逐渐减少；另一方面，学历水平越低越容易受到"保守封建思想"的影响，他们的个人机会成本很低但生育子女的机会成本高，子女数越多就会增加子女"出人头地"的概率，因此低学历的夫妇生育意愿较高。随着学历的增加，接受一定的素质教育排除了一定的"封建思维"的影响，增加了个体对真实社会现状的认识。初中、高中学历的父母认识到，只要有更高的学历就一定会有更高的教育回报，不但可以提高一定的"社会地位"还可以有更好的未来生活，因此处于这个学历的父母会让自己的子女接受良好的教育，更关注子女自身的素质；此学历父母自身的学历水平较低，在劳动力市场上没有足够的竞争力，因而教育回报较低，因此初、高中学历的父母用有限的收入最大化提升子女素质，因而生育意愿较低。大学及以上学历的父母有递增的教育回报，虽然培养子女的教育支出较高，但自身有能力去支付子女的教育支出，所以生育意愿呈递增趋势。学历越高生育意愿越高，从第（9）列和第（7）列的结果可以发现系数在下降，意味着虽然随着学历的增加生育意愿增加，但增速在下降；高学历的父母时间成本、闲暇成本等较高，因而不会追求过高的生育意愿。

为了确定教育支出对生育意愿的影响，对教育支出进行回归。表4.4显示的是分学历教育支出对生育意愿的影响，运用地区变量为分层依据进行 HLM 回归。第（10）列至第（14）列代表的教育水平与表4.3所代表的学历水平相同，发现无论在任何教育水平下教育支出与生育意愿都显著正相关。随着全民教育水平的提高，英语补习班、音体美补习班等各类教育辅导机构应运而生，为了不让子女"输在起跑线上"，父母给孩子报多种辅导班，让孩子多方面发展，如图4.1所示，北京、内蒙古和全国人均教育支出曲线，自2014年以来一直呈上升趋势。一方面凸显出父母对子女教育的重视；另一方面反映出当今父母在养育子女时所付出的必要成本，这亦成为抑制生育意愿的主要原因。

表4.4　　　　分学历子女教育支出对生育意愿的影响

变量类型	（10）	（11）	（12）	（13）	（14）
教育支出	0.257*** (47.30)	0.250*** (61.55)	0.939*** (17.18)	0.186*** (24.44)	0.627*** (21.75)
常数项	1.839*** (82.75)	1.739*** (73.20)	0.720*** (10.95)	1.526*** (47.58)	0.871*** (17.16)
地区组间差异系数	0.002	0.010	0.006	0.006	0.001
地区组内差异系数	0.232	0.230	0.066	0.270	0.094
样本容量	876	1909	62	567	118

注：*、**、*** 分别代表在10%、5%、1%的置信水平下显著。

每一个父母的生育意愿都会受到养育子女成本、收益比的影响，若收益大于成本则会增加人们的生育意愿，若收益不足以承担养育子女所需的费用则会降低人们的生育意愿。因此，要重视每一位育龄夫妇的教育回报。

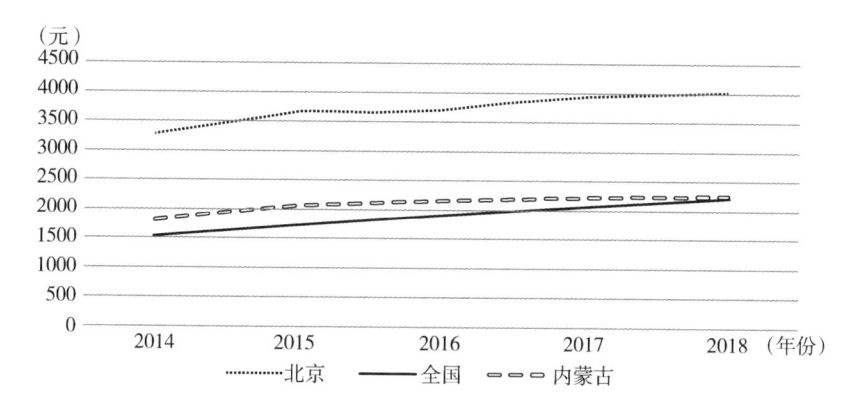

(元)
4500
4000
3500
3000
2500
2000
1500
1000
500
0
        2014   2015   2016   2017   2018 (年份)
           ········ 北京   ——— 全国   --- 内蒙古

图 4.1　人均教育支出

数据来源：笔者绘制。

二　稳健性检验

基于回归结果，收入对生育意愿成"U"形关系，回归结果较为显著。为保证回归结果的可靠性，本章采用 OLS 回归与泊松回归对数据进行稳健性检验，结果稳健且显著，见表4.5。

表 4.5　　收入对生育意愿的影响基于 OLS 和泊松回归

变量类型	(15)	(16)	(17)	(18)
收入对数	-0.142*** (-18.96)	-0.378*** (-4.45)	-0.069*** (-11.58)	-0.141** (-1.99)
收入平方	—	0.012** (2.85)	—	0.004 (1.02)
性别	-0.078*** (-4.67)	-0.076*** (-4.52)	-0.039** (-2.56)	-0.038** (-2.51)
民族	0.008 (1.25)	0.008 (1.24)	0.004 (0.67)	0.004 (0.67)
常数项	3.504*** (40.81)	4.599*** (11.24)	1.424*** (21.14)	1.755*** (5.28)

续 表

变量类型	(15)	(16)	(17)	(18)
N	8805	8805	8805	8805

注：*、**、***分别表示在10%、5%和1%的显著性水平下显著。

表4.5中第（15）列、第（16）列表示的是OLS回归呈现的结果，第（17）列、第（18）列表示泊松回归输出的结果，都控制了性别和民族这两个变量，与HLM输出结果相同。从表格中亦能发现民族对结果无影响，无论是什么民族都可以得到一致的结论，相同学历的情况下男性的生育意愿较高，女性的生育意愿较低，收入与生育意愿成"U"形曲线关系。

为探究被调查者的学历和配偶学历对结论的影响，对不同的学历水平的配偶期望子女数占比进行统计，结果见表4.6。

表4.6　被调查者和配偶不同学历对应期望子女数占比情况　　单位：%

调查者和配偶受教育程度		希望子女数量					
		0个	1个	2个	3个	4个	5个
调查者受教育程度	初级学历层	1.43	15.27	64.50	11.54	5.89	1.37
	中级学历层	2.89	24.47	63.52	6.66	2.18	0.27
	高级学历层	3.02	25.64	62.56	6.63	1.62	0.52
配偶受教育程度	初级学历层	1.07	15.52	65.03	11.73	5.67	0.98
	中级学历层	1.89	23.91	64.71	6.60	2.49	0.40
	高级学历层	1.97	25.17	65.05	6.12	1.09	0.59

CGSS数据对于学历教育情况进行细致的区分。从未受过教育直到研究生及以上分13个层次及其他学历水平共计14个层次。本节把未

接受教育、私塾扫盲班、小学、初中和职业高中分为初级学历层次；把普通高中、中专、技校和大学专科（成人高等教育）分为中级历层次；把大学专科（正规高等教育）、本科（成人、正规高等教育）、研究生及以上分为高级学历层次。

通过结果发现，调查者与其配偶的教育程度对结论没有影响，随着学历的增加期望三个或三个以上的子女人数占比逐渐减少，无论是什么学历层次期望子女数量最多的是两个子女。表4.6与池慧灵和张桂蓉发现人们会受到"儿女双全"等传统思维的影响的结果基本一致，虽然教育回报与生育意愿成"U"形曲线关系，但人们最期望的还是要两个子女。[①] 从表4.6可以发现，中级学历层次的生育意愿大体小于初级学历层次和高级学历层次的生育意愿，子女数量越多越明显。

三 机制检验

为了探究教育回报通过什么样的方式影响生育意愿，进行机制检验。夫妻双方生活压力会影响夫妻双方的生育意愿，已有研究发现父亲是否退休会影响生育意愿。[②] 表4.7运用Logistic和泊松回归，来检验父亲、配偶父亲不同工作状态对结果的影响。

表4.7　收入对生育意愿的影响基于Logistic和泊松回归

变量类型	(19)	(20)	(21)	(22)
本人收入对数	-0.013 (-0.31)	-0.059** (-2.63)	0.048 (1.28)	-0.099*** (-3.98)

[①] 池慧灵、张桂蓉：《从"男性偏好"到"儿女双全"的社会学分析——以湘南G县K村一胎男孩超生户为例》，《湘潭师范学院学报》（社会科学版）2006年第6期。

[②] 封进、艾静怡：《退休年龄制度的代际影响——基于子代生育时间选择的研究》，《经济研究》2020年第9期。

续　表

变量类型	(19)	(20)	(21)	(22)
常数项	1.850*** (4.22)	2.491*** (10.77)	1.294** (3.21)	2.928*** (11.36)
学历组间差异系数	0.019	0.001	0.004	0.001
学历组内差异系数	0.334	0.507	0.284	0.490
N	289	818	188	680

注：*、**、***分别表示在10%、5%和1%的显著性水平下显著。

第（19）列代表被调查者的父亲仍然在工作（没有退休）时的条件回归结果；第（20）列代表被调查者父亲没有工作（已经退休）时的条件回归结果；第（21）列、第（22）列分别代表配偶父亲没有退休及退休后的条件回归结果。通过结果可以发现，本人或配偶的父亲退休对生育意愿的影响显著，第（20）列、第（22）列所得的系数都小于表4.3对应的系数，说明父亲退休确实可以缓解生育压力，促进生育意愿，与封进所得的结论相似。夫妻双方的父亲退休，缓解育龄父母养育子女的压力，生活压力减小进而提升了生育意愿。

第四节　结论与建议

夫妻双方的教育回报（收入）影响生育意愿，教育回报与生育意愿成"U"形关系。父母自身的学历影响父母自身的收入进而影响生育意愿，通过自身的学历回报与养育子女的成本进行比较，最终决定生育子女的数量。

本章的创新之处在于运用学历分层的回归方法，找到不同学历层次的父母组间、组内的收入对生育意愿的影响。在物价上涨、教育支出猛增的今天，教育回报的多少影响着我们的生活水平，高中学历及以下的夫妇的教育回报虽然随着学历的增加而增加，但仍不能够支撑养育子女的教育等支出，因而生育意愿较低。本科及以上学历的夫妇生育意愿随教育回报上升而上升，但上升速度逐渐下降。因此政府等有关机构应多关注初中、高中学历的育龄父母的教育回报及就业情况，以此来提升生育意愿进而提高中国的生育率。为此提出以下建议。

增加低学历者的就业机会和薪资待遇。在本章的分析中，实证结果显示组内差异大于组间差异，表明学历的差距确实导致了生育意愿的变化，但在相同学历的被调查者中也存在着就业和薪资的差距。另外，中国的人均学历水平得到了提升，但低学历的劳动者不在少数，这类人群所获得的薪资收入和就业机会都处于低位。尤其对于初、高中学历水平的劳动者而言，过低的教育回报增加了生活压力，日常收入只能满足生活必须，无法承担生育子女而带来的支出，因而被迫压低了生育意愿。许多薪资较高的岗位对要求的学历较高，许多低学历水平的劳动者无法找到获取中高薪资岗位的方法，随时面临失业的压力，政府等有关机构应加强对低学历者的帮助和政策支持以及加强学历薪资的公平性。

完善继续教育制度和成年人学历学位制度。通过完善继续教育和成人高考等政策，让更多的低学历劳动者可以获得提升自己学历学位的机会，通过自身的努力提升学历，提高教育回报水平，就可以缓解生活压力，提升育龄父母的生育意愿。

第五章 女性劳动参与对生育水平的影响

第一节 引言

一 研究背景

人口问题越来越成为影响社会经济发展的关键问题,生育率持续下降、人口结构老龄化等问题正在世界上大多数国家上演。从20世纪70年代开始,尽管世界各国的生育率存在很大的差异,但是在总的生育水平上,各个国家和地区的生育水平都在不可逆地向下走,全球一半以上的人口生活在生育率低于更替水平的国家中。陈友华研究发现,在人口过渡时期带给人们更多的反而是关于低生育率的担忧。[1] 根据2002年联合国人口司的数据显示,联合国有64个国家处于生育更替水平或者低于生育更替水平,有105个国家正在经历生育转变,这种状况直到生育率达到更替水平甚至更低才会停止。[2]

在生活环境趋于稳定、物质条件趋于充裕等多个原因共同作用下,

---

[1] 陈友华:《从分化到趋同——世界生育率转变及对中国的启示》,《学海》2010年第1期。

[2] Bongaarts J., "The End of the Fertility Transition in the Developed World", *Population and Development Review*, 2002: 419–443.

中国人口在新中国成立初期出现高速增长，世界上的一些学者认为，如果中国人口继续以当前的增长速度发展会导致粮食供给无法满足人口增长的需求。为解决人口问题，中国实施了计划生育政策，其结果是中国人口结构发生剧烈转变，中国的生育率水平在政策推动下严重下滑。有研究表明，中国现阶段已经步入人口老龄化。为进一步改善人口结构，拉动需求，推动经济发展，中国于2013年出台了"单独二孩"政策，且不断完善放宽，到2016年出台了"全面二孩"政策。但是"全面二孩"政策并没有带来预期的效果。在1951年，中国人口出生率达到了顶峰时期，当时的人口出生率是37.80‰。1970年人口出生率下降到了33.43‰，1979年下降到了17.83‰。1970年中国育龄妇女的总和生育率为5.72，1979年下降到2.75。自2000年以来，中国整体的生育率水平基本一直维持在1.5—1.7。到2016年中国人口出生率为12.95‰[1]。2016年育龄妇女的总和生育率为1.62，较2010年有所增长，但仍处于更替水平之下。近年来，生育水平又呈现下降趋势，2018年中国出生人口为1523万人，相比2017年减少了200万人。

造成中国当前生育困境的原因是多方面的，其中包括中国适龄青年中普遍出现的晚婚晚育问题、生活的经济压力带给人们"想生而不敢生"的困境、不利的居住条件、财政的不确定性、新一代青年人价值观变化、支持性家庭政策缺失、伴侣关系行为变化以及建立稳定伴侣关系困难等。围绕这些问题出现的原因，女性在家庭做出孩子数量需求的决策的过程中所扮演的角色以及女性在当今社会中所面临的生育困境是影响生育水平的关键因素。在20世纪60年代中国女性普遍进入劳动力市场，到1992年中国女性劳动者占女性劳动年龄总人口的

---

[1] 《中国统计年鉴》2020年中国人口出生率为12.95‰；《中国统计年鉴》2021年为13.57‰。

72.3%，占全部社会劳动者的44.0%，这一比例大大高于世界就业女性占世界全部就业者总数的34.5%的比例。说明中国女性就业的广泛性。但是与此同时随着市场经济的发展、计划经济的退出，传统的统包统配的就业劳动制度也被新的现代企业制度所替代。劳动力市场出现激烈的竞争，女性就业在新的竞争压力下充满挑战，在女性不得不面对劳动参与的同时承担照顾子女的家庭分工的情况下，很多女性选择推迟生育年龄、少生优生，甚至不生来缓解这种冲突。这种冲突造成的结果就是生育意愿下降，生育率走低。

二 研究意义

（一）理论意义

本章基于贝克尔的生育微观理论探讨决定家庭对孩子生育决策的影响因素，尤其是家庭中女性劳动参与对生育决策的影响。根据家庭经济理论结合家庭中的多重影响因素，研究女性劳动参与对一个家庭在决定生育数量时的影响程度。家庭中的生育决策是多重因素共同作用完成的，包括养育孩子的成本、生育孩子的意愿、养育孩子的回报等多重因素。本章则主要强化女性劳动参与过程中因选择生育而在两者之间造成的矛盾进行解释。从生育水平的影响因素出发，研究女性劳动参与对生育水平的影响。

本章采用Kalwij的模型，结合中国女性就业和生育的数据，将得到中国女性就业对生育水平的影响，对家庭经济理论在中国的现实意义提供理论支持。对中国当下的女性就业困境和低生育率水平给出合理的解释，对提高生育率水平、解决女性就业、建立更加合理的制度有一定的理论参考价值。

(二) 现实意义

人口老龄化、人口结构失衡正成为一个全球性的问题。生育率下降至低于更替水平导致整个社会人口规模下降，并迅速老化，人口呈现负增长的趋势，人口变化的新趋势为人类社会带来了新的挑战。可持续增长世界银行数据库显示，2017年世界14岁及以下人口占总人口的平均比重已降至25.94%，而2017年65岁及以上人口占总人口的平均比重已升至8.70%，这意味着全球已经步入老龄化社会。人口结构失衡会对社会经济的增长和长期发展造成不利影响。中国是一个多民族统一的人口大国，人口红利为中国的经济发展带来了重要机遇，创造了巨大的价值。计划生育导致中国的生育率水平下降，男女比例失衡，人口老龄化严重。有研究表明，在"全面二孩"政策放开后中国的总和生育率短暂上升到1.8，但中国的青少年以及劳动人口数据在经历短暂的上升后依然会有不可挽回的下降趋势。青年人正在面临因全社会的养老负担而不得不承担的高赋税困境。

恩格斯曾指出："妇女解放的第一个先决条件就是一切妇女重新回到公共劳动中去。"[①] 在社会不断向前推进的过程中，解放女性让其进入劳动力市场成为重要生产力并拥有话语权，对推动经济建设有重要的贡献，同时也是建设文明社会的重要标志。在现行政治经济体系中，女性在家庭和社会中的地位不断提升，拥有了更多的话语权。但是与此同时，生育的女性哺乳和照顾孩子的家庭任务并没有减轻，女性在做出生育决策时，会考虑因生育而要面对的更多的就业困境以及因生育约束了事业的上升空间。另外，女性接受教育的年限延长，同时女

---

① [德] 弗里德里希·恩格斯：《家庭私有制和国家的起源》，中共中央马克思恩格斯列宁斯大林著作编译局译，人民出版社2003年版，第180页。

性在追求事业进步的过程中推迟了结婚、生育的年龄。这些行为的共同作用挤压了生育空间。多重原因造成了当下女性的生育困境和生育压力。本章研究女性劳动参与对生育水平的影响，利于解决中国当前的低生育率背景下女性在就业和生育之间所面临的困境。

第二节 文献综述

一 国外研究综述

关于家庭对生育孩子决策的研究最早源于马尔萨斯，他认为孩子的数量取决于简单的夫妻之间进行性生活的次数；Becker 在他之后的研究中认为马尔萨斯的理论是有偏差的，他认为孩子在家庭中既是消费品也是产出，社会经济变量会影响家庭的生育决策，如养育孩子的成本、孩子的死亡率、生育孩子可以预期的回报等都会对家庭的生育决策造成不同程度的影响。[1] 他将家庭的生育决策放在经济框架中进行分析，他强调收入和孩子数量之间的关系，并得出结论，在节育知识普及后，家庭收入和孩子的数量正相关。在贝克尔之后的关于家庭中孩子需求理论的研究也都基于贝克尔的理论。根据本章的研究需要，整理了女性大规模进入劳动力市场后，有关于女性劳动参与和生育率之间的研究。

(一) 女性就业歧视

性别歧视是世界上普遍存在的，Becker 最先提出了 "偏好性歧视"

---

[1] Becker G. S., "An Economic Analysis of Fertility", *NBER Chapters*, 135 (1), 1960: 94-111.

(Taste – Based Discrimination) 理论，他认为性别歧视来自企业对工人具有歧视性的偏好。在他的理论模型中，不考虑歧视背后的多种影响，他将性别歧视做了一个简单的假设。假设由于歧视存在，女性工人的薪酬更低。不存在歧视的企业将会雇用更多的女性工人，降低其生产成本。在长期竞争下，有歧视的企业将会被淘汰，最终会使得劳动力市场性别歧视消失。[1] 但是市场竞争的发展证实了这种说法是错误的。性别歧视并没有随着市场竞争而消失。Borjas 完善了 Becker 的模型，他们在模型中引入搜寻成本，认为性别歧视是可以长期存在的。[2] Arrow 提出了第二类性别歧视理论，也被称为"统计型歧视"（Statistical Discrimination）。他在研究中从客观因素上解释了性别歧视存在的原因。他认为企业没有办法确切地衡量每一个工人的工作效率。所以企业需要根据性别、年龄等工人外在易于观察的特征估计工人可能的工作效率。[3] 但是更多的研究偏向于女性生产率普遍低于男性的事实。在他们的研究结论中，女性占比越高的企业，生产率越低。[4] 在不同的国家性别歧视的程度也不同，在美国，性别工资差距或性别歧视并没有明显的分布特征。[5] 但是在拉美，"粘地板"效应和"玻璃天花板"效应都存在，但前者更加普遍和显著。[6]

---

[1] Becker, *The Economics of Discrimination*, University of Chicago Press, 1957: 120 – 126.

[2] Borjas, G. J., "Consumer Discrimination and Self – Employment", *Journal of Political Economy*, 97 (3), 1989: 581 – 605.

[3] Arrow K. J., *The Theory of Discrimination*, *Discrimination in Labor Markets*, Princeton University Press, 2015: 1 – 33.

[4] Hellerstein J. K., Neumark D., "Sex, Wages, and Productivity: An Empirical Analysis of Lsraeli Firm – Level Data", *International Economic Review*, 40 (1), 1999: 95 – 123.

[5] Gupta N. D., Oaxaca R. L., Smith N., "Swimming Upstream, Floating Downstream: Comparing Women's Relative Wage Progress in the United States and Denmark", *Ilr Review*, 59 (2), 2006: 243 – 266.

[6] Carrillo P., Gandelman N., Robano V., "Sticky Floors and Glass Ceilings in Latin America", *The Journal of Economic Inequality*, 12 (3), 2014: 339 – 361.

(二) 女性生育意愿和生育率

Bongaarts 研究了在人口过渡时期世界多个地区、国家人口生育率的变化，他考虑了影响生育率的种种因素，包括非意愿生育率、性别偏好（这种性别偏好包括西方国家对特定性别组合的偏好）、孩子的替代效用、生育年龄的增长、来自家庭的影响、竞争偏好六个因素，他分析了这些因素在不同国家和地区造成的生育意愿和生育能力之间的差异。他将这六个因素考虑进总的生育率和意愿生育率之间的模型中，每一个复合因素都被估计为会造成实际生育率增加或者降低的影响。[1] Bongaarts 根据对各地区数据的观察分析得出结论，非意愿生育率、性别偏好、孩子的替代效用通常大于1，家庭的影响、竞争偏好通常小于1，当生育年龄上升时生育年龄小于1，当生育年龄下降时生育年龄大于1。[2] McDonald 则认为，是由于劳动力市场的职业竞争压缩了女性的生育空间，导致女性个人的愿望驱动与职业生涯追求强化了代际内的社会流动，引起了生育行为的控制和生育意愿的降低。[3] Van de Kaa 作为第二次人口转变理论的提出者在一定程度上认同了 McDonald 的观点，他认为，是由于思想观念的转变造成了生育率的进一步降低，女性的解放以及性别观念的革命提升了女性的生育自主权，使女性能够更加自主地控制生育。[4] Morgan 认为

---

[1] Bongaarts J., "Fertility and Reproductive Preferences in Post-transitional Societies", *Population and Development Review*, 27, 2001: 260 – 281.

[2] Bongaarts J., "The End of the Fertility Transition in the Developed World", *Population & Development Review*, 28 (3), 2002: 419 – 443.

[3] McDonald P., "Gender Equity in Theory of Fertility Transition", *Population and Development Review*, 26 (3), 2000: 427 – 439.

[4] Van de Kaa D. J., "Postmodern Fertility Preferences: From Changing Value Orientation to New Behavior", *Population and Development Review*, 27, 2001: 290 – 331.

在 21 世纪人口过渡时期，妇女生育孩子的数量往往小于他们想生育的子女的数量，他认为生育率走低是不可避免的，但是极低生育率不是不可避免的。他认为在个人层面上，妇女大量进入劳动力市场，在集体层面上国家对生育政策不感兴趣，这两者都使生育率走低。一对夫妇为人父母的情感也会影响他们的生育决策。父母愿意通过少生孩子来增加孩子的生存机会，从而导致生育率走低。由此国家可以通过制定相关的政策提高妇女和孩子的生活质量，或者通过移民延缓生育率走低。①

相当多的研究探讨了经济发展水平对一国总和生育率的影响，结果认为，经济增长、人力资本积累等因素是影响一国总和生育率的重要因素。Aaronson 根据南美的历史数据研究发现，通过在乡村地区投入教育资金，降低农村的教育成本会缩减该地区女性的生育空间。在教育成本下降、教育投资回报增加的同时该地区女性的生育率和生育意愿也出现下降趋势。②

Murtin 使用 1870—2000 年的跨国面板数据发现，在控制了死亡率和人均收入水平的情况下，得出教育是生育率下降的主要驱动力量。③ Heath 和 Jayachandran 研究发现，经济发展过程中产业结构的优化可以提高女性的劳动参与。④ 尤其在发展中国家，这种变化更为明显。女性劳动参与率提高，减弱了性别歧视，增加了女性受教育的机会。这些

---

① Morgan, S. P., "Is Low Fertility a Twenty – First – Century Demographic Crisis?", *Demography*, 40 (4), 2003: 589 – 603.

② Aaronson D., Lange F., Mazumder B., "Fertility Transitions Along the Extensive and Intensive Margins", *American Economic Review*, 104 (11), 2014: 3701 – 24.

③ Murtin F., "Long – Term Determinants of the Demographic Transition, 1870 – 2000", *Review of Economics and Statistics*, 95 (2), 2013: 617 – 631.

④ Heath R., Jayachandran S., "The Causes and Consequences of Increased Female Education and Labor Force Participation in Developing Countries", *National Bureau of Economic Research*, 2016.

改变强化了女性在家庭中的地位,在给予女性更多选择空间的同时降低了女性的生育意愿。

(三) 女性劳动参与和生育水平

国外关于女性就业和生育率之间关系的研究早于国内,Smith-Lovin 和 Tickamyer 在美国已婚妇女数据中发现了两类女性。一种是面向职业的女性,她们离开工作岗位的时间很短,只是为了生育;另一种是面向家庭的女性,他们在第一次生育后离开劳动市场很长时间。[1] Bloemen 和 Kalwij 使用计量经济学框架建立多状态转换模型来研究女性生育时间与劳动力市场的转换,每种状态都由两种特征构成,分别是是否就业 [就业 (E)、非就业 (U)] 以及是否生育 [没有孩子 (N)、已经有孩子或者处于怀孕阶段 (C)]。分为四种状态 (E, N)、(E, C)、(U, N)、(U, C),采用 SSCW 数据分析荷兰的女性在这四种状态之间变换的概率及其影响因素。得出结论,受教育程度越高的女性向劳动力市场转换的概率越大;该研究发现,一旦妇女进入劳动力市场,那么其向生育市场转移的可能性就会变小。这项研究描述了跨期决策在生育和劳动力市场中所扮演的角色,但是他们只观测了决策的结果并没有说明生育和进入劳动力市场两者之间是如何相互影响的。[2] Kalwij 研究了荷兰家庭中孩子的出现以及孩子的数量对女性进入劳动市场的影响。他建立了面板数据模型,并采用广义矩阵估计法进行估计,来解决孩子数量和就业决策之间的内生性问题。他假设当第一个孩子出生后,女性就决定了她是否就业。以第一个孩子的出现作为条件变量设置期望模型来观察孩子的数量

---

[1] Smith-Lovin L., Tickamyer A. R., "Fertility and Patterns of Labor Force Participation Among Married Women", *Social biology*, 28 (1–2), 1981: 81–95.

[2] Bloemen H., Kalwij A., "Female Employment and Timing of Births Decisions: A Multiple State Transition Model", *Social Science Electronic Publishing*, 43 (2), 1996: 195–196.

对女性就业的影响。而女性的年龄，家庭中夫妻双方的受教育程度则作为外生变量。Kalwij认为，受教育程度是影响男性和女性终身的就业和收入指标，而受教育程度和第一个孩子出生的年龄则决定了家庭中孩子的数量，女性受教育程度越高、女性生育第一个孩子的年龄越大则更偏好于更少的孩子的数量。他还考虑了不同时期女性对孩子数量的偏好，因为随着社会结构的变化，不同时期的女性受教育程度不同，但是这一影响会越来越小。Kalwij只是在形式上考虑了如何同时作出工作和生育决策的内生性问题，并没有解决如何在政策上提高生育率。但是他所采用的方法更加直观、更加巧妙。[1] Galor和Weil在他的研究中指出了两性工资差距在决定家庭育儿数量时的作用，他认为当家庭中女性工资收入相对于男性提高时，生育个数倾向于下降。[2]

（四）社会福利政策和生育率

世界上的大多数国家都经历过人口下降，每个国家面对人口架构变化时，都会出台相应的政策，譬如增加女性生育福利等。有研究表明，增加儿童保健服务、家庭政策（如国家强制产假制度）的出台和对母亲态度的改变后，生育率和女性之间的联系减弱。Bumpass等通过区分低生育率社会中的生育率和为提高生育率的家庭友好政策的关系，发现当家庭友好政策以解决女性工作和家庭之间的冲突为着力点时，政策力度和生育率正相关。该研究表明，解决女性劳动参与和家庭之间冲突的家庭友好政策对生育率有正向影响。[3] 同时McDonald研究发

---

[1] Kalwij A. S., "The Effects of Female Employment Status on the Presence and Number of Children", *Journal of Population Economics*, 13（2），2000：221-239.

[2] Galor O., Weil D. N., "The Gender Gap, Fertility and Growth", *American Economic Review*, 86（3），1996：374-387.

[3] Bumpass L. L., Rindfuss R. R., Choe M. K., et al., "The Institutional Context of Low Fertility: The Case of Japan", *Asian Population Studies*, 5（3），2009：215-235.

现只是从家庭角度出发、不考虑女性社会公平地位的家庭友好政策会对女性的社会地位带来负面影响，并进一步降低生育率。比如在一些男性占家庭主导地位的家庭模式社会中，政府鼓励生育的奖金、育儿补贴等，都只是放进了男性的皮夹，弱化了女性的家庭地位。[1] Cigno 和 Rosati 通过 1950—1990 年多个国家的数据得到结论，社会保障的自负盈亏会提高家庭储蓄但是会抑制生育率。社会保障自负盈亏会增加家庭的储蓄水平，但是会降低家庭的生育意愿。[2]

二 国内研究综述

中国对女性劳动和生育率之间的联系相关的研究较晚，近年来中国生育率持续走低，中国进入低生育率国家，国家不断放宽生育政策，以鼓励生育、提高生育率，但是效果并不显著，尤其刚进入劳动力市场的"90 后"，在不断地向后推迟生育年龄。政府的计划生育控制政策已经不再是维持低生育率所必需的。这一社会现象被越来越多的学者注意到并对影响生育率的多方面因素展开研究。其中大多研究表明，女性进入劳动力市场是导致生育率降低的主要因素。

（一）女性就业歧视

宋春蕾等的研究表明，在工作中异性的出现在一定程度上可以提高生产率，因为在性成熟的群体中异性相比同性在一些特定行为上可以带来更强的促进作用。[3] 王伟同和魏胜广也在研究中发现，在企业中

---

[1] McDonald P., "Low Fertility and the State: The Efficacy of Policy", *Population and Development Review*, 2006: 485-510.

[2] Cigno A., Rosati F. C., "Jointly Determined Saving and Fertility Behaviour: Theory, and Estimates for Germany, Italy, UK and USA", *European Economic Review*, 40 (8), 1996: 1561-1589.

[3] 宋春蕾、殷玮、陆胜男：《人际吸引中性别助长效应的实验研究》，《苏州教育学院学报》2012 年第 5 期。

存在男性和女性的性别互补,男性和女性在一定技术条件下存在最大生产率下的最优性别比。当企业的技术增长越发达时,女性在企业中所能发挥的作用越强。换言之,技术发展越强的企业越有利于女性员工的生存发展。[1] 潘锦棠针对女性就业歧视提出,一些在时间上更加灵活的工作岗位更有利于提高女性的生产率。但是这并没有改变女性在劳动力市场上处于弱势地位的事实。[2] 郭凯明等研究发现,生育差异是劳动力市场性别歧视结构变化的重要推动力。在研究中假设女性在劳动力市场中受到的歧视来自企业对高生育率女性有较低的生产效率预期。他们在研究中发现生育率影响性别歧视显著存在于初中以上教育程度的农民工群体,收入越低,这一影响越大。[3] 王蓓敏研究证明生育二孩对城镇青年女性的工作冲击最大。[4]

(二) 女性生育意愿和生育水平

张晓青等认为,生育意愿是研究生育率发展的重要条件,生育意愿是预判生育行为的重要指标,在"全面二孩"政策后,它可以反映生育行为的上限,为预测生育水平提供重要参数。[5] 郑真真从家庭的角度分析了20世纪50—90年代中国生育率的变化及其影响因素。她认为,影响中国生育率变化的主要因素是生育意愿的变化,而生育意愿的变化则是因为经济发展过程中医疗水平的发展导致出生婴儿死亡率

---

[1] 王伟同、魏胜广:《员工性别结构如何影响企业生产率——对"男女搭配干活不累"的一个解释》,《财贸经济》2017年6月。
[2] 潘锦棠:《性别人力资本理论》,《中国人民大学学报》2003年第3期。
[3] 郭凯明、王春超、何意銮:《女性家庭地位上升、生育率差异与工资不平等》,《南方经济》2016年第4期。
[4] 王蓓敏:《"女性发展与性别平等——中德比较研究"研讨会综述》,《山东女子学院学报》2016年5月。
[5] 张晓青、黄彩虹、张强等:《"单独二孩"与"全面二孩"政策家庭生育意愿比较及启示》,《人口研究》2016年第1期。

的下降以及中国城乡妇女普遍进入劳动力市场、中国女性地位不断提高所导致的。女性地位的不断提高可以表现为女性在家庭中的话语权，女性受教育程度都有显著地提高，但是由于传统的社会分工，女性依然是承担家庭劳务的主要角色，这也是导致女性生育意愿较低的重要原因。[1] 王军和王广州利用 Bongaarts 研究生育意愿的模型，结合中国生育政策的特殊国情与 2010 年中国综合社会调查、2011 年中国社会状况综合调查、2012 年中国家庭幸福感热点问题调查和 2013 年中国家庭幸福感热点问题调查这四次全国性抽样调查的原始数据研究了中国生育意愿和生育行为的差距。他们采用区间估计法来弥补传统点估计在估测生育意愿和生育行为过程中的误差。通过区别不同出生年份女性的生育意愿和生育行为之间的差异发现，中国的生育意愿在过去的 30 年经历了从高于更替水平到低于更替水平的变化，之后还可能继续降低。即使没有生育政策的限制，生育行为还受到健康、经济条件、个人有限的精力投入的影响。中国从 1991 生育意愿高于出生队列开始，生育意愿和生育行为差异的方向发生了根本性转变。文章描述性地说明了中国近 30 年来生育意愿和行为差异的变化，却没有说明这种变化是怎么发生的。当下中国育龄人群的生育意愿显著高于生育水平。这项研究缺乏长期追踪数据，当然文章对终生生育水平的测量存在一定的误差，但是并不影响最终的结果。[2] 靳永爱等针对"全面二孩"政策出台后，研究城市已育有一孩的家庭对"全面二孩"的生育意愿。采用《中国家庭生育决策机制研究》课题组 2016 年 4 月的调查数据，将生育偏好和生育计划作为因变量，使用二元 Logistic 回归和多分类

---

[1] 郑真真：《20 世纪 70 年代妇女在生育转变中的作用——基于妇女地位、劳动参与和家庭角度的考察》，《妇女研究论丛》2019 年第 3 期。
[2] 王军、王广州：《中国低生育水平下的生育意愿与生育行为差异研究》，《人口学刊》2016 年第 2 期。

Logistic 回归对 12 个市采用 PPS 抽样方法最后选取的 3190 个样本数据进行分析,最终影响生育意愿。从生育偏好的角度得到的结果显示,在中国不同的地区由于不同的偏好,各地区的生育偏好均值都有很大的差距,这归为影响生育偏好的环境因素,受社会的经济文化影响;环境因素以外,社会机构、女性的工作单位也是影响生育偏好的因素,相较于体制内的女性,务农或者没有工作的女性更偏好于生育两个或者三个孩子;家庭因素是影响生育偏好的重要因素。影响生育计划的因素则有父母公婆的偏好、生理因素的限制、照料孩子的成本和性别偏好,区域因素对生育计划也会造成影响,影响的方向与生育意愿相反。夫妻之间生育意愿的一致性也会影响最终的决策。[1] 邢采和孟彧琦从心理学角度出发,提出影响生育率的主要原因是女性的生育意愿,而影响女性生育意愿的因素包括周围的生育环境以及生育年龄的限制(由于孩子的出生对自己的自由造成的影响)。她发现"全面二孩"政策后受生育限制的女性生育意愿要高于不受生育限制的年轻女性。并得出结论,少了生育限制会降低生育意愿。[2] 石智雷和杨云彦通过河北省的数据研究发现,"单独二孩"政策家庭的平均理想子女数为 1.70,城市二孩生育意愿明显低于农村。[3] 周晓蒙在研究中发现,随着男性、女性的受教育程度的提高,其生育意愿会下降。女性的生育意愿对自身的教育水平和地区经济发展因素的反应更加敏感。[4] 张永梅则认为,

---

[1] 靳永爱、宋健、陈卫:《全面二孩政策背景下中国城市女性的生育偏好与生育计划》,《人口研究》2016 年第 6 期。
[2] 邢采、孟彧琦:《生育年龄限制感提高女性的计划生育数量》,《心理学报》2019 年第 4 期。
[3] 石智雷、杨云彦:《符合"单独二孩"政策家庭的生育意愿与生育行为》,《人口研究》2014 年第 5 期。
[4] 周晓蒙:《经济状况、教育水平对城镇家庭生育意愿的影响》,《人口与经济》2018 年第 5 期。

"知识女性"与"其他女性"在生育意愿数量上并无显著差别,但是两者在生育动力和生育制约因素方面存在明显差异。生育意愿的影响因素也存在显著差别。①

(三)女性劳动参与对生育水平的影响

关于女性就业是如何影响生育率的,在学界并没有形成完全统一的意见。杨菊华认为增加用人单位成本,会加剧女性在就业市场的相对弱势和不公平待遇。其影响会表现在女性入职、升迁、终身发展三个方面。她认为女性在为家庭、为社会完成人口再生产任务的同时,会遭遇更高的入职门槛。她在文章中提到,有研究表明,在劳动力市场存在歧视的环境中,生育对女性的资本积累可能产生负面影响,多生一个孩子可能降低女性收入的7%。②宋健和周宇香认为,女性劳动参与率的提高会降低生育率,家庭中0—3岁孩童的出现会对女性就业产生负面影响。而孩子的数量与就业状态、丈夫的收入以及家庭的支持都会不同程度地改变这种消极影响的大小。这些因素对城镇和乡村的妇女影响程度也不同。他们的研究提出了3个假设,并做回归模型进行验证,得出结论,即生育二孩、照料婴儿会对女性就业产生负面影响。丈夫的收入对家庭的经济支持、来自父母和其他人的照料支持会增加生育对女性就业的消极作用。这些因素对女性的影响,农村比城镇更显著。③於嘉和谢宇认为,生育会对中国女性工资产生负面影响,生育对受教育程度、职业类别不同的女性会产生不同的影响效果。

---

① 张永梅:《职业女性的两孩生育意愿及其政策启示——基于"知识女性"与"其他女性"比较的视角》,《浙江社会科学》2018年第12期。
② 杨菊华:《"单独两孩"政策对女性就业的潜在影响及应对思考》,《妇女研究论丛》2014年第4期。
③ 宋健、周宇香:《中国已婚妇女生育状况对就业的影响——兼论经济支持和照料支持的调节作用》,《妇女研究论丛》2015年第4期。

他们采用固定效应模型来控制时间不变因素,以避免选择性误差。得出结论,即受教育水平越高的女性工资受生育的负面影响越大,尤其受过大学及以上教育的女性尤为显著。他们第一次提出了国有和非国有员工的区别,生育对女性工资的负面影响在国有单位更加显著。[1] 黄桂霞研究了生育对女性职业中断的影响。她认为,生育会导致女性的职业中断,而女性在生育之后重新进入劳动力市场的时间则由生育保险和育儿支持所决定。她提出相关假设,较高的育儿保险以及婴幼儿照顾支持可以降低女性生育所导致的职业中断的影响。并得出结论,社会对女性育儿的经济分担可以减少女性的职业中断,如提高女性休产假期间的薪资水平使其可以尽量贴近生育前的收入水平,分担女性的分娩费用。她的研究发现,照顾支持对女性的职业中断影响显著。该研究考虑了女性不同的教育水平、不同的家庭观念及女性在家庭中的权力地位,但是并没有解释这些变量是如何影响女性职业中断的。[2] 张川川认为,子女的数量会对女性在工作岗位的工作时间和工资产生影响。他认为,由于中国的传统观念,大多数家庭对子女的性别都存在一定的偏好,一孩的性别会影响家庭之后的生育决策,所以以第一个孩子的性别为工具变量,来观测子女数量对女性就业的影响。由于生育和就业是相互影响的,他采用工具变量法和赫克曼两步法解决内生性问题,并得出结论,多生育一名子女会减少女性就业的概率,城镇女性比乡村女性更显著。同时教育水平越高以及初次生育年龄越高,参与社会劳动供给的可能性就越大。[3] 魏宁和苏群以农村妇女群体为样

---

[1] 於嘉、谢宇:《生育对中国女性工资率的影响》,《人口研究》2014年第1期。
[2] 黄桂霞:《生育支持对女性职业中断的缓冲作用——以第三期中国妇女社会地位调查为基础》,《妇女研究论丛》2014年第4期。
[3] 张川川:《子女数量对已婚女性劳动供给和工资的影响》,《人口与经济》2011年第5期。

本，研究经济转型过程中生育对以传统农业为收入来源的家庭向非农就业的影响。他们认为，生育会对农村妇女的非农就业产生影响，而孩子的数量则会影响农村妇女参与非农就业的时间，进而影响收入。由于农村长期以来的生产方式导致农村地区偏好生男孩，这导致了即使在计划生育的惩罚机制下，很多家庭也会冒着被罚的风险在第一孩是女孩的情况下再要一个男孩。即在农村妇女的群体中性别偏好、代际支持都会影响家庭的生育决策，女性的受教育程度、年龄、丈夫是否从事非农工作则会影响农村妇女向非农就业的转变。他们同样采用工具变量法来消除生育和就业的内生性问题。他们的数据来源是2006年的中国健康与营养调查，采用两阶段Probit模型和Tobit模型进行回归分析得出结论，子女的数量会影响农村妇女参与非农就业以及参加非农工作的时间。2010年有研究表明，参与非农劳动因生育中断就业的比例上升。[①] 计迎春和郑真真认为，市场经济下公私领域的不同制度设置所遵循的不同的逻辑，导致这些制度设置之间不调和，从而使得劳动力市场上的女性面临较严重的工作—家庭冲突，而这种冲突很大程度上影响了女性在私人领域的婚姻动机和生育决定，也影响她们在劳动力市场上的表现和待遇，从而造成了世界范围内经济发达社会普遍存在的低生育现象。[②]

除了女性就业外，还有一些其他因素影响生育水平。熊永莲和谢新在研究中发现，贸易水平的提高会通过增加开放程度和提高就业机会增加女性劳动就业的参与率与女性劳动收入，提高女性生育的机会

---

① 魏宁、苏群：《生育对农村已婚妇女非农就业的影响研究》，《农业经济问题》2013年第7期。
② 计迎春、郑真真：《社会性别和发展视角下的中国低生育率》，《中国社会科学》2018年第8期。

成本从而抑制生育率水平。① 薛继亮将孩子作为投资品和需求品从成本收益的视角探讨生育率的影响因素，得到的结论是，工作中对时间支配自由度不同的家庭，收入和家庭存款对生育水平的影响是不同的，自由支配时间的职业者更倾向于多生育作为投资品的男孩。相反，对时间支配程度低的职业者的生育水平不受收入和存款的影响。② 阎志强通过2010—2015的数据研究广州青年的婚姻及生育现状发现，广州的青年人口未婚比例下降，但是晚婚趋势明显，大龄青年未婚人数增加，其中独生子女结婚时间偏晚。非双独子女家庭生育率也更高。③ 尹文耀等认为，目前影响中国生育率水平主要有三股力量，即人口的城镇化、非农化、大流动。④ 章菲认为，家庭结构中的住房和时间配置因素已经成为影响家庭生育观和生育行为的重要因素，女性的个人因素越来越体现出对家庭生育决策的显著影响。⑤ 郑真真认为，妇女地位的提高增加了她们决定生育和避孕的自主权，生育效率的提高降低了家庭对生育数量的需求。⑥ 邱红和赵腾腾认为，收入的提高使得女性在婚姻和生育方面有了更大的自主权，导致发生女性婚内生育率与生育水平的背离现象。⑦ 王殿玺研究发现，代际职业流动对生育率有显著影响，从社

---

① 熊永莲、谢新：《贸易开放、女性劳动收入与中国的生育率》，《财经科学》2016年第4期。

② 薛继亮：《生育性质研究：需求品还是投资品——基于家庭时间配置和收入的视角》，《上海财经大学学报》2016年第6期。

③ 阎志强：《广州青年人口婚姻与生育状况的变化特点——基于2015年1%人口抽样调查数据的分析》，《西北人口》2018年第4期。

④ 尹文耀、姚引妹、李芬：《生育水平评估与生育政策调整——基于中国大陆分省生育水平现状的分析》，《中国社会科学》2013年第6期。

⑤ 章菲：《家庭生育决策的影响因素分析：基于中国健康与营养调查的数据》，硕士学位论文，浙江大学，2012年。

⑥ 郑真真：《从家庭和妇女的视角思考生育和计划生育政策调整》，《中国妇运》2015年第10期。

⑦ 邱红、赵腾腾：《日本生育水平变化分析》，《人口学刊》2017年第5期。

会阶层的层面阐述了中国近年来影响生育率变化的因素，他研究了职业或阶级地位之间的变化对生育率的影响。他认为，人们在社会上位置的差异及变化会对生育产生影响。① 贾玉娇的研究结果证明，中国生育水平并非均匀覆盖于各个女性育龄群体。不同女性育龄群体间的生育率差别较为明显。那些生育意愿强、孩子抚养成本意识相对淡薄（抚养孩子成本低）、不重视生活质量、没有职业发展追求或者贫困落后地区的女性生育率较高，反之较低。② 王金营和戈艳霞根据孩次递进生育率估计模型，估计了政策对不同家庭背景的生育水平产生的影响，并以此评估"全面二孩"政策所带来的政策效应。他得出结论，以往的研究中潜在的受益群体被高估，城镇和农村妇女受生育政策影响的规模分别为584、586人，但是两个不同地区受影响的妇女规模都在逐年减少。③

（四）社会福利政策和生育率

在中国"全面二孩"政策放开后，很多学者都根据社会发展过程中的其他国家人口结构变化的经验、中国当前的人口结构以及经济发展状况对未来中国人口结构变化趋势作出预测。周长洪认为，社会发展与生育率存在逆向变动关系，社会经济越发展，生育率会越低，最终维持在一个稳定的低生育率水平。④ 薛继亮结合UN数据库选取122个国家和地区的数据得出结论，亚洲国家和发达国家的生育率发展不

---

① 王殿玺：《生育的社会流动效应再考察——基于代际职业流动的视角》，《人口与发展》2018年第3期。
② 贾玉娇：《生育率提高难在何处？——育龄女性生育保障体系的缺失与完善之思》，《内蒙古社会科学》2019年第3期。
③ 王金营、戈艳霞：《全面二孩政策实施下的中国人口发展态势》，《人口研究》2016年第6期。
④ 周长洪：《经济社会发展与生育率变动关系的量化分析》，《人口研究》2015年第2期。

一致并给出自己的分析;他认为,经济落后和长久的传统思想束缚是影响亚洲国家发展的主要因素。① 乔晓春预测,中国未来的生育水平或有望提高到更替水平附近,实现未来人口规模适度和结构优化的目标②,但是周文则得到不一样的结论③,他认为影响一个国家和地区的人口结构和变化的主要因素有生育率、死亡率、出生性别比和人口净迁移率。中国"全面二孩"政策放开较晚,可根据发达国家的人口变化测算中国未来的人口发展趋势。"全面二孩"政策开放后中国未来的人口数量会有短暂的上升,然后持续下降。他认为"全面二孩"政策对中国未来几十年的人口抚养比贡献不大,但是在不同时期会有不同的影响,这与杨菊华的结论一致。他在文章中提到中国人口类型目前处于成年人型人口,但未来将不可避免进入老年型人口。罗璇研究东亚主要国家也得出同样的结论,生育率的下降趋势是很难逆转的。④

杨菊华提出由于过高的生养成本,中国女性在"生"还是"升"上面临两难的选择。针对中国当前的低生育率处境⑤,陈秀红运用质性研究方法,从家庭个人层面探讨了社会福利因素在"全面二孩"政策背景下对城市女性二孩生育意愿的影响,她将社会福利因素界定为三个方面。一是社会福利的功能,即社会福利可以改变人们生活质量的能力。二是限定提供社会福利的主体和责任。三是社会福利对弱势群

---

① 薛继亮:《世界人口生育率变化及其影响因素分析——兼论对中国未来生育率的判断》,《西安财经学院学报》2018 年第 6 期。
② 乔晓春:《实施"普遍二孩"政策后生育水平会达到多高?——兼与翟振武教授商榷》,《人口与发展》2014 年第 6 期。
③ 周文:《全面二孩政策下中国未来 30 年人口趋势预测》,《统计与决策》2018 年第 21 期。
④ 罗璇:《东亚地区主要国家的低生育率陷阱的形成及原因分析》,硕士学位论文,吉林大学,2016 年。
⑤ 杨菊华:《健全托幼服务推动女性工作与家庭平衡》,《妇女研究论丛》2016 年第 2 期。

体的保护程度。她认为,中国当下影响城市女性生育二孩的主要因素包括学前教育"入学难"、"入学贵"的现象,生育保险制度设计缺陷、儿童医疗保障体系缺乏,住房过度"商品化"。文章也阐述了女性对生育更多子女的意愿。生育更多子女可以分担未来养老的责任,从这个层面考虑,现在也有更多家庭出现了对女孩的偏好。她在文章中提到评价中国的社会福利制度要从给付和规制两个维度入手,而中国只是在规制上规定了女性在生育阶段中获得带薪休假的合法性,但是目前这些薪资都是由企业来支付,所以政策并没有解决女性实际面临的问题,反而使女性在就业时面对更多的歧视。① 吴帆认为,女性发展和社会性别平等取向的家庭政策更有利于鼓励生育。② 针对中国目前现存的一些相关的生育福利政策,李线玲提出中国目前的生育保险主要包括医疗费用和生育津贴,但是落实过程中存在标准不一等问题,并且其中很多由用人单位承担。③ 杨慧认为,中国目前缺少专业的《反就业歧视法》,现存的法律法规没有清楚的界定就业歧视的概念,相应的执行性不强,也没有明晰的解决途径。④ 马春华整理瑞士和法国支持生育的相关政策时总结,应从平衡男女平等和建立家庭友好的生育环境两个方面鼓励生育,一方面要求男性更多地参与到照顾新生儿的过程中来;另一方面由政府建立更健全的托幼以及女性就业和再就业的机制,减少女性的压力。⑤ 薛继亮根据内蒙古自治区地方的调查数据,认

---

① 陈秀红:《影响城市女性二孩生育意愿的社会福利因素之考察》,《妇女研究论丛》2017年第1期。
② 吴帆:《全面放开二孩后的女性发展风险与家庭政策支持》,《西安交通大学学报》(社会科学版)2016年第6期。
③ 李线玲:《新形势下生育保险待遇落实探讨》,《妇女研究论丛》2016年第2期。
④ 杨慧:《"全面两孩"政策下促进妇女平等就业的路径探讨》,《妇女研究论丛》2016年第2期。
⑤ 马春华:《瑞典和法国家庭政策的启示》,《妇女研究论丛》2016年第2期。

为加强地区经济建设，鼓励蒙汉通婚可以有效地增加生育率。①

三 文献述评

由于经济发展、社会环境、宗教文化等多方面的影响，西方发达国家对于生育影响的研究远远先于中国，研究的范围更加广泛，研究的角度更加全面，研究层面也更加深入。但是纵观世界上大多数国家和地区，其人口结构都经历过人口爆炸和转折。在和平年代影响生育率的主要因素围绕政府政策、社会经济发展的程度以及在不同的社会背景下不同的家庭生育意愿。结合本章的研究方向对女性就业、女性劳动参与对生育率的影响、生育意愿以及人口预测和历史的政策建议四个方面的国内外的相关研究进行总结。学者们研究得到的结果基本一致，女性劳动参与对生育率和生育意愿有显著的负面影响。与其相关的政策建议包括增加代际支持、稳定工资待遇、重视配偶在照顾孩子的作用等，以上政策建议围绕减小女性照顾孩子的压力，增加女性时间分配的自由。

中国的人口结构由于生育政策的影响，人口的发展轨迹不同于西方发达国家，中国的生育率下降是由政策强制导致的。有学者认为，中国的生育水平不能反映中国真实的生育意愿，也就不能反映中国真实的生育能力。但是由于现实的经济状况、时间分配等多方面的限制，生育意愿并不等同于生育能力。本章不同于国内的其他相关研究，以2016年中国金融家庭数据为基础，以中国目前真实的生育水平为研究对象，更加客观地反映了中国女性劳动参与对生育水平的影响。并以每个家庭为单位，将不同的孩次加以划分，更加微观地研究女性劳动

---

① 薛继亮:《族际通婚对生育水平的影响：来自内蒙古的验证》,《人口学刊》2016年第5期。

参与对不同孩次的生育水平的影响。

第三节 理论基础和模型设计

一 理论基础

(一) 生育的微观理论

贝克尔1981年在《家庭论》中重建了生育的微观理论,假如把子女视为一种特殊商品,这种商品与其他商品一样会带来效用;当子女作为商品时,他的价格取决于生育子女的成本。生育子女的成本取决于生育子女的直接成本、机会成本以及父母对于子女未来将会带来的预期收入。用总成本减去收入的余数即为孩子的净成本。直接成本是指父母在抚养孩子的过程中的一切花销;机会成本是指父母在选择生育照料子女的同时不得不放弃的工作、休闲的机会,以及工作带来的收入和休闲带来的效用。父母对子女的预期收入包括子女为家庭劳动带来的收入以及父母老后子女承担的赡养费用。在新的生育微观理论中,父母对子女的预期收入还包括孩子来到家庭中提高了家庭的幸福度,具有维持家庭稳定的效用。

根据这种理论,近些年来中国生育率走低归因于几个方面。第一,养育子女的成本越来越高,高度竞争的社会环境,使得人们不得不为子女的前途进行治理投资,从而增加了养育子女的直接成本。第二,社会开放程度不断扩大,女性受教育程度越来越高,工作机会和选择越来越多,这增加了养育子女的机会成本。第三,医疗卫生条件越来越优越,儿童死亡率低,这减少了养育子女的风险,因而降低了通过多生来减少子女因生病等因素意外死亡的风险。第四,社会保险制度普遍推行，老年生活有所保障，不必"养儿防老"。第五，现在人们越来越追求自身的享受，生育受传统观念影响越来越弱，这也大大减弱了对子女的偏好。

(二) 家庭经济理论

繁衍生息是万物发展延续的必然方式，而人类在不断进化的过程中生产方式、文化、社会关系和经济都在发生变化，它们同时制约了人类生育的过程。关于生育的决策，如孩子的数量、孩子出现在家庭中的时间都是发生在家庭内部的。在第二次世界大战之后，发达国家的人口变化使得许多西方的经济学家开始从家庭经济决策的角度来分析、研究生育的相关问题。他们将家庭作为研究对象，探讨家庭内部的收入以及家庭规模之间的关联，并通过建立模型研究他们之间的影响。因此，产生了被称作"新家庭经济学"的当代西方微观人口经济学。随着这种学说研究的发展，这种家庭内部的影响研究变得越来越广泛，包括家庭内部成员的时间分配，代际工作以及文化程度都被囊括在内。在诸多理论中，以贝克尔的家庭对孩子的需求理论为代表，并根据贝克尔的理论做深化展开研究。在贝克尔的理论中把生育行为选择当作经济行为进行研究，形成了家庭对孩子的需求理论。该理论认为，夫妻双方在决定生育孩子的数量时，是以争取获得家庭总效用最大化为前提的，并且要受到自身及家庭时间和收入的约束。

与此同时，父母生育孩子需要支付一定的成本，并期望着从养育孩子那里得到效用，并且其中的效用是能够长期存在的，因而可把孩子看成一种"耐用消费品"。生养孩子的成本不仅仅是衣食住行、教育等明显的支出费用，更主要的是父母在生育抚养孩子时所要付出的时间机会成本。特别是当母亲参加工作时，会在无形之中提升生育孩子的时间成本，从而造成生育数量的减少。贝克尔理论另外一个贡献在于，把家庭对孩子的需求区分成为数量和质量这两个相互关联又独立的方面。而这两者是可以相互替代的，并且这种客观存在表现为两者的负相关关系，很好地解释了西方国家家庭在收入提高之后，却并没有选择多生育孩子的原因。家庭对于孩子的需求是伴随着社会经济发展而变化的，从对数量的追求逐渐过渡转化为对质量的追求。

根据上述的两种理论，生育是家庭内部决策。中国国情与世界上的其他地区有所不同，中国是人口大国，在经历了解放战争后的一段时期人口高速发展后，计划生育政策的出台制约了家庭的生育决策，减缓了人口发展。在新的人口发展背景下，为鼓励生育而出台的新的人口政策并没有取得预期的效果。要在新的政策背景下鼓励人口发展，还是要从家庭内部出发研究生育的影响因素。生育率降低归结于多个方面，家庭因素是主要因素。考虑孩子对家庭而言作为一种需求品时，为了保证家庭内部效用最大化，需要考虑生育孩子所要付出的机会成本，尤其是在母亲进入劳动力市场后，由于时间分配、精力分配等方面的制约而对生育水平造成负面的影响。本章从这两种理论出发，从家庭内部的决策考虑，构建模型，估计女性劳动参与对生育的影响。

二 模型设计

为了观察孩子的数量和母亲就业之间的影响，假定一个女性同时决定她的就业情况和生育时间。假设她在生育第一个孩子以后就不再改变她的就业情况了，因此她同时决定在拥有一个孩子的情况下工作与否。假定在任何给定的期间内所观察到的孩子的数量以及女性就业的情况都是该决策过程的结果。为了将这些结果模型化，使用了一个考虑了孩子的出现与女性就业情况内在关系的面板数据模型。一旦孩子出现在家庭中,即计数变量,孩子的数量就以女性的就业情况为约束建立模型。因此,在第一个孩子出生后女性的就业情况被假定为预先确定的孩子数量的解释变量,被孩子的出现所约束。此外,假定了面板数据过程的独立性。所提出的简化模型可以用来分析样本中观察到的40岁以下女性的行为,并不仅仅限于完成生育的女性。

独立变量是家庭中孩子的数量,用 Y_{th} 表示,t 是时间变量,h 为家庭变量。基于外生特征(z_{th})的 Y_{th} 的期望用 $E[Y_{th}|Z_{th};\theta]$,θ 表示偏好参数。通常偏好于基于外生特征的儿童数量期望的边际影响,$\partial E(Y_{th}|Z_{th};\theta)/\partial Z_{th}$。如果确定了 Y_{th} 的分布就可以使用极大似然估计,并且基于正确规定的分布,可以得到一个 θ 的有效连续的估计。如果假设 Y_{th} 服从泊松分布,则即使真实的分布不符合泊松分布,使用伪极大似然估计可以得到一个连续的估计量。

根据上述模型,以及迭代期望定律,可以得到 Y_{th} 的条件期望如公式(5.1)所示。

$$E[Y_{th}|Z_{th};\theta] = E_{I_{(Y_{th}>0)},W_{th}}\lfloor E\lfloor Y_{th}|I_{(Y_{th}>0)},W_{th},Z_{th};\theta|Z_{th};\theta$$

(5.1)

W_{th} 代表女性就业的情况($W_{th}=1$ 则女性就业,0 则为其他)。$I_{(Y_{th}>0)}$ 是孩子存在的指标函数。公式(5.1)表示孩子和女性就业情况的内在关系只允许在第一步中,一旦孩子出现在家庭中,女性就业情况被假定为提前确定好的。基于二进制的女性就业情况和指标函数,如公式(5.2)所示。

$$E[Y_{th}|Z_{th};\theta] = P(I_{(Y_{th}>0)}=1|Z_{th},\alpha) \times$$
$$\{P(W_{th}=0|I_{(Y_{th}>0)}=1;Z_{th},\alpha) \times E[Y_{th}|W_{th}=0,I_{(Y_{th}>0)}=1,\beta_1] +$$

$$P(W_{th}=1\mid I_{(Y_{th}>0)}=1;Z_{th},\alpha)\times E[Y_{th}\mid W_{th}=1,I_{(Y_{th}>0)}=1,\beta_2]\}$$
(5.2)

$\theta^T=(\alpha^T,\beta_1^T,\beta_2^T)$。注意在这个实例中家庭中没有孩子,即 $I_{(Y_{th}>0)}=0$,Y_{th} 的期望为 0,不考虑女性的就业情况。

女性就业情况和孩子存在的共同分布情况如下公式(5.3)所示。

$$P(W_{th}=1,I_{(Y_{th}>0)}=j\mid z_{th},\alpha)=\frac{\exp(z'_{th}\alpha_{(i,j)})}{\sum_{(i,j)}\exp(z'_{th}\alpha_{(i,j)})} \quad (5.3)$$

S 代表一组可行的替代选择,$S=\{(0,0),(1,0),(0,1),(1,1)\}$。这个概率分布函数是著名的多项分布并且它的标准化选择是 $\alpha(0,0)$,因此 $\alpha^T=(\alpha_{(1,0)}^T,\alpha_{(0,1)}^T,\alpha_{(1,1)}^T)$。可代替选择一个二进制概率模型。然而,在一个二进制概率模型中,女性就业情况和孩子存在之间的关系只能凭借错误项得到承认。多项对数模型也通过可观察变量得到相互关系。例如,多项式模型允许受教育程度在女性有工作时比在女性没有工作时更能反映孩子的存在。因此,在这篇文章中采用多项对数模型。多项对数模型在考虑了可观测特征的情况下得到了更加灵活的实证特征,但是代价是通过错误项对关系施加限制。基本上,决定女性就业情况的不可观因素与孩子的存在是不相关的情况并不嵌入在这个模型中。对比单变量的情况(概率对比对数),二元线性模型和多项对数模型的比较是复杂的,并且从这两个模型中得到的参数估计之间没有直接联系。

一旦孩子进入家庭中,孩子的条件期望值如公式(5.4)和公式(5.5)所示。

$$E(Y_{th}\mid W_{th}=0,I_{(Y_{th}>0)}=1;z_{th},\beta_1)=1+\exp(z'_{th}\beta_1) \quad (5.4)$$

$$E(Y_{th}\mid W_{th}=1,I_{(Y_{th}>0)}=1;z_{th},\beta_2)=1+\exp(z'_{th}\beta_2) \quad (5.5)$$

这个设定确定了受限于孩子的存在,二孩存在的期望值始终大于一。

我们首先考察家庭中影响孩子数量的相关变量。本节的被解释变量是生育率，是一个二值虚拟变量，当有一个孩子出生时赋值为1。采用 Logit，Probit 回归，采用的模型如公式(5.6)和公式(5.7)所示。

$$Y_h = \alpha_0 + \alpha_1 jobstatus_h + \alpha_2 fjobstatus_h + \alpha_3 fincome_h + \alpha_4 wage_h + \alpha_5 family_h + \mu_h \tag{5.6}$$

$$Y_{hn} = \beta_0 + \beta_1 jobstatus_h + \beta_2 fjobstatus_h + \beta_3 fincome_h + \beta_4 wage_h + \beta_5 family_h + \mu_h \tag{5.7}$$

其中，Y_h 代表家庭中孩子的数量，h 为家庭变量，当 $Y_h = 1$ 时代表这个家庭有第一个孩子出生，当 $Y_h = 0$ 代表这个家庭中没有孩子出生。解释变量 $jobstatus$（女性劳动参与）是这个模型中最重要的解释变量，当 $jobstatus_h = 1$ 时，表明这个女性样本在劳动市场中；当 $jobstatus_h = 0$ 时，代表这个女性样本并未进入劳动市场或者已经退出劳动市场。其他解释变量 $fjobstatus_h$ 代表家庭中父亲的就业情况；$fincome_h$ 表示样本的人均家庭收入；$wage_h$ 是二元解释变量，一个家庭中是否有工资收入，$wage_h = 1$ 表示有，$wage_h = 0$ 是没有。$family_h$ 表示影响生育率的家庭中的其他影响因素。μ_h 是随机干扰项。在公式(5.7)中 Y_{hn} 是家庭中孩子的数量，是有序变量。公式(5.7)中的解释变量与公式(5.6)中的一致。

第四节 女性劳动参与对生育水平的实证分析

一 数据来源及样本处理

本章的主要数据来源基于2016年中国金融调查数据（*CHFS*），选取在2016年18—45岁的女性样本，根据2016减去所需样本年龄得到数据所提供的样本的出生年份(1971—1998)。本章研究女性劳动参与对生育水平的影响,为了避免所选取的样本中存在两个样本在同一家庭中,并且是母女关系的情况,在数据处理的过程中以家庭为单位将18—45岁的女性样本排序,只留下每个家庭中年龄最大的女性样本,得到有效样本9300个。

研究模型的被解释变量孩子的数量和主要解释变量女性劳动参与的情况以及其他解释变量的情况不在同一个调查问卷中,但是每个个体的家户号是一致的,所以进行了以下处理。

第一,被解释变量。家庭中不同孩次的生育水平为二元变量,当家庭中有不同的孩次出现时,赋值为1,否则为0。将同一家庭中的孩子根据年龄的大小进行排序,利用排序得到的结果和所选取的女性样本一一进行匹配合并,得到所选择的女性样本家庭不同孩次的生育水平。为了避免极端值对结果的影响,排除了数据中孩子的数量为6、7、8的家庭样本。根据家户号进行匹配得到的有效数据,有5个孩子的家庭数为28户,有4个孩子的家庭为73户,有3个孩子的家庭为304户,有两个孩子的家庭为1633户,有一个孩子的家庭为3753户。将每个家庭中的孩子数量进行加和得到公式(5.7)中的被解释变量——每个家庭中的孩子数量。

第二,主要解释变量。女性劳动参与的情况是二元变量在劳动市场中赋值为1,不在劳动力市场中赋值为0。为了便于观察不同受教育程度下的女性劳动参与对生育水平的影响,将样本根据受教育程度划分为将文盲、半文盲以及小学归为一类定义为第一个层次,受教育程度为1;将初中、高中、中专、技校、职高归为一类,定义为第二个层次,受教育程度为2;将大专、大学本科、硕士以及博士归为一类定义为第三个层次,受教育程度为3。下文中的所有相关受教育水平的描述都根据以上定义。

第三，模型中考虑了配偶劳动参与的影响。同样选取在2016年时45岁以下18岁以上的男性，将在同一家户号中的男性个体样本根据年龄大小排序，排除掉同一家户号中年纪较大的男性，将得到的结果和女性个体样本进行匹配，得到在同一家户号中匹配成功的数据7405个，即总体样本中有7405对夫妻样本。将配偶劳动参与的状态设置为二元变量，在劳动力市场中赋值为1，否则为0。

第四，由于中国对少数民族有较宽松的生育政策，在这里将民族设为二元变量，汉族赋值1，其他少数民族赋值0。

第五，将户口状况设置为二元变量，农业户口赋值为1，非农户口赋值为0。非中国国籍以及没有户口处理为数据缺失。

第六，工具变量。本章选取家庭中在60—80岁的男性以及50—80岁的女性(根据法定退休时间，并且考虑到老人的身体状况)的总数作为家庭中可以照顾小孩的老人的数量。

二 样本说明及其统计性描述

(一)样本说明

被解释变量是生育，生育的概念较为抽象且多元，多从实际的生育水平(如总和生育率)和生育意愿两个角度来了解，国内的研究为了消除生育政策的影响，多用生育意愿来解释生育。但是生育意愿并不能完全解释中国现行社会经济结构下的生育能力。本章从中国实际生育水平出发，以家庭为单位，从分孩次的生育水平和家庭中孩子数量两个角度研究女性劳动参与对生育的影响。本章的核心解释变量是女性的劳动供给。本章最终选取的控制变量包括年龄、户口状况、民族、配偶的劳动供给、个人的平均家庭收入、是否有工资收入、现金及存款总额。户口状况、民族、配偶的劳动供给以及是否有工资收入是二元虚拟变量。在中国，不同的户口状况和民族所面对的生育条件是不一样的。在关于生育水平相关影响因素的研究中，家庭中丈夫的劳动供给都是重要的解释变量。丈夫的劳动供给可以分担家庭中女性的就业压力，减轻家庭中的经济负担。个人的平均家庭收入在两方面影响一个家庭的生育决策。一方面可以反映家庭中的时间分配，收入更高的家庭可能需要家庭中的成员花费更多的时间在工作中，从而挤压了生育和照顾孩子的时间。另一方面高收入的家庭对于抚养小孩面临更小的压力。通常根据是否有工资收入来判断家庭收入的稳定性，家庭收入的稳定性会影响家庭的生育决策。家庭的现金及存款总额是衡量家庭经济状况的重要指标，它的来源不仅包括家庭现有的收入还有代际继承等。

(二) 统计性描述

本章所选择的所有可能的解释变量的统计性描述，见表5.1。根据表5.1，本章所选择的样本多集中在32岁左右，从不同受教育程度出发，在初中、高中、中专、技校、职高的教育水平上的样本量最大，为3236人，占全部样本总量的48%。在大专、大学本科、硕士、博士的教育水平上的样本的就业率最高，同时，家庭收入、现金及存款总额以及定期存款最高，但是样本中的极值差异也最大。将样本根据不同的受教育水平进行划分，通过横向对比，判断不同程度的教育水平对女性的劳动参与的影响。

表 5.1　　　　　　　　　样本的统计性描述

变量	全部样本	文盲、半文盲、小学	初中、高中、中专、技校、职高	大专、大学本科、硕士、博士
劳动供给	0.81 (0.43)	0.82 (0.42)	0.78 (0.45)	0.9 (0.35)

续 表

变量	全部样本	文盲、半文盲、小学	初中、高中、中专、技校、职高	大专、大学本科、硕士、博士
个人家庭收入	23005.35 (55525.54)	16228.36 (62394.13)	21092.49 (31388.50)	39686.45 (78157.97)
是否有工资收入	0.46 (0.50)	0.31 (0.46)	0.61 (0.49)	0.86 (0.34)
现金及存款总额	43445.3 (154464.3)	24631.46 (67920.65)	44272.51 (133419.3)	92082.88 (222508.4)
年龄	31.78 −7.65	36.85 −6.91	34.1 −7.43	31.47 −7.51
医疗支出	5680.89 (22131.31)	5037.07 (15381.31)	5276.18 (13546.05)	5626.67 (15932.42)
定期存款	32451.64 (105929.3)	11014.21 (51184.8)	19497.83 (51064.03)	27321.33 (96807.6)
劳动供给(配偶)	0.97 (0.25)	0.97 (0.23)	0.98 (0.22)	0.98 (0.20)
婚姻状况	0.79 (0.41)	0.92 (0.27)	0.77 (0.42)	0.64 (0.48)
房子当前的市价	39.94 (191.11)	21.84 (121.36)	42.41 (285.25)	77.49 (134.69)
住房面积	119.68 (121.51)	149.11 (128.12)	124.67 (158.93)	114.62 (99.65)
民族	0.90 (0.30)	0.85 (0.35)	0.92 (0.26)	0.94 (0.23)

续　表

变量	全部样本	文盲、半文盲、小学	初中、高中、中专、技校、职高	大专、大学本科、硕士、博士
户口状况	0.74 (0.44)	0.93 (0.25)	0.76 (0.42)	0.40 (0.50)
老人数量	0.70 (0.97)	0.38 (0.79)	0.40 (0.82)	0.34 (0.76)
样本数	9300	2119	3236	1252

根据表5.1，受教育程度越高的家庭拥有工资收入的比例就越高，但是在已婚状态中的比例就越小。房子当前的市价随着受教育程度的增加而增加，住房面积却恰恰相反，与受教育水平成反向关系。每个教育水平中样本的家庭医疗支出变化较小，家庭医疗支出不足以反映家庭的经济状况。从表中可以反映出户口状况随着教育水平的提高有明显变化，受教育水平越高的样本非农户口占比显著减少。

孩子的数量分别为1、2、3、4、5的家庭中，父亲母亲受教育程度为1、2、3的占比，见表5.2。根据所选取的样本，只有一个孩子的家庭中，受教育程度为1的女性样本占比30.63%，受教育程度为2的女性样本占比48.55%，受教育程度为3的女性样本占比为20.81%。这个表中能够表示的仅仅是家庭中孩子数量在不同的水平上时，父母受教育程度的占比。当家庭中孩子的数量增加时，受教育程度为2和3的父母的占比在减少。当父母受教育为3时，这种减小在家庭中孩子数量为1和2、2和3之间尤为明显。当父母的受教育程度为2时，这种减小在家庭中孩子数量为2和3之间比较明显。

表5.2　孩子数量不同的家庭样本中，不同受教育水平的
母亲和父亲占比　　　　　　　　　　（%）

母亲和父亲 受教育程度		孩子的数量				
		1	2	3	4	5
母亲的 教育水平	小学、文盲/ 半文盲	30.63	39.78	49.37	61.82	56.52
	初中、高中、中专、 技校、职高	48.55	52.30	46.41	34.55	39.13
	大专、大学本科、 硕士、博士	20.81	7.91	4.22	3.64	4.35
父亲的 教育水平	小学、文盲/ 半文盲	27.89	39.21	44.00	57.41	52.00
	初中、高中、中专、 技校、职高	51.97	50.78	49.78	35.19%	48.00
	大专、大学本科、 硕士、博士	20.14	10.01	6.22	7.41	0.00
母亲的 就业状态	—	0.80	0.74	0.71	0.74	0.80

图5.1是根据所选取的样本受教育程度绘制的趋势图，所表示的是受教育程度不同的女性样本不同年龄下的就业率。根据图5.1，在我们所选取的样本中，受教育程度为3的女性样本更晚进入劳动力市场，尤其在21—36岁的区间，受教育程度为3的女性样本就业率明显高于受教育程度为1和2的女性样本就业率，教育程度的增加使得女性拥有了更多的工作机会。另外，更高的教育程度，也增加了女性自主选

择的权利，她们可以通过参加工作为自己创造更多的话语权。受教育水平不同的女性样本在不同年龄下的结婚率，如图5.2所示，受教育水平越高的女性样本越晚进入婚姻。受教育程度为1的女性样本在22岁时结婚率已经达到了68%；而此时受教育程度为3的女性样本曲线还处于0，并开始有所变化。受教育程度为1、2的曲线在年龄为26时基本相交，此时受教育程度为1、2的女性样本结婚率为84%；并在27岁时达到最大值，此时受教育程度为1、2的样本基本全部进入婚姻。三条曲线在样本年龄为33岁时相交，年龄为33时，全部女性样本进入婚姻。总体上可以看到，女性在接受更高水平教育的过程中推迟了进入婚姻的年龄。

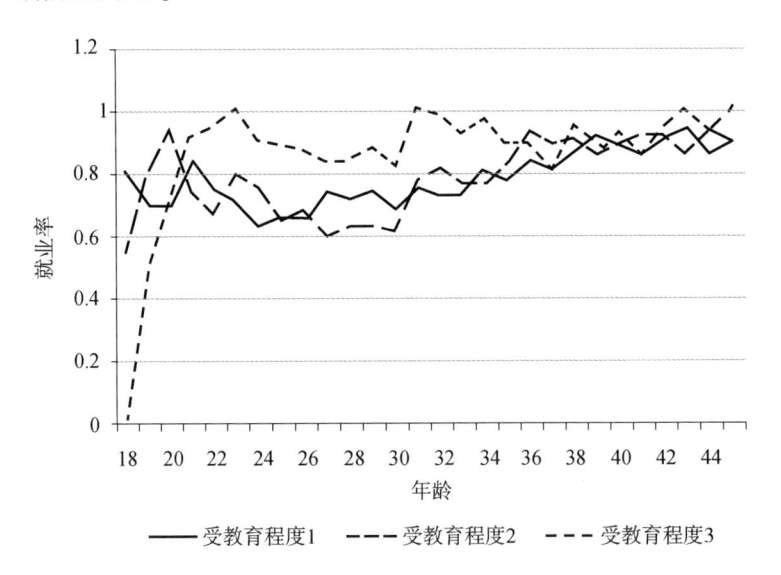

图5.1 受教育水平不同的女性样本在不同年龄下的就业率

数据来源：笔者绘制。

不同教育层次中的女性样本，在不同年龄下，家庭中孩子的平均数量，如图5.3所示。在所有的年龄段中受教育程度为1的母亲生育孩子的平均数最大，其次是受教育程度为2的母亲，在各个年龄段上

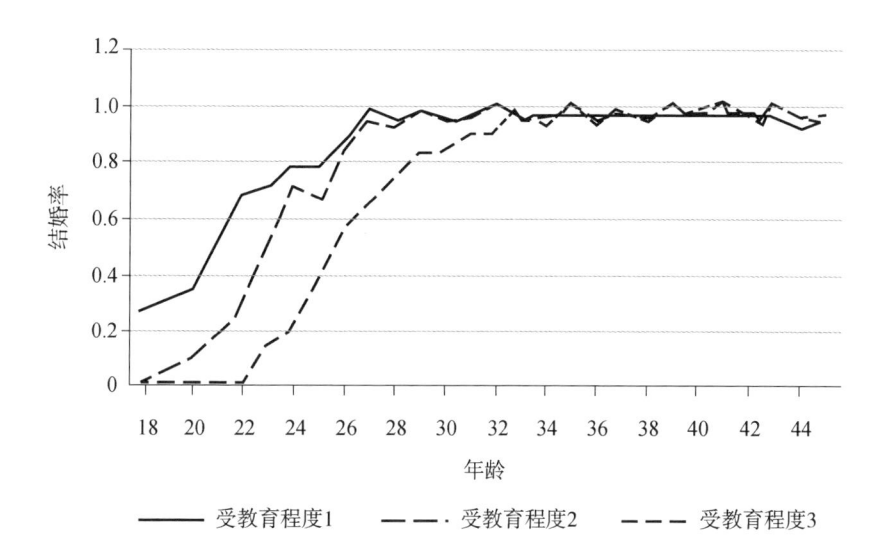

图 5.2 受教育水平不同的女性样本在不同年龄下的结婚率

数据来源：笔者绘制。

受教育程度为 3 的母亲的孩子平均数最小，也就是家庭中孩子的平均数随着母亲受教育程度的增加而减小。对比 Kalwij[①] 在 2000 年对荷兰地区女性就业和生育率影响的研究，在每个教育水平下，每个家庭中孩子的平均数都随着母亲年龄的增加而增加，曲线整体呈上升趋势。而在本章中出现的在每个教育水平下孩子的平均数量伴随母亲的年龄的增加出现先上升后下降的趋势。这种现象的原因是由于中国先控制生育而后实行"全面二孩"政策。由此可见，教育水平更高的母亲更趋向于要更少的孩子。在三条曲线的峰值处有明显的差距，受教育程度更高的女性样本明显生育率更低。

---

① Kalwij A. S., "The Effects of Female Empolyment Status on the Presence and Number of Children", *Journal of Population Economics*, 13（2），2000：221-239.

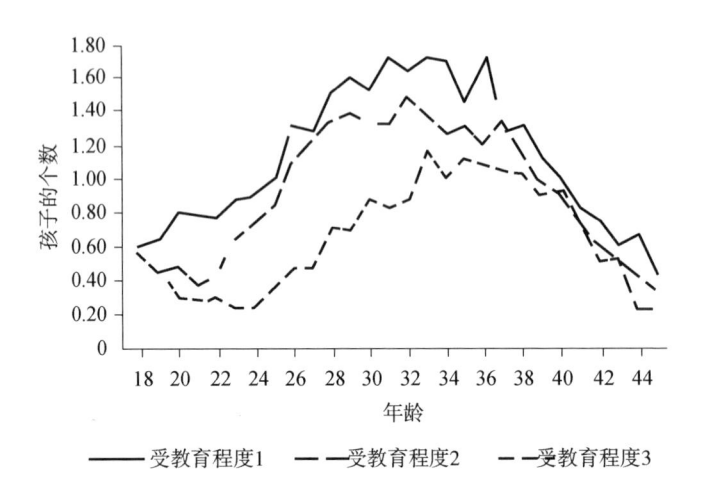

图 5.3 受教育水平不同的女性样本在不同年龄下的生育率

数据来源：笔者绘制。

结合这些数据，我们估计造成这种结果的原因是母亲受教育程度更高的家庭，倾向要更少的小孩，从而给家里的小孩提供更优质的教育。另外，女性在接受更多教育的过程中挤压了生育空间，同时受教育程度更高的母亲在事业上有更多的选择权，在追求事业上升，实现自身的价值的同时，会更少倾向于生育，以免将精力和时间分配给孩子。

由于数据的局限性，图 5.1 所表示的仅仅是由于受教育程度不同给女性就业造成的差距，并不能反映中国女性的就业趋势。图 5.4 是根据国际数据绘制的中国女性劳动参与率。新中国成立后，在寻求经济发展的背景下，中国致力于发展重工业，需要大量的劳动力，积极地鼓励女性也参与到社会生产中。1949 年，女职工人数是 60 万，仅占全国总职工人数的 7.5%；到 1957 年，全民所有制单位的女职工数已达到 328.6 万人。中国女性的劳动参与率在特殊的时代背景下快速增长，一度高于世界上的其他国家。中国在计划经济向市场经济转化的过程中，劳动力市场也由分配转为竞争机制。用人单位自主决定权为女性就业带来了巨大的冲击，在企业追求利益最大化的条件下，企业会更倾向于选择他们认为生产效率更高的男性。1995年1月开始执行的《中华人民共和国劳动法》，又明确规定了企业实行劳动合同制度，从制度上保证了企业的用人自主权。这场深入政治体制与社会结构层面的社会变革对中国女性的就业状况形成了巨大的冲击，截至1996年底，全国下岗职工为814.8万人，其中女性占59.2%。中国在2012年实施《女职工劳动保护特别规定》以保障女职工工作环境，以及怀孕哺乳期的工作保障、工资待遇、产假。这增加了企业招聘女职工的成本，所造成的直接影响就是女性的求职难度更大。高校女性签约率低于男性，女性求职机会更少，走上工作岗位晋升的难度更大。生育与否以及未来是否会因为生育中断工作也成为用人单位考量的标准，没有孩子的女性在其早期职业经历中更容易得到晋升的机会。从表中可以得到1999—2016年中国的女性劳动参与率一直在降低，近年来一直维持在63.3%—63.8%的水平。

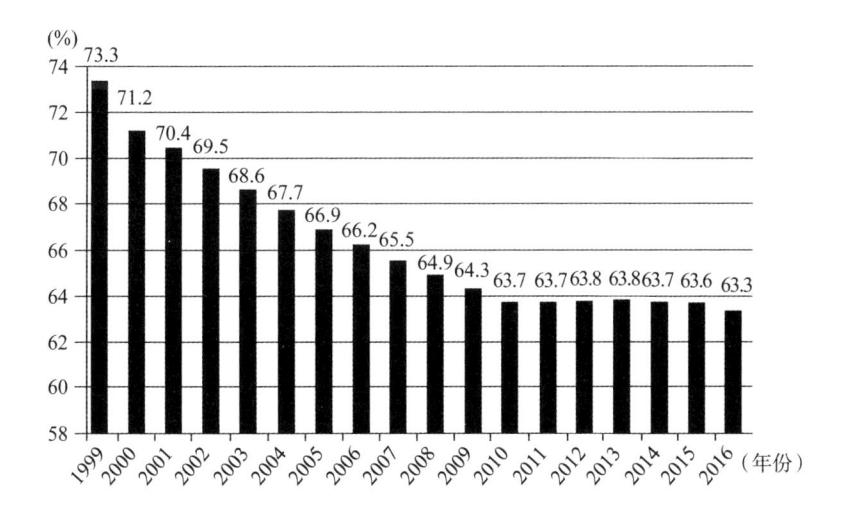

图5.4 不同年份中国女性劳动参与率

数据来源：笔者绘制。

三 女性劳动参与对分孩次生育水平影响的估计及其解释

假设女性在生育第一个孩子的同时就决定了她的就业状况，为了观察女性劳动参与作为重要解释变量时，家庭中其他因素对生育水平的影响，并将这个结果模型化。本章通过加减变量确定在一孩水平上，女性劳动参与对生育水平有显著影响的模型，再将不同孩次的生育状况作为被解释变量带入模型，估计其影响程度。

（一）女性劳动参与对家庭中一孩生育率的影响

本章通过确认在一孩生育水平上女性劳动参与对生育水平影响显著的相关变量，确定女性劳动参与对不同孩次生育水平的模型。根据所选择的数据调查问卷以及本章所研究的核心内容，选择其中可能影响生育的家庭因素，最终选取了 11 个变量进行回归。主要解释变量是女性的劳动供给，次要变量是配偶的劳动供给、个人平均家庭收入以及是否有工资收入，其他考虑的影响因素包括现金及存款总额、医疗支出、户口状况和女性样本的年龄等反映家庭情况的变量。考虑到中国国情特殊，对于少数民族人口有更加开放的生育政策，所以将民族也作为相关变量反映在模型里，并通过逐步排除非重要解释变量的方法来减小其他不相关的变量影响女性劳动供给对生育水平的影响。由于一孩生育率是一个二元变量，我们同时采用 Logit 和 Probit 模型分别做了四次回归，从左到右依次呈现。Probit 回归得到的结果见表 5.3，Logit 回归得到的结果见表 5.4。

表5.3　　　　　　　一孩生育率的影响因素回归结果

变量	Probit 回归			
劳动供给	0.105 (0.171)	-0.194 (0.141)	-1.95 (0.140)	-0.221*** (0.064)
劳动供给(配偶)	0.680** (0.298)	0.587** (0.247)	0.561** (0.245)	0.392*** (0.108)
个人平均家庭收入	0.066 (0.138)	-0.044 (0.095)	-0.042 (0.095)	-0.070 (0.000)
是否有工资收入	0.042*** (0.137)	0.034*** (0.011)	0.032*** (0.011)	0.003 (0.005)
现金及存款总额	-0.060 (0.042)	-0.075* (0.041)	-0.077* (0.041)	-0.024 (0.018)
医疗支出	0.097 (0.066)	0.095 (0.064)	—	—
户口状况	0.153 (0.186)	-0.014 (0.148)	-0.028 (0.147)	0.065 (0.060)
房子当前市价	-0.001 (0.001)	—	—	—
住房面积	0.001 (0.001)	-0.001** (0.001)	0.001** (0.001)	—
年龄	-0.032*** (0.011)	-0.023** (0.009)	-0.023** (0.009)	-0.026*** (0.004)
民族	-0.283 (0.254)	-0.413* (0.232)	-4.30* (0.231)	-0.174*** (0.088)

注：*、**和***分别表示在10%、5%和1%的显著性水平下显著。

在 Probit 和 Logit 回归结果的第一列，女性就业对家庭中一孩的生育率影响并不显著，结合回归结果删除掉非主要解释变量中不显著的变量——房子当前市价。由于样本中的个体来自不同的区域，物价水平不相同，相较住房面积，房子的市价并不能体现个体的生活压力从而影响生育率的结果。剔除掉房子的市价后再次进行回归，回归结果在第二列。考虑到在无家庭成员患有重大疾病的情况下，在统计性样本描述中每个家庭之间医疗支出差距并不大，仅凭医疗支出并不能反映一个家庭的经济状况，医疗支出作为解释变量具有较大的随机性和不可控性，在得到第二次回归结果后，剔除掉解释变量医疗支出。在进行第三次回归后，女性劳动供给和一孩生育率依然不显著。考虑接下来要对家庭有多个小孩的影响因素进行研究，去掉变量住房面积，住房面积对生育水平的影响相较于其他解释变量不够直观，得到第四次回归结果。此时主要解释变量女性的劳动供给显著，确定了其他解释变量。

表 5.4　　　　　　　　一孩生育率的影响因素回归结果

变量	Logistic 回归			
劳动供给	-0.176 (0.293)	-0.325 (0.242)	-0.334 (0.241)	-0.379*** (0.113)
劳动供给(配偶)	1.201 (0.511)	1.014 (0.421)	0.970** (0.418)	0.671*** (0.186)
个人平均家庭收入	0.139 (0.237)	-0.070 (0.157)	-0.065 (0.158)	-0.112 (0.080)
是否有工资收入	0.074*** (0.024)	0.056*** (0.020)	0.523*** (0.020)	0.005 (0.008)

续　表

变量	Logistic 回归			
现金及存款总额	-0.010 (0.071)	-0.132 (0.078)	-0.053 (0.020)	-0.039 (0.031)
医疗支出	0.189 (0.138)	0.185 (0.134)	—	—
户口状况	0.304 (0.317)	-0.018 (0.254)	-0.044 (0.253)	0.112 (0.103)
房子当前市价	-0.001 (0.002)	—	—	—
住房面积	0.016 (0.001)	0.002** (0.001)	0.002** (0.001)	—
年龄	-0.059*** (0.021)	-0.059*** (0.021)	-0.042** (0.017)	-0.049*** (0.007)
民族	-0.199 (0.470)	-0.499* (0.470)	-0.742* (0.427)	-0.303* (0.156)

注：*、** 和 *** 分别表示在10%、5%和1%的显著性水平下显著。

在确定了家庭因素的相关变量后，通过 Probit 和 Logit 回归模型得到的结果，女性的劳动供给都对一孩生育率具有很强的影响。同样对一孩的生育率具有显著影响的还有配偶的劳动供给以及女性的年龄。在回归得到的结果中，民族对一孩的生育水平没有显著影响。同样，家庭的财产收入状况对一孩生育率的影响也并不显著。家庭中是否有工资收入也不影响一孩的生育率。但是这些家庭变量在二孩、三孩出现时则有了显著变化。根据回归结果，孩子在大多数家庭中依然是必需品，一孩的出现不受政策、经济条件以及家庭收入稳定与否的影响。

但是在二孩、三孩的出现时则有了显著变化。

(二) 女性劳动参与对分孩次生育率的影响

在确定了回归方程后将一孩、二孩、三孩、四孩、五孩分别作为被解释变量做 Probit、Logit 回归估计并作出分析、对比，回归结果见表5.5、表5.6。回归结果显示女性样本的劳动供给对一孩、二孩生育率有显著的负面影响。当女性劳动供给增加时，一孩、二孩的生育率显著下降，配偶的劳动供给则对一孩生育率有显著的正面影响。这是由于劳动供给会占据女性样本照顾小孩的时间和精力，并且考虑到小孩的出生会降低女性样本的工资，但是家庭中配偶的劳动供给可以分担家庭的经济压力，从而对小孩的出生率有显著的正面影响。但是当二孩出现时，父亲的影响不再显著。在中国鼓励二孩生育的大背景下，这个结果有显著的意义。中国"全面二孩"政策并没有取得预期的结果，在新的政治经济条件下，考虑大的社会和家庭环境对女性参与劳动和生育造成新的矛盾冲突。从解决这一冲突入手，可以在未来更长的一个时间段内解决生育问题。

表 5.5　　　　劳动供给对分孩次生育水平的影响 (Probit)

变量	有一孩的家庭	有二孩的家庭	有三孩的家庭	有四孩的家庭	有五孩的家庭
劳动供给	-0.221*** (0.064)	-0.237*** (0.056)	-0.148* (0.085)	-0.066 (0.141)	0.889 (0227)
劳动供给 (配偶)	0.392*** (0.108)	0.150 (0.109)	0.161 (0.170)	0.118 (0.263)	0.302 (0.456)
个人平均家庭收入	-0.070 (0.044)	-0.626*** (0.100)	-2.999 (0.442)	-4.170 (1.016)	-4.765 (1.685)

续表

变量	有一孩的家庭	有二孩的家庭	有三孩的家庭	有四孩的家庭	有五孩的家庭
是否有工资收入	0.003 (0.005)	-0.006 (0.004)	-0.006 (0.004)	0.008 (0.010)	0.008 (0.015)
现金及存款总额	-0.024 (0.019)	0.004 (0.024)	0.099 (0.038)	-0.101 (0.167)	-0.006 (0.171)
户口状况	0.065 (0.060)	0.507 (0.062)	0.507 (0.062)	0.412 (0.255)	0.412 (0.254)
年龄	-0.026 (0.004)	-0.024** (0.005)	-0.024 (0.004)	-0.016 (0.010)	-0.016 (0.010)
民族	-0.174 (0.088)	-0.224 (0.077)	-0.224 (0.077)	-0.586 (0.138)	-0.586 (0.138)

注：*、**和***分别表示在10%、5%和1%的显著性水平下显著。

表5.6　　劳动供给对分孩次生育水平的影响（Logit）

变量	有一孩的家庭	有二孩的家庭	有三孩的家庭	有四孩的家庭	有五孩的家庭
劳动供给	-0.379*** (0.113)	-0.364*** (0.092)	-0.313** (0.170)	-0.261 (0.327)	0.150 (0.611)
劳动供给（配偶）	0.671*** (0.186)	0.262 (0.181)	0.409 (0.346)	0.380 (0.637)	0.747 (1.145)
个人平均家庭收入	-0.112 (0.080)	-2.092*** (0.181)	-6.997*** (1.043)	-11.065*** (2.678)	-14.500*** (5.102)
是否有工资收入	0.005 (0.008)	-0.006 (0.004)	0.003 (0.013)	0.071 (0.023)	0.019 (0.040)
现金及存款总额	-0.039 (0.031)	0.049*** (0.041)	0.187** (0.076)	-0.164 (0.400)	0.046 (0.430)

续　表

变量	有一孩的家庭	有二孩的家庭	有三孩的家庭	有四孩的家庭	有五孩的家庭
户口状况	0.112 (0.103)	0.785*** (0.110)	0.739*** (0.278)	1.209 (0.739)	-0.214 (0.804)
年龄	-0.492*** (0.007)	0.040** (0.006)	-0.045*** (0.012)	-0.278*** (0.021)	-0.019 (0.037)
民族	-0.303* (0.156)	-0.334*** (0.125)	-1.034*** (0.181)	-1.317*** (0.300)	-1.501*** (0.506)

注：*、**和***分别表示在10%、5%和1%的显著性水平下显著。

当家庭中出现第三个孩子时，女性劳动供给的显著性明显下降；当家庭中出现第四个孩子时，女性的劳动供给就不再受影响。这符合我们前面的假设，假设当一孩出生时样本就已经决定了她的工作状态并不再改变，所以伴随着家庭中越多的孩子出现，劳动供给的影响就不再显著。但是根据回归结果我们发现当家庭中三孩、四孩、五孩出生时，家庭中的人均家庭收入对三孩、四孩、五孩的生育水平有显著的负面影响，也就是说在我们所选择的样本中三孩、四孩、五孩更多出现在个人平均收入较低的家庭中。

根据回归结果，关于二孩的生育水平的影响因素除了母亲的劳动供给外，个人平均家庭收入、现金及存款总额、户口状况、年龄以及民族都对二孩的生育水平有显著影响。根据回归结果，个人的平均家庭收入和家庭中的现金及存款总额对二孩生育水平的影响是反向的，个人平均家庭收入越高二孩的生育水平越低，现金及存款总额高的家庭二孩生育水平更高。户口状况对二孩生育水平有积极的影响，农业户口更有利于提高二孩生育水平。民族对二孩的生育水平有显著的负面影响，非汉族的民族更有利于提高二孩的生育水平。当家庭中出现更多的孩子时，个人的平均家庭收入以及民族对生育水平都有显著的负面影响；家庭中孩子的数量越多，这种影响越大。

（三）女性劳动参与对孩子数量（生育率）的影响

研究女性就业对孩子数量的影响，将女性样本根据不同的受教育水平进行划分，把孩子数量作为有序因变量，采用 OLS 模型分别进行回归，回归结果见表 5.7。根据回归结果女性劳动参与对孩子的数量有反向影响，每增加 1 个单位的女性劳动供给，孩子的数量就会减少 0.198 个。配偶的劳动供给对孩子的数量有正向影响，配偶的劳动供给增加 1 个单位，孩子的数量增加 0.21 个。是否有工资收入和现金及存款总额两个解释变量对孩子数量的影响并不显著，但是个人平均家庭收入对孩子的数量有显著的负面影响。从侧面证实了当家庭成员将更多的时间用于工作获得收入时，就有更小的生育空间。由于中国特殊的国情，户口和民族都对孩子数量有显著影响。农村户口和少数民族更倾向于要更多的小孩。在农村和城市养育孩子的观念不同，大部分城市的家庭对养育孩子在教育和生活两方面的要求都更高，抚养压力更大，对养育孩子的预期收益及对孩子的规划和目的都有差异。女性的年龄对孩子的数量有显著影响，当女性到了一定年龄，对生育孩子的需求会随着年龄的增大而减小。

表 5.7 劳动供给对家庭中孩子数量的影响（OLS）

变量	孩子的数量	受教育水平		
		受教育水平为一	受教育水平为二	受教育水平为三
劳动供给	-0.198*** (0.047)	-0.112 (0.091)	-0.245*** (0.060)	-0.169 (0.105)

续 表

变量	孩子的数量	受教育水平		
		受教育水平为一	受教育水平为二	受教育水平为三
劳动供给(配偶)	0.210** (0.089)	0.202 (0.161)	0.152 (0.121)	0.301* (0.165)
个人平均家庭收入	-0.131*** (0.040)	-0.548*** (0.169)	-0.333*** (0.082)	-0.018 (0.031)
是否有工资收入	0.000 (0.004)	0.009 (0.006)	-0.008 (0.005)	0.008 (0.009)
现金及存款总额	-0.016 (0.016)	-0.012 (0.050)	0.005 (0.023)	-0.146 (0.016)
户口状况	0.291*** (0.016)	-0.012 (0.050)	0.005 (0.023)	-0.146 (0.016)
年龄	-0.021*** (0.003)	-0.041 (0.006)	-0.016*** (0.004)	0.010 (0.007)
民族	-0.474*** (0.065)	-0.576 (0.105)	-0.244** (0.101)	0.012 (0.136)

注：*、**和***分别表示在10%、5%和1%的显著性水平下显著。

将女性样本根据受教育程度划分得到的回归结果中，只有受教育水平为二的女性样本的劳动参与对孩子的数量有显著影响，每增加1个单位女性的劳动供给，孩子的数量减少0.245个。受教育程度为一和受教育程度为三的女性样本的劳动参与对生育率的影响并不显著。

根据回归得到的结果，女性劳动参与对家庭中孩子的数量有显著的负面影响；根据不同的受教育程度划分女性样本得到的结果，受教育程度为2的女性样本的劳动参与对孩子的数量有显著的负面影响，但是受教育程度为1和3的女性样本的劳动参与对孩子数量的影响则不显著。

四 稳健性检验

根据表 5.5、表 5.6 得到的回归结果，女性劳动参与对一孩、二孩的生育水平有显著的负面影响。在回归过程中 Probit 和 Logit 得到的回归结果一致，为保证回归结果的可靠性，本节采用 OLS 对 Probit 的回归结果进行稳健性检验，得到的检验结果见表 5.8，根据表 5.8 所得到的结果显著性一致，回归结果稳定。

表 5.8　　劳动供给对生育水平的影响：OLS 回归（分孩次）

变量	有一孩的家庭	有二孩的家庭
劳动供给	-0.057*** (0.018)	-0.090*** (0.020)
劳动供给（配偶）	0.120*** (0.033)	0.048 (0.037)
个人平均家庭收入	-0.023 (0.015)	-0.063*** (0.016)
是否有工资收入	0.001 (0.001)	-0.003* (0.007)
现金及存款总额	-0.008 (0.006)	-0.003 (0.007)
户口状况	0.019 (0.018)	0.170*** (0.020)
年龄	-0.008*** (0.001)	-0.008*** (0.001)
民族	-0.046* (0.024)	-0.092*** (0.027)

注：*、** 和 *** 分别表示在 10%、5% 和 1% 的显著性水平下显著。

根据以往研究，多采用工具变量方法来解决女性劳动参与和生育水平之间内生性的问题。在以往的研究中，常用的工具变量有初育时双胞胎的发生率（发生率太低，需要大样本支持）、家庭中孩子的性别构成（一般用于多子女的国家）、家庭中老人的数量、第1个孩子的性别（一般用于有性别偏好的地区或国家）等。结合本章的研究方向和所选数据的可得性，本章选择家庭中老人的数量作为女性劳动供给模型的工具变量。得到的结果见表5.9。

表5.9 劳动供给对生育水平的影响：工具变量回归（Probit 模型）

变量	有一孩的家庭	有二孩的家庭
家庭中老人的数量	2.320*** (0.090)	2.259*** (0.133)
劳动供给(配偶)	-0.039 (0.108)	-0.085 (0.087)
个人平均家庭收入	-0.109** (0.052)	-0.271*** (0.085)
是否有工资收入	-0.002 (0.003)	-0.004 (0.003)
现金及存款总额	-0.017 (0.014)	-0.011* (0.015)
户口状况	-0.045 (0.046)	-0.097 (0.081)
年龄	-0.032*** (0.004)	-0.033*** (0.003)
民族	0.183*** (0.057)	-0.151** (0.072)

注：*、**和***分别表示在10%、5%和1%的显著性水平下显著。

为解决女性劳动参与和生育之间的内生性问题，本章采用工具变量的方法，将家庭中老人的数量作为工具变量做回归估计，得到的结果显著；分孩次估计女性劳动参与对生育水平的影响，得到的结果显著，女性劳动参与对一孩、二孩的生育水平有显著的负面影响。在实证得到的结果中，女性劳动参与对二孩的生育水平负面影响尤其有参考价值。在中国"全面二孩"政策的大背景下，为如何提高二孩的生育水平提供了重要的借鉴意义。

第五节 结论与政策建议

一 研究结论

本章的研究主要围绕女性劳动参与对生育水平的影响，考察了家庭中不同孩次出现时其主要的影响因素。主要研究发现有，女性的劳动供给、配偶的劳动供给、家庭中个人的人均收入水平、现金及存款总额、户口状况、民族以及年龄在家庭中不同孩次出现时会产生不同的影响。女性的劳动供给水平对一孩、二孩的生育水平有显著的负面影响，当女性的劳动供给增加时，会降低一孩、二孩的生育率。在考虑女性参与劳动对生育率的影响的回归结果中，女性参与劳动对家庭中孩子的数量有显著的负面影响，女性参与劳动会导致家庭中孩子的数量减少。将女性样本根据受教育水平进行划分后，这一现状在受教育水平为2的样本中显著。同时，配偶的劳动供给对一孩生育率有显著的正面影响，当配偶的劳动供给增加时，一孩的生育水平会增加。二孩出现时父亲劳动供给的影响就不再显著。而女性参与劳动对生育水平的影响则在一孩、二孩的水平上显著，结合中国当前的生育政策，解决女性劳动参与和生育之间的矛盾，对提高生育率有重大意义。

在研究中发现个人的平均家庭收入和现金及存款总额对二孩的生育水平的影响方向相反，个人的平均家庭收入对二孩的生育水平有消极影响，而家庭中的现金及存款总额对二孩的生育水平有积极影响。这个结果与学者们的研究是一致的，当女性进入劳动力市场后由于劳动力市场的职业竞争压缩了女性的生育空间，并且女性的职业发展也会由于生育造成消极的影响，女性个人愿望的驱动和职业生涯的追求也会使得生育率降低。这也可以解释为什么人均家庭收入会对二孩的生育水平有显著的消极影响，而家庭中的现金及存款总额的来源是多元的，不仅仅是劳动供给的报酬所得，家庭中的现金及存款总额可以减小女性劳动参与，减少家庭经济压力的需求，增加小孩的生育水平。户口状况以及民族对二孩的生育水平有显著影响，这归因于中国的计划生育政策，农村户口比非农村户口二孩生育水平更高；少数民族比汉族的生育水平更高。当然随着近年来中国生育政策的开放，计划生育政策已经不再是影响生育率的因素，民族对生育率水平的影响也将逐年减弱。研究发现，当家庭中出现更多的孩子时，也就是有三孩、四孩、五孩出现时，女性的劳动供给已经不再有显著的影响，这和学者们的假设一致；当家庭中第一个孩子出现时，女性就已经确定她的劳动状态并且不再改变。当家庭中有三孩、四孩、五孩出现时，个人的平均家庭收入以及民族对生育水平有显著的负影响，个人的平均家庭收入越低，三孩、四孩、五孩的生育水平更高，少数民族三孩、四孩、五孩的生育水平更高。随着母亲的年龄增加生育水平会降低。

根据研究结果，受教育水平更高的女性会更晚进入婚姻，从而推迟生育年龄。一方面，更高的受教育水平提高了女性在就业市场的竞争力，更多的受教育机会以及开放程度增加了女性劳动市场的参与率，从而增加了女性生育的机会成本；另一方面，在拥有了更多受教育机会的同时，也提高了女性的家庭地位，在做家庭决策时拥有了更多的话语权，从而导致生育率下降。

二 政策建议

根据回归结果，女性参与劳动对生育水平有显著的负面影响。造成这种影响的原因是多方面的，包括经济和精神上的压力及女性追求事业过程中工作和生育之间的矛盾。本章从这几方面着手，力在解决女性想生、不敢生、不能生的困境，营造一个有利于生育的环境。从女性生育决策的影响因素出发，围绕解决女性的生育困境的问题，根据本章的研究成果在家庭和社会两方面的政策支持提出以下建议。

（一）家庭方面的政策支持

结合本章的研究结果，为避免女性在生育后工作中断，减轻女性生育后家庭和工作的双重压力，减少女性对配偶的依赖。从以下三方面提供家庭政策上的支持。

第一，增加代际支持。鼓励家庭中退休、身体条件允许的老人分担家庭的育儿负担。减少女性在照顾孩子上花费的时间，避免女性在工作和家庭之间的冲突，帮助女性回到劳动市场中。家庭做出生育决策时，如果考虑到代际支持，能够减少女性对生育后工作育儿压力的担忧，有利于提高女性生育意愿。

第二，延长男性员工产假。在规定上细化男性照料孩子的时间，在男女双方都在劳动力市场的家庭中，规定在孩子出生到进入托幼机构期间，男性陪伴孩子的时间不得少于女性员工花费的照料孩子的全部时间的60%。规定男性参与照顾孩子的时间。一方面减轻女性的生育压力；另一方面在男女双方都有产假的前提下，企业的性别歧视会有所改善,是在性别公平视角上的家庭友好政策,改善女性因生育导致的就业困境,从而提高生育水平。

第三,给予女性相对自由的工作时间安排。取消坐班制度,建立有弹性的工作制度,更有利于提高女性的生产率。让女性在时间安排有弹性的工作岗位上,有利于平衡女性在家庭和工作上的时间分配,提高女性工作效率,增强劳动市场的竞争力。

(二) 社会上的政策支持

鼓励女性生育,达到提高生育率、改善人口结构的目的。在放宽生育条件之外,政府和社会还要致力于创造一个有利于女性生育的环境。解决女性生育决策的担忧,结合生育意愿和生育条件两个角度改善女性的生育环境。

第一,做好鼓励生育的宣传工作。让社会了解到中国当下所面临的生育困境,女性在生育、家庭和就业之间所面临的压力,要认同当代的年轻人晚婚晚育、不婚不育的观念并培养新的生育文化。随着经济发展、教育水平提高、医疗条件改善以及养老保险制度完善,传统观念的生育需求越来越低。但是在当前低生育率、人口老龄化的社会背景下,青年人需要面对更重的税赋,社会需求下降,要鼓励有条件的青年夫妇生育二孩。

第二,根据企业的类别,规定企业女性员工比例。女性比例高的企业,政府给予税收优惠。在原有的政策下,企业承担了更多的女性员工的生育成本,在市场竞争的大背景下,追求利益最大化的条件下,企业对待女性员工也就更加苛刻。所以政府要建立更加细化、可实施以及可监管的制度转移企业的负担。加强监管力度,确保政策有效实施,加强建设有关生育政策,促进女性重返劳动市场,保障女性生育权益政策的实施渠道。

第三，建立健全有保障的托幼制度。完善婴幼儿托管市场，由政府承担学前教育的部分负担，确保公共托幼教育的质量，减轻家庭压力，降低抚育成本。

第四，拓宽女性的生育空间。在我们的结论中，年龄是限制生育率的重要影响因素，当女性过了生育年龄后，由于对生育和事业的考量，会减小生育意愿。所以建议培养新的婚育文化，设立新的婚育年龄的规章制度，缩小法定结婚年龄。

第五，强化女性的个人能力。要从根本上增加女性重返劳动力市场的机会。可以加强建设线上线下女性再就业的培训单位，在增强女性个人能力的同时，推荐更多适合在育儿期间的女性参加的工作。

第六章　生育保险对生育意愿的影响

中国实施计划生育政策三十多年来，人口控制效果显著，总和生育率由1970年的5.81下降到2000年的1.447；2020年总和生育率降为1.3，出生率跌破1‰，创下改革开放以来最低水平。人口的低增长虽然为全社会节省了巨额少年儿童抚养费，但从宏观经济角度来看，过低的生育率将导致未来严重的劳动力短缺[1]、老龄化加剧、人口规模缩减[2]以及由此引发的一系列问题。面对中国总和生育率逐年下降的大趋势以及低生育和少子化的现状[3]，中国近年来陆续放松生育政策，并实施了一系列鼓励措施。生育险作为一项社会保险政策，能够为家庭提供经济支持，弥补生育甚至部分养育成本，是保障女性生育权益的重要举措。在不考虑政策因素的情况下，一国意愿生育水平相当于该国生育水平的极大值。已有研究表明，意愿生育数量每提高0.10，中国每年出生人口数将增加约100万人。[4] 伴随着中国积极生育政策

---

[1] McDonald, Peter, "Low Fertility and the State: The Efficacy of Policy", *Population and Development Review*, 32 (3), 2006: 485 – 510.

[2] Lutz W., Skirbekk V., "Policies Addressing the Tempo Effect in Low-Ferility Countries", *Population and Development Review*, 31, 2005: 699 – 720.

[3] 穆光宗:《"全面二孩"政策实施效果和前景》,《中国经济报告》2017年第1期。

[4] 王军、王广州:《中国育龄人群的生育意愿及其影响估计》,《中国人口科学》2013年第4期。

的陆续出台，究竟何种政策措施更有效，值得我们进一步关注。本章通过研究生育保险对生育意愿的影响效果及路径，试图为鼓励生育探寻出一个新的政策着力点，以期为解决中国人口问题提供一项备选答案。

第一节　文献综述

20世纪50年代，经济学家开始从生育视角研究人口问题。Leibenstein将效用论引入生育决策模型，认为父母生育是为了获得消费效用、收入效用以及养老保障效用，随着国家为养老提供越来越多的保障，孩子的保障效用下降，导致生育动机减少，生育率下降。[1] Becker在此基础上从成本—效益角度分析生育决策，他将儿童视为正常品，认为当孩子收益现值大于成本现值时，生育行为出现。[2] 他也探讨了夫妻工资变化对生育的影响，认为丈夫工资提高会纯粹提高生育率，而妻子工资提高会带来有相反作用的财富效应和替代效应。Becker的研究为生育决策理论在新古典范围内建立起了正式的微观基础。

社会保障具有生育的双向效应。部分学者认为社会保障能够促进生育。社会保障对生育意愿的影响效果存在地域差异，如果社会保障待遇越低，子女提供的养老支持越高，社会保障对生育的促进作用越强。[3] 当把孩子视为消费品时，若社会保障能增加生育群体的终身净财富，那么

---

[1] Leibenstein, H., Notestein, F., *A Theory of Economic Demographic Development*, Princeton: Princeton University Press, 1954: 22 – 25.

[2] Becker G. S., "An Economic Analysis of Fertility", *NBER Chapters*, 135 (1), 1960: 94 – 111.

[3] Yakita A., "Uncertain Lifetime, Fertility and Social Security", *Journal of Population Economics*, 14 (4), 2001: 635 – 640.

他们将减少储蓄，增加当前的消费，包括作为消费品的孩子数量。① 但Wigger 和 Berthold 认为，社会保障中公共养老金规模过大或过小都会降低生育率，中等规模的公共养老金能够刺激生育。② 多数学者都认为，社会保障对生育具有负向影响。父母要孩子的一个重要原因是为了老年保障，而社会保障作为替代投资手段会降低生育率。③ 社会保障力度越大，老年人经济独立性越高，在居住和生活的安排上除了依附子女有了更多选择④，降低了老年人对子女赡养的依赖。⑤ 尤其对于"防老"依靠"养儿"的人来说，养老和退休计划的社会保障功能降低了孩子（尤其儿子）的效用，也因此降低了出于养老动机的生育行为。⑥ 王天宇和彭晓博认为，新农合作为社会保障项目对居民生育意愿具有"挤出效应"和"收入效应"两种相反的效果，但"挤出效应"占主导。⑦ 刘一伟认为社会养老保险不仅显著降低了居民选择生育的概率，还降低了生育数量，子女养老对生育意愿具有"挤入效应"，政府养老具有"挤出效应"。⑧

2017 年生育保险与医疗保险合并实施以来，从生育保险立法、两险合并实施的作用、存在的问题等角度进行的研究增加。生育保险可以规

---

① Swidler, Steve, "An Empirical Test of the Effect of Social Security on Fertility in the United States", *The American Economist*, 27 (2), 1983: 50 – 57.
② Wigger, Berthold U., "Pay-as-You-Go Financed Public Pensions in a Model of Endogenous Growth and Fertility", *Journal of Population Economics*, 12 (4), 1999: 625 – 640.
③ Nishimura, Kazuo, Junsen Zhang, "Sustainable Plans of Social Security with Endogenous Fertility", *Oxford Economic Papers*, 47 (1), 1995: 182 – 194.
④ 程令国、张晔、刘志彪:《"新农保"改变了中国农村居民的养老模式吗?》，《经济研究》2013 年第 8 期。
⑤ 郭凯明、龚六堂:《社会保障、家庭养老与经济增长》，《金融研究》2012 年第 1 期。
⑥ Hohm, Charles F., "Social Security and Fertility: An International Perspective", *Demography*, 12 (04), 1975: 629 – 644.
⑦ 王天宇、彭晓博:《社会保障对生育意愿的影响：来自新型农村合作医疗的证据》，《经济研究》2015 年第 2 期。
⑧ 刘一伟:《社会养老保险、养老期望与生育意愿》，《人口与发展》2017 年第 4 期。

避生育行为的正外部性①,与医疗保险合并后满足了制度层面的整合②,两险合并扩大了生育保险覆盖范围③,降低了运行成本,提升了基金共济能力④,但仍有很多方面需要完善。陈芳和刘越认为,应提高就业流动人口生育保险参保率,鼓励适龄人口按政策生育。⑤ 庄渝霞认为,应将非正规就业人群纳入生育保险保障范围,并推行企业、政府和个人三方共担的筹资模式,提高企业参保的积极性。我国对生育保险的产假研究也日渐深入。⑥ 虽然中国生育保险为女性提供产假保障,但由此造成的劳动中断势必会对女性重返工作岗位造成影响,产生工作与家庭的冲突,影响女性的生育行为和意愿。⑦ 由于学龄前儿童较高的护理成本⑧、公立保育系统的欠缺、照料儿童给母亲带来的机会成本以及劳动力市场的僵化和不完善,生育行为往往会阻碍已婚女性进入劳动力市场,降低女性的劳动力参与率。⑨ 在年轻群体中,母亲的收入远远落后于非母亲⑩,

---

① 杨华磊、胡浩钰:《生育目标不一致性——理论解释与实证分析》,《人口与经济》2019年第5期。
② 刘莹:《浅析医疗保险和生育保险的合并》,《现代营销(经营版)》2020年第9期。
③ 王超群、杨攀续:《两险合并实施对生育保险覆盖面的影响——基于合肥市的合成控制研究》,《华中科技大学学报》(社会科学版)2021年第6期。
④ 海韵:《探索两项保险合并实施的制度体系和运行机制》,《中国医疗保险》2021年第7期。
⑤ 陈芳、刘越:《流动人口二孩生育意愿真的很低吗?——基于对研究对象偏差的修正》,《人口学刊》2021年第1期。
⑥ 庄渝霞:《生育保险待遇的覆盖面、影响因素及拓展对策——基于第三期中国妇女社会地位调查的实证分析》,《人口与发展》2019年第5期。
⑦ 计迎春、郑真真:《社会性别和发展视角下的中国低生育率》,《中国社会科学》2018年第8期。
⑧ Rachel Connell, "The Effect of Child Care Costs on Married Women's Labor Force Participation", *The Review of Economics and Statistics*, 74 (1), 1992: 83-90.
⑨ Daniela Del Boca, "The Effect of Child Care and Part Time Opportunities on Participation and Fertility Decisions in Italy", *Journal of Population Economics*, 15 (3), 2002: 549-573.
⑩ Waldfogel, Jane, "The Family Gap for Young Women in the United States and Britain: Can Maternity Leave Make a Difference?", *Journal of Labor Economics*, 16 (3), 1998: 505-545.

已婚女性会遭遇更大的工资惩罚。① 面对母亲这样的困境,有学者提出了一些解决措施。Hank 和 Kreyenfeld 认为,在工作与家庭难以平衡的情况下,公共日托服务是养育子女和就业协调的关键②,儿童的非正式照料（祖父母辈的照料支持）也具有类似的作用,增加了生育的概率,也在一定程度上促进了人力资本的提升。③ 因此,当父母提供表征为社会资本的照料服务和经济支持时,通过降低女性的机会成本,促进了女性的生育,这种影响在正规托幼机构供给较低的地方,在受过高等教育、经济情况和职业发展前景较好的女性身上表现尤其明显。④

综上所述,中国学者对生育保险已经有了一定的研究成果,但多从生育保险制度本身进行研究,对生育保险的生育效应的研究相对缺乏。本章从生育保险的经济支持角度研究生育保险对生育意愿的影响,探讨生育保险对生育意愿的影响机制,以探寻鼓励生育的新的政策着力点,提高生育意愿进而提高出生率。

第二节 数据来源、样本定义与描述性统计

一 数据来源

本章的数据来自中国家庭追踪调查（CFPS）,该调查由北京大学中国社会科学调查中心（ISSS）实施,反映中国社会、经济、人口、教育和健康的变迁,目前已被众多研究采用。

---

① Budig, Michelle J., Paula England, "The Wage Penalty for Motherhood", *American Sociological Review*, 66 (2), 2001: 204-225.
② Karsten Hank, Michaela Kreyenfeld, "A Multilevel Analysis of Child Care and Women's Fertility Decisions in Western German", *Journal of Marriage and Family*, 65 (3), 2003: 584-596.
③ 于也雯、龚六堂:《生育政策、生育率与家庭养老》,《中国工业经济》2021 年第 5 期。
④ 靳永爱、赵梦晗、宋健:《父母如何影响女性的二孩生育计划——来自中国城市的证据》,《人口研究》2018 年第 5 期。

二　样本说明

（一）生育意愿

本章使用 CFPS2018 截面数据集进行研究，使用期望生育数量衡量生育意愿。生育意愿包括两部分内容，意愿生育性别和意愿生育数量，由于中国现行的产前筛查政策对性别筛查项目实施的严格管控，以及目前中国人口压力引致的提高生育数量的需要，本章主要从生育数量角度对生育意愿进行测度。鉴于中国目前一对夫妇可以生育 3 个子女的人口政策，本章将生育意愿范围限定在 0—3。

（二）生育保险

本章的核心解释变量为生育保险，中国生育保险保障范围主要包括产假、生育津贴和生育医疗服务，本章主要从生育保险的经济保障角度进行研究。《中华人民共和国人口与计划生育法》规定，生育保险的保障对象为合法生育的女性劳动者，即只有合法的生育行为才能申领生育保险。合法生育即满足法定结婚年龄，办理了合法结婚手续，并且符合国家生育相关法律法规的生育行为。因此，本章将样本婚姻范围限定为有配偶。在工作保障方面，选择有"生育保险"项目的样本。在样本年龄方面，由于近年来中国生育政策逐渐放松，为了测量在政策范围内最大可能的生育潜力，本章将样本年龄范围控制在 18—55 岁。综上，本章选取的样本范围为 18—55 岁且具有生育保险的已婚人口。

（三）控制变量

本章的控制变量包括个人、家庭、城市三个层面，个人特征包括年龄、性别、健康状况、学历、户口、养老保险，家庭特征包括储蓄、家务时长，城市特征为 GDP。本章将健康状况设置为 5 个等级，分别为不健康 = 1、一般 = 2、比较健康 = 3、很健康 = 4、非常健康 = 5；将学历设置为 8 个等级，分别为文盲/半文盲 = 1、小学 = 2、初中 = 3、高中/中专/技校/职高 = 4、大专 = 5、大学本科 = 6、硕士 = 7、博士 = 8。户口和养老保险设为虚拟变量，农业户口 = 1，否则 = 0；有养老保险 = 1，否则 = 0。CFPS2018 对工作日/休息日每天用于家务劳动的时间进行了测量，由于休息日时间弹性较大，工作日时间弹性较小，工作日的家务劳动往往更让人感到时间紧张，从而在时间层面影响人们的生育决策，因此本章将工作日每天用于家务劳动的时间纳入控制变量。本章主要变量描述性统计见表 6.1。

表 6.1　　　　　　　　　　变量描述性统计

变量	变量定义	样本	均值	最小值	最大值
生育意愿	期望生育孩子数	1582	1.710	0	3
生育保险	生育后领取到的生育保险数	1582	15324	980	294000
年龄	选取 18—55 岁年龄范围	1582	38.55	20	55
性别	男性 = 1,否则 = 0	1582	0.549	0	1
健康状况	不健康 = 1,一般 = 2,比较健康 = 3,很健康 = 4,非常健康 = 5	1582	3.186	1	5
学历	文盲/半文盲 = 1,小学 = 2,初中 = 3,高中/中专/技校/职高 = 4,大专 = 5,大学本科 = 6,硕士 = 7,博士 = 8	1582	4.595	1	8
户口	农业户口 = 1,否则 = 0	1581	0.367	0	1

续 表

变量	变量定义	样本	均值	最小值	最大值
养老保险	有养老保险=1,否则=0	1582	0.997	0	1
储蓄	家庭现金及存款总额	1572	135017	0	5000000
家务时长	工作日每天用于家务劳动的时间(小时/天)	1582	1.082	0	8
GDP	样本所在地区调查年国内生产总值(亿元)	1581	42552	2865	97278

第三节 实证结果和稳健性检验

一 模型设定

本章将生育保险对生育意愿影响的模型设定如下。

$$FI_I = \alpha_0 + \alpha_1 Ln(BI_i) + \alpha_2 X_i + \eta_t + \varepsilon_i$$

其中 FI_i 为被解释变量,表示拥有生育保险人的期望生育数量,范围为0—3个;BI_i 为解释变量,指若拥有生育保险的人发生生育行为所领取到的生育保险数;X_i 为控制变量,η_t 为行业固定效应。中国《生育保险法》规定,生育津贴计发标准为职工所在用人单位上年度职工月平均工资,计算方式为生育津贴=上年度职工月平均工资÷30×产假天数。中国现行法律规定女性正常生育情况下产假为98天,虽然近年个别地区将产假延长至158天,考虑到政策存在时滞性,本章计算时将产假天数依然定为98天。与此同时,本章将生育津贴作为生育保险的经济度量。鉴于数据可得性以及企业职工平均工资与个人工资的强相关性,本章以公式生育津贴=个人月平均工资÷30×98来计算生育保险金额。

二 基准回归

本部分使用普通最小二乘法(OLS)估计生育保险对生育意愿的影响,回归结果见表 6-2。其中,第(1)列为不考虑其他因素情况下,生育保险对生育意愿的回归结果;第(2)列控制了个人特征;第(3)列控制了个人特征和家庭特征;第(4)列进一步控制了城市特征;第(5)列在第(4)列基础上进一步控制了行业固定效应。

根据表 6.2 第(1)列可见,生育保险对生育意愿的影响在 5% 的水平上显著为正,即生育保险数额越多,对生育意愿的正向影响越强,第(2)列至第(5)列在进一步添加控制变量后系数仍显著为正。由第(5)列可见,生育保险系数为 0.904,意味着生育保险每提高 1%,意愿生育数量提高 0.904 个;同时,储蓄系数显著为负,但数值较小,说明储蓄提高会在一定程度上对生育意愿产生负向影响,GDP 系数显著为正,即生育意愿随所在地区经济情况的提升而提升。这可能是因为地区生产总值不仅代表该地区经济水平,也在一定程度上反映了该地区的社会保障情况,一个地区社会保障越完善,人们对生育的后顾之忧越少,人们想生的同时也敢生,生育意愿转化为生育行为的比率越高。

表 6.2　　　　　　　　生育保险对生育意愿的影响

变量类型	因变量 = 生育意愿				
	(1)	(2)	(3)	(4)	(5)
生育保险	1.047** (0.419)	0.897** (0.422)	0.946** (0.455)	0.888* (0.454)	0.904** (0.458)

续　表

变量类型	因变量=生育意愿				
	（1）	（2）	（3）	（4）	（5）
生育保险平方	-0.056** (0.022)	-0.049** (0.022)	-0.051** (0.024)	-0.049** (0.024)	-0.049** (0.024)
年龄	—	-0.001 (0.002)	0.000 (0.002)	0.000 (0.002)	-0.001 (0.002)
性别	—	0.064** (0.029)	0.031 (0.033)	0.039 (0.033)	0.032 (0.034)
健康状况	—	-0.001 (0.015)	-0.004 (0.016)	-0.004 (0.016)	-0.006 (0.016)
学历	—	0.002 (0.013)	0.007 (0.014)	0.013 (0.015)	-0.005 (0.016)
户口(农村=1)	—	0.077** (0.034)	0.066* (0.037)	0.053 (0.038)	0.051 (0.038)
养老保险	—	-0.104 (0.244)	-0.109 (0.246)	-0.093 (0.245)	-0.130 (0.246)
储蓄	—	—	-0.018* (0.009)	-0.020** (0.009)	-0.019** (0.010)
家务时长	—	—	-0.007 (0.015)	-0.004 (0.015)	-0.008 (0.015)
GDP	—	—	—	0.067*** (0.023)	0.067*** (0.024)
行业虚拟变量	NO	NO	NO	NO	YES

续 表

变量类型	因变量=生育意愿				
	(1)	(2)	(3)	(4)	(5)
系数	-3.178 (2.018)	-2.316 (2.057)	-2.391 (2.214)	-2.789 (2.213)	-2.284 (2.246)
N	1582	1581	1358	1357	1357
R^2	0.005	0.013	0.014	0.020	0.043

注：括号内为标准差。* $p<0.1$，** $p<0.05$，*** $p<0.01$。

三 机制检验

家庭经济情况的稳定是影响夫妻生育决策的重要因素。[1] 2019 年《全国人口与家庭动态监测调查》显示，有生育二孩及以上意愿的妇女，真正实现再生育的不足半数，而经济负担是阻碍家庭再生育的最重要原因。生活支出是家庭经济压力的重要来源，本章在此基础上进一步考虑了家庭医疗支出，更全面地检验了生育保险对生育意愿的影响途径。除此之外，"看病贵"问题在中国社会存在已久，主要表现为患者医疗费用居高不下。[2] 因此，医疗费用支出在家庭总支出中是不容忽视的一部分。综上，本章使用交通成本、医疗成本、生活成本检验生育保险对生育意愿的作用机制。

---

[1] Annalisa Busetta, et al., "Persistent Joblessness and Fertility Intentions", *Demographic Research*, 40, 2019: 185-218.
[2] 李静、虞燕君、彭飞等:《"药品零加成"政策能否缓解患者负担?——基于中部某省公立医院试点的效果评估》,《财经研究》2021 年第 12 期。

(一) 交通成本和医疗成本机制检验

交通费为样本家庭平均每月所花公交车费、汽车和摩托车油费总额。将样本以交通费中位数为基点分为两组，表6.3第(1)列为每月交通费低于中位数的样本集，第(2)列为每月交通费高于中位数的样本集。由回归结果可见，交通费用较少的子样本"生育保险"系数为1.492，在5%的水平上显著为正，交通费较多的子样本"生育保险"系数不显著，说明生育保险提高了交通费较低人群的生育意愿。

本章所用医疗费用项目定义为，过去12个月，不包括已经报销和预计可以报销的费用，家庭直接支付的医疗费用。将样本按医疗费中位数分为两组，表6.3第(3)列为医疗费低于中位数的子样本，第(4)列为医疗费高于中位数的子样本。由回归结果可见，表6.3第(3)列"生育保险"系数为1.239，在5%的水平上显著为正，第(4)列"生育保险"系数不显著，说明生育保险提高了年支出医疗费较少的家庭的生育意愿。这可能是因为医疗费用支出较高的家庭经济负担较重，难以再承担生育及养育孩子的成本，使得年支付医疗费较多的家庭生育意愿较低。

表6.3　　　　　　　　交通成本和医疗成本机制检验

变量类型	(1)	(2)	(3)	(4)
生育保险	1.492** (0.680)	-0.059 (0.687)	1.239** (0.561)	0.807 (0.865)
生育保险平方	-0.079** (0.036)	-0.001 (0.035)	-0.063** (0.029)	-0.049 (0.045)
年龄	-0.002 (0.003)	0.002 (0.003)	0.001 (0.003)	-0.002 (0.003)

续表

变量类型	(1)	(2)	(3)	(4)
性别	0.023 (0.049)	0.040 (0.049)	0.030 (0.046)	0.032 (0.051)
健康状况	-0.023 (0.022)	0.018 (0.024)	0.010 (0.021)	-0.025 (0.025)
学历	-0.008 (0.023)	-0.002 (0.023)	-0.009 (0.022)	0.008 (0.023)
户口(农村=1)	0.033 (0.053)	0.070 (0.055)	0.068 (0.053)	0.026 (0.055)
养老保险	-0.388 (0.574)	-0.098 (0.278)	-0.165 (0.557)	-0.171 (0.276)
储蓄	-0.014 (0.013)	-0.024 (0.015)	-0.032** (0.013)	-0.006 (0.014)
家务时长	-0.013 (0.020)	-0.003 (0.025)	-0.019 (0.021)	0.015 (0.022)
GDP	0.093*** (0.034)	0.026 (0.034)	0.060* (0.033)	0.071** (0.035)
行业虚拟变量	YES	YES	YES	YES
系数	-5.424 (3.306)	3.284 (3.397)	-4.485 (2.848)	-1.240 (4.138)
N	692	665	737	620
R^2	0.054	0.066	0.053	0.084

注：括号内为标准差。* $p<0.1$, ** $p<0.05$, *** $p<0.01$。

(二) 生活成本机制检验

本章用每月伙食费和日用品支出代表家庭每月生活成本。每月伙食费为平均每月家庭伙食费及购买自家消费的零食、饮料、烟酒等总费用。每月伙食费和日用品支出越少，表示家庭生活成本越低；每月伙食费和日用品支出越多，表示家庭生活成本越高。本章将每月伙食费按伙食费中位数分为两组，表6.4第（1）列为每月伙食费低于中位数的样本集，第（2）列为每月伙食费高于中位数的样本集。由回归结果可见，表6.4第（1）列"生育保险"系数为1.614，显著为正，表明生育保险增强了每月伙食费较少家庭的生育意愿；第（2）列"生育保险"系数不显著，说明"生育保险"对每月伙食费较多家庭的生育意愿没有显著影响。将日用品支出也以中位数分组，表6.4第（3）列是日用品支出低于中位数的样本集，第（4）列是日用品支出高于中位数的样本集，日用品支出较少家庭"生育保险"系数显著为正，日用品支出较多的家庭"生育保险"系数不显著，说明生育保险显著增强了日用品支出较少家庭的生育意愿。分析生育保险对每月伙食费和日用品支出较多家庭的生育意愿无显著影响的原因，可能是生活成本较高的家庭往往经济条件较好，生育保险只占家庭收入的较小部分，对生育意愿难以起到显著作用。

表6.4　　　　　　　　　　生活成本机制检验

变量类型	(1)	(2)	(3)	(4)
生育保险	1.614*** (0.612)	0.157 (0.708)	0.910* (0.535)	0.617 (0.972)
生育保险平方	-0.084*** (0.032)	-0.013 (0.036)	-0.047* (0.028)	-0.040 (0.050)

续　表

变量类型	(1)	(2)	(3)	(4)
年龄	0.001 (0.003)	-0.003 (0.003)	0.003 (0.003)	-0.006 (0.004)
性别	0.060 (0.048)	0.009 (0.049)	0.036 (0.044)	0.049 (0.054)
健康状况	-0.022 (0.022)	0.008 (0.023)	-0.004 (0.021)	-0.010 (0.026)
学历	-0.008 (0.024)	-0.005 (0.023)	0.003 (0.021)	-0.006 (0.026)
户口(农村=1)	0.083 (0.053)	0.000 (0.056)	0.115** (0.049)	-0.074 (0.061)
养老保险	-0.236 (0.384)	-0.032 (0.328)	-0.275 (0.574)	-0.210 (0.265)
储蓄	-0.022* (0.013)	-0.017 (0.014)	-0.021* (0.012)	-0.014 (0.015)
家务时长	0.011 (0.021)	-0.028 (0.022)	-0.004 (0.020)	-0.007 (0.023)
GDP	0.079** (0.031)	0.057 (0.037)	0.061** (0.031)	0.084** (0.038)
行业虚拟变量	YES	YES	YES	YES
系数	-5.902** (2.982)	1.392 (3.501)	-2.499 (2.652)	-0.329 (4.781)
N	672	685	854	503
R^2	0.064	0.067	0.041	0.122

注：括号内为标准差。$^{*}p<0.1$，$^{**}p<0.05$，$^{***}p<0.01$。

四 异质性检验

传统的生育动机可能与性别有关，"不孝有三，无后为大"，中国人传统的生育观念可能导致男性有更高的生育意愿。本章将性别与生育保险交互项加入模型，检验生育保险的生育效应是否存在性别差异。回归结果见表6.5第（1）列，生育保险与性别交互项"生育保险×性别"系数为0.188，在1%水平上显著为正，表明生育保险提高1%，男性意愿生育数量增加0.188个，即生育保险对生育意愿的影响存在显著的性别差异。

生育保险对是否拥有房产的人的生育意愿的影响也可能不同。为了验证此问题，本章将生育保险和住房所有权的交互项纳入模型，住房所有权为虚拟变量，若家庭成员拥有部分或全部房屋产权则赋值为1，否则赋值为0。表6.5第（2）列的估计结果显示，交互项"生育保险×住房所有权"系数显著为负，即生育保险对家庭拥有住房所有权人群的意愿生育数量有负向影响。拥有房屋产权的家庭可能面临房贷压力，增加家庭经济支出，更难负担生养孩子的成本，导致拥有住房所有权的家庭生育保险的生育效应为负。

表6.5　　　　　　性别与住房所有权异质性检验

变量类型	（1）	变量类型	（2）
生育保险	1.334*** (0.477)	生育保险	1.158** (0.469)
生育保险平方	-0.077*** (0.025)	生育保险平方	-0.055** (0.024)
生育保险×性别	0.188*** (0.060)	生育保险×住房所有权	-0.181** (0.075)

续 表

变量类型	(1)	变量类型	(2)
—	—	住房所有权	1.747** (0.713)
年龄	0.000 (0.002)	年龄	−0.000 (0.002)
性别	−1.741*** (0.569)	性别	0.031 (0.034)
健康	−0.005 (0.016)	健康	−0.006 (0.016)
学历	−0.003 (0.016)	学历	−0.004 (0.016)
户口(农村=1)	0.057 (0.038)	户口	0.051 (0.038)
养老保险	−0.130 (0.245)	养老保险	−0.135 (0.246)
储蓄	−0.018* (0.009)	储蓄	−0.019** (0.009)
家务时长	−0.010 (0.015)	家务时长	−0.009 (0.015)
GDP	0.064*** (0.024)	GDP	0.068*** (0.024)
行业虚拟变量	YES	行业虚拟变量	YES
系数	−3.876* (2.296)	系数	−4.274* (2.380)
N	1357	N	1357
R^2	0.050	R^2	0.048

注：括号内为标准差。* $p<0.1$，** $p<0.05$，*** $p<0.01$。

生育保险对生育意愿的影响可能因收入水平的不同而不同。对于中国不同收入层次的划分，万事达国际组织将中国家庭年收入在7500—50000美元的家庭确定为中等收入群体，Milanovic和Yitzhaki将日均收入12.5美元的人群确定为中等收入者。[①] 刘志国和刘慧哲在Milanovic和Yitzhaki的基础上以1∶6.5的汇率进行近似计算，将人均年收入低于28470元的家庭认定为低收入群体，家庭人均年收入在28470—117650元的确定为中等收入群体，高于117650元的确定为高收入群体。[②] 本章借鉴刘志国和刘慧哲的划分方法，假设样本家庭规模为3人，通过简单的近似计算，将年收入10万元以下的家庭确定为低收入家庭，10万—30万元的确定为中等收入家庭，年收入30万元以上的确定为高收入家庭。本章将不同收入水平的家庭划分为高、中、低三组，检验生育保险对生育意愿的影响。估计结果见表6.6，中等收入家庭生育保险系数在5%水平上显著为正，低收入家庭和高收入家庭系数均不显著，这表明生育保险显著提高了中等收入群体的生育意愿，对低收入阶层和高收入阶层无显著影响。收入过低的家庭由于家庭经济条件不乐观，很难负担抚养孩子的成本，生育保险与未来的养育教育支出相比往往杯水车薪，所以生育保险对低收入家庭的生育意愿无显著影响。高收入家庭由于家庭经济情况较好，生育保险提供的现金补偿往往对他们的生育意愿起不到激励作用，所以生育保险对高收入人群生育意愿的作用效果也不显著。

[①] Branko Milanovic, Shlomo Yitzhaki, "Decomposing World Income Distribution: Does the World have a Middle Class?", *Review of Income and Wealth Series*, 48 (2), 2002: 155–178.
[②] 刘志国、刘慧哲：《收入流动与扩大中等收入群体的路径：基于CFPS数据的分析》，《经济学家》2021年第11期。

表6.6　　　　　　　　　不同收入家庭异质性检验

变量类型	（1）	（2）	（3）
生育保险	1.367 (1.125)	0.904** (0.458)	0.446 (1.371)
生育保险平方	-0.070 (0.062)	-0.049** (0.024)	-0.030 (0.068)
年龄	-0.005 (0.004)	-0.001 (0.002)	0.004 (0.008)
性别	-0.091 (0.060)	0.032 (0.034)	-0.003 (0.113)
健康状况	-0.011 (0.026)	-0.006 (0.016)	0.057 (0.070)
学历	-0.002 (0.027)	-0.005 (0.016)	0.021 (0.054)
户口(农村=1)	-0.006 (0.062)	0.051 (0.038)	0.146 (0.149)
养老保险	-0.204 (0.536)	-0.130 (0.246)	0.474 (0.601)
储蓄	-0.026 (0.016)	-0.019** (0.010)	-0.013 (0.037)
家务时长	-0.018 (0.023)	-0.008 (0.015)	-0.044 (0.050)
GDP	0.094** (0.038)	0.067*** (0.024)	0.047 (0.089)
行业虚拟变量	YES	YES	YES

续 表

变量类型	(1)	(2)	(3)
系数	-4.720 (5.158)	-2.284 (2.246)	-1.087 (6.915)
N	471	1357	147
R^2	0.074	0.043	0.177

注：括号内为标准差。* $p<0.1$，** $p<0.05$，*** $p<0.01$。

生育保险对生育意愿的作用效果也可能会因工作日每天做家务时长的不同而有所差异。本章将样本按工作日每天2小时家务时长分为2组，表6.7第（1）列为工作日家务时长小于2小时的样本集，第（2）列为工作日家务时长大于等于2小时的样本集。回归结果显示，表6.7第（1）列"生育保险"系数显著为正，第（2）列"生育保险"系数不显著，表明生育保险显著增加了家务时长较少家庭的生育意愿，工作日需要做较多家务的家庭时间更紧张，通常很难有更多精力照顾孩子，这会抑制他们的生育意愿。

表6.7　　　　　　　　家务时长异质性检验

变量类型	(1)	(2)
生育保险	1.126** (0.559)	0.792 (0.867)
生育保险平方	-0.060** (0.029)	-0.044 (0.046)
年龄	-0.001 (0.003)	0.002 (0.005)

续 表

变量类型	(1)	(2)
性别	0.092** (0.040)	-0.160** (0.073)
健康状况	-0.011 (0.018)	-0.004 (0.034)
学历	-0.009 (0.019)	0.000 (0.032)
户口(农村=1)	0.042 (0.043)	0.078 (0.081)
养老保险	-0.112 (0.275)	-0.215 (0.565)
储蓄	-0.011 (0.011)	-0.044** (0.019)
家务时长	0.054 (0.040)	-0.035 (0.031)
GDP	0.047* (0.027)	0.125** (0.050)
行业虚拟变量	YES	YES
系数	-3.462 (2.735)	-1.551 (4.242)
N	1037	320
R^2	0.042	0.147

注：括号内为标准差。* $p<0.1$，** $p<0.05$，*** $p<0.01$。

五 稳健性检验

本章所用模型可能存在内生性问题。首先,限于数据可得性,本章无法直接获得样本可领取的生育保险准确金额,通过近似计算所得数据可能与真实值存在偏差,导致数据存在测量误差。其次,由于无法将所有相关变量都纳入模型,可能导致模型存在遗漏变量,以上两个原因很可能导致模型存在内生性。本章采用工具变量法(IV)解决内生问题。选取"分地区社会保障和就业支出"作为工具变量。地区划分依据国家统计局2011年发布的划分方法[①],将中国经济区域划分为东、中、西、东北四大地区。一方面,一个地区的社会保障和就业支出代表了该地区的社会保障情况,社会保障情况越好,对居民的生育保障越完善,生育保障水平越高,满足工具变量相关性假设;另一方面,相对于整个地区的社会保障和就业整体性支出,人们往往更关注能够真真实实拿自己手中的金额,满足工具变量外生性假设。

本章使用两阶段最小二乘法(2SLS)对模型进行工具变量稳健性检验,估计结果见表6.8,由表6.8第(1)列第一阶段回归结果可见,社会保障和就业支出对生育保险的回归系数在1%的水平上显著为正,表明生育保险随地区社会保障和就业支出的增加而增加,且第一阶段回归F值为14.76,大于10,不存在弱工具变量问题,所以工具变量"分地区社会保障和就业支出"与内生变量"生育保险"高度相关。由第二阶段估计结果可见,生育保险对生育意愿的回归系数为0.513,在5%的水平上显著为正,说明生育保险能够显著提高生育意愿,与基准回归结果一致,验证了基准回归结果的稳健性。

---

① http://www.stats.gov.cn/ztjc/zthd/sjtjr/dejtjkfr/tjkp/201106/t20110613_71947.htm.

表6.8　　　　　　　　　　　工具变量检验结果

变量类型	2SLS – first stage (1)	2SLS – second stage (2)
生育保险	—	0.513** (0.249)
社会保障和就业支出	0.1495*** (0.030)	—
年龄	0.0013 (0.002)	-0.001 (0.002)
性别	0.2794*** (0.029)	-0.125 (0.081)
健康状况	0.0248* (0.014)	-0.018 (0.018)
学历	0.1329*** (0.014)	-0.078** (0.037)
户口(农村=1)	0.0321 (0.034)	0.029 (0.044)
养老保险	-0.2796 (0.220)	0.017 (0.281)
储蓄	0.0523*** (0.008)	-0.049*** (0.017)
家务时长	-0.0164 (0.014)	0.001 (0.017)
GDP	0.0924*** (0.021)	0.015 (0.035)
行业虚拟变量	YES	YES

续 表

变量类型	2SLS – first stage (1)	2SLS – second stage (2)
系数	5.8422*** (0.473)	-1.745 (1.853)
样本量	1357	1357
R^2	0.244	—
F	14.76	—

注：括号内为标准差。* $p<0.1$，** $p<0.05$，*** $p<0.01$。

第四节 结论与建议

本章通过研究生育保险对生育意愿的影响，结果表明，生育保险能够显著提升生育意愿，生育保险通过补贴交通成本、医疗成本、生活成本提升了男性的生育意愿，但对有房产的人的生育意愿具有抑制作用。生育保险对收入较低与较高家庭的生育意愿都没有显著影响，但提高了中等收入家庭的生育意愿，并且对工作日做家务时长少于两小时人群的生育意愿具有提升作用。本章通过工具变量法对模型进行稳健性检验，估计结果与基准回归结果一致，证明结果是稳健的。为了更好地稳定生育保险的生育激励作用，需要做到以下几点。

第一，生育保险对中国中产阶级生育意愿具有显著提升作用，但对低收入与高收入家庭的生育意愿没有统计意义上的影响。因此，中国应继续加大扶贫力度，扩大中国中等收入群体，进一步释放生育潜力。

第二，进一步完善中国生育保险法律体系。首先，制定"保姆津贴"政策，对符合条件的家庭发放"保姆津贴"，通过雇用保姆照顾孩子，一方面可以让母亲生育后尽快回到工作岗位，缓解工作—家庭矛盾，降低"母职惩罚"；另一方面可以减少家庭的时间焦虑，释放因顾虑家务太多而没有时间照顾孩子人群的生育意愿。其次，中国生育津贴政策也应将农村群体纳入保障范围，补偿农村家庭因生育耽误生产劳动造成的损失，提高生育率。

第三，进一步健全中国医疗保障体系。医疗保障的关注点应更多向农村、低收入群体倾斜。目前农村的医疗保障主要由新农合提供，但新农合主要以保大病、保住院为主，并且各地保障水平不一，补贴力度差异较大，应对农村、低收入群体医疗保障项目范围进一步扩大、细化，并对一定年龄老年人门诊费用进行适当补贴，减轻农村年轻人养老负担，缓解农村低收入群体"看病贵"问题，释放因家庭医疗费用负担过重而想生不敢生人群的生育意愿。

第四，降低生育保险申领标准。应根据社会实际情况适应性调整生育保险覆盖范围，建议生育保险申领资格与新生儿落户政策相衔接，新生儿落户即允许其父母享受生育保险，而不是以合法婚姻生育为保障条件，应扩大保障范围，保障非婚女性生育权，激励生育。

第七章 互联网使用对流动人口生育行为的作用机理

随着"全面二孩"政策效果不及预期,中国人口出生率逐年走低。2017—2019 年分别同比下降 6.9%、14.1% 和 4.1%;2020 年再创新低,人口出生率为 8.52‰。生育率快速走低直接导致中国人口更替水平下降,面临着"低生育率陷阱"的风险。低生育率与一系列人口问题紧密联系[1],按照此趋势发展,中国人口规模将不足以支撑社会经济良性发展。为何当前生育率如此低呢?大量学者从全社会视角进行研究,但本章选取流动人口视角进行考察。本章基于以下三点原因选择对流动人口生育行为进行探究。

第一,流动人口规模大。截至 2020 年年底中国流动人口总数为 3.76 亿,约占全国总人口的 1/3,其生育水平变动对中国未来整体生育水平走势具有至关重要的影响。第二,流动人口研究价值大。随着中国城市化进程推进,户籍制度逐渐宽松,导致人口迁移成本降低,产生了大量流动人口。由于迁移使流动人口生育观念受到多地文化影响,因此其生育行为模式十分具有研究价值。[2] 第三,流动性是现代社

---

[1] 陶涛、金光照、张现苓:《世界人口负增长:特征、趋势和应对》,《人口研究》2020 年第 4 期。

[2] 石智雷、吕婕:《全面二孩政策与流动人口生育水平变动》,《人口研究》2021 年第 2 期。

会的象征，同时也是现代社会发展不可或缺的元素。① 伴随1994年互联网在全世界快速普及，人们的生活、工作方式以及行为模式都发生了翻天覆地的变化。②

那么互联网使用究竟会对人们生育行为产生怎么样的影响？在理论上，存在两种不同观点。一种观点认为互联网使用会产生收入效应，即互联网使用通过提高居民生产效率，对其收入水平产生积极影响。与不使用互联网的人群相比，使用互联网的人群养育孩子的经济约束得到了缓解，进而对人们的生育行为产生积极影响。另一种观点认为互联网使用会产生替代效应，即互联网使用通过提高居民工资水平，增加其生育行为的机会成本。与不使用互联网的人群相比，使用互联网的人群生养孩子的机会成本更高，因此将投入更多时间在劳动力市场，这意味着互联网使用会对人们的生育行为产生消极影响。

本章的边际贡献在于两方面。第一，在区分不同人群的基础上，全方位考察了互联网使用对流动人口生育行为的影响，拓展了有关流动人口生育行为影响因素的相关研究；第二，在作用机理层面，以家庭生育决策的效用最大化理论为基础，加入流动人口特征，理清了互联网使用对生育孩子数量的作用机理。

第一节 文献综述

自从贝克尔③生育决策模型提出以来，生育便成为众多学者以及政

---

① Bauman Z., *Liquid Modernity*, China Renmin University Press, 2018.
② 向蓉美:《互联网产业对国民经济影响的投入产出分析》，《统计与决策》2008年第11期。
③ Becker, Gary S., *An Economic Analysis of Fertility Demographic and Economic Change in Developed Countries*, Columbia University Press, 1960.

策制定者关注的重点。从已有文献看，关于生育行为的探究主要从数量、时间和性别三个层面展开。其中，数量层面主要包括孩次、终生生育率以及家庭规模[1]，时间层面主要涉及生育年份、父母生育年龄等因素[2]，而性别层面则涵盖了生育偏好、男女构成等因素。[3] 随着数字经济高速发展，互联网技术正在重塑人们的行为模式、生活理念和社会边界。在个人、家庭、社会等各个层面上，对就业选择、婚姻关系与主观幸福感受等一系列活动带来了显著而深远的影响。[4] 然而，在现有研究中，互联网使用是否会进一步导致流动人口生育行为发生变化，这一重要问题却被忽略了。同时，探究互联网使用对流动人口生育行为的影响，不仅拓展了有关流动人口生育行为影响因素的相关研究，而且有助于生育激励政策的制定。

现有互联网使用与生育之间关系的研究主要集中于互联网使用对全体育龄女性生育的影响。仅有少数文献对研究群体作区分，如 Guldi 分析了青少年互联网使用对其生育率的影响，发现互联网使用通过信息连接和信息获取等方式使青少年生育率下降 13%。[5] 本节初步总结了有关互联网使用与生育之间关系的研究成果，发现以下两点。一方

---

[1] Schmieder, Julia, "Fertility as a Driver of Maternal Employment", *Labour Economics*, 72 (c), 2021: 1 – 33; Lundborg, Petter, "Can Women Have Children and a Career? IV Evidence from IVF Treatments", *American Economic Review*, 107 (6), 2017: 1611 – 1637.

[2] 马妍：《吉年生吉子？中国生肖偏好的实证研究——基于 1949—2008 年出生人口数》，《人口研究》2010 年第 5 期；颜宇：《生育年龄对已婚女性劳动参与的影响》，《人口学刊》2020 年第 5 期。

[3] 郭志刚：《中国的低生育水平及其影响因素》，《人口研究》2008 年第 4 期；阮荣平、焦万慧、郑风田：《社会养老保障能削弱传统生育偏好吗？》，《社会》2021 年第 4 期。

[4] Lee S., J. Kim, "Has the Internet Changed the Wage Structure Too?", *Labour Economics*, 11 (1), 2004: 119 – 127；陈卫民、万佳乐、李超伟：《互联网使用对离婚风险的影响》，《中国人口科学》2021 年第 4 期；周烁、张文韬：《互联网使用的主观福利效应分析》，《经济研究》2021 年第 9 期。

[5] Guldi, M., "Offline Effects of Online Connecting: the Impact of Broadband Diffusion on Teen Fertility Decisions", *Journal of Population Economics*, 30 (1), 2017: 69 – 91.

面，互联网作为颠覆传统的新技术的确改善和提升了人们生育水平。例如，互联网降低个人在婚姻市场上的搜索成本[1]，提高了育龄女性结婚率，进而促进其生育行为的发生；互联网通过降低市场信息不对称提高了流动人口工资水平。[2] 原则上，收入增加使得流动人口在生育选择方面受到的限制更少，从而增加其生育行为发生的概率；互联网使用使工作与家庭之间产生溢出效应[3]，女性通过平衡家庭和工作改善其生育环境[4]，等等。但另一方面，互联网使用增加人们生育的信息成本和机会成本，也可能给人们生育行为带来负面影响。例如，互联网使用促进都市群体"生育恐慌"等育儿焦虑观念的传播，改变人们的生育偏好，对生育行为产生负向影响[5]；互联网使用增加女性生育的机会成本，降低女性生育积极性[6]，等等。

互联网使用或直接或间接影响着劳动者的收入水平，这是影响家庭生育决策的重要因素。基于再就业角度的研究发现，城市中互联网普及率和失业者再就业概率正相关，即互联网的广泛应用使失业者再就业概率提升。[7] 个人就业与否直接影响劳动收入水平，进而改变生育决策的经济约束。从收入水平来看，大多数现有研究集中在互联

---

[1] Bellou, A., "The Impact of Internet Diffusion on Marriage Rates: Evidence from the Broadband Market", *Journal of Population Economics*, 28 (2), 2015: 265 – 297.

[2] 罗楚亮、梁晓慧：《互联网就业搜寻对流动人口就业与工资的影响》，《学术研究》2021 年第 3 期。

[3] Wajcman, J., *Pressed for Time: The Acceleration of Life in Digital Capitalism*, University of Chicago Press, 2015.

[4] Billari, F. C., "Does Broadband Internet Affect Fertility?", *Population Studies – A Journal of Demography*, 73 (3), 2019: 297 – 316.

[5] 王小洁、聂文洁、刘鹏程：《互联网使用与个体生育意愿——基于信息成本和家庭代际视角的分析》，《财经研究》2021 年第 10 期。

[6] 李飚、赖德胜、高曼：《互联网使用对生育率的影响研究》，《南方人口》2021 年第 2 期。

[7] Stevenson B., *The Internet and Job Search*, National Bureau of Economic Research, 2008.

网使用对工资的影响上。国外研究发现,互联网使用会对工资产生溢价。[1] 国内研究也有类似结论,互联网使用导致工资水平上升约20%。[2] 以上国内外研究表明,在不同国情下,互联网使用对个人收入水平产生的影响相近,即互联网使用提高了个人劳动参与率和收入水平。基于家庭生育决策的效用最大化理论,家庭生育决策是对生育成本与效益进行理性核算后的结果。[3] 一方面,随着流动人口互联网使用频率增加其收入水平提高,导致其生育行为的机会成本上升,即家庭成员投入孩子抚育过程中的时间和劳务等生产要素的市场价值上升。[4] 流动人口生育行为可能面临更高的机会成本导致其生育积极性下降。另一方面,流动人口收入水平提高,原则上缓解了家庭生育的预算约束,对流动人口生育行为产生积极影响。同时,互联网使用频率越高的流动人口远程办公概率更大,由此减少了通勤时间、旷工并提高了工作效率,使得人们将工作和家庭责任结合起来减轻生育负担提高生育率。[5]

总体来看,现有关于互联网使用对生育行为影响的研究尚无确切结论。互联网使用能否改变中国低生育率现状,在不同环境、不同人群中这种影响是否存在显著差异,还需进行更多的微观验证。同时,

---

[1] Navarro L., "The Impact of Internet Use on Individual Earnings in Latin America", *Institute for Advanced Development Studies*, Development Resarch Working Paper Series No. 11, 2010.

[2] 陈玉宇、吴玉立:《信息化对劳动力市场的影响:个人电脑使用回报率的估计》,《经济学》(季刊) 2008 年第 4 期。

[3] Leibenstein H., "Socio-economic Fertility Theories and Their Relevance to Population Policy", *International Labour Review*, 109 (5), 1974: 443.

[4] 王俊、石人炳:《中国家庭生育二孩的边际机会成本——基于收入分层的视角》,《人口与经济》2021 年第 4 期。

[5] McDonald, P., "Gender Equity in Theories of Fertility Transition", *Population and Development Review*, 26 (3), 2000: 427; Goldscheider, Bernhardt, T., "The Gender Revolution: A Framework for Understanding Changing Family and Demographic Behavior", *Population and Development Review*, 41 (2), 2015: 207.

互联网适用人群众多，涵盖了流动人口、城市人口等各类群体，与之相比，现有研究在探究互联网使用与生育之间关系时仅仅讨论了整体生育。实际上，针对不同群体，互联网使用对生育所产生的影响也不尽相同，甚至大相径庭。进一步细分，我们可以利用中国综合社会调查数据（CGSS），探究互联网使用对流动人口生育行为的影响。因此，如果仅探究互联网使用对全体育龄女性生育的影响，就无法对流动人口生育行为模式进行准确的判定和比较。进一步地，关于互联网使用对流动人口生育行为的作用机理研究，已有文献也缺乏与流动人口相关的分析及结论，多是从全体育龄女性角度出发的推断，关于流动人口生育行为的探究还需要更多的理论支持和实证检验。为弥补这一不足，基于现有文献，本章初步归纳了互联网使用对流动人口生育行为的可能作用机理，并对部分作用机理进行了检验。

　　基于以上讨论及相关文献不难发现，随着网络快速普及，在给人们带来诸多便利的同时，也会对传统的生活、工作方式以及行为模式产生冲击，这些都可能转化为对生育行为的影响。影响可能来自以下四个渠道。第一，互联网使用通过提高流动人口劳动参与率以及工作效率，有助于提高流动人口收入水平，导致其生育行为的机会成本上升进而抑制其生育行为的发生。也有可能随着流动人口收入水平的提高，其生育行为的经济约束得到有效缓解进而促进其生育行为发生。第二，互联网使用导致流动人口生育行为的信息成本增加进而对其生育行为产生抑制作用。第三，互联网使用与所在地区通信技术等基础设施的整体水平息息相关，往往基础设施整体水平也反映了地区的经济发展程度。随着人口不断迁移，人口逐渐流向经济发展程度较高地区。伴随人口大量流入导致商品供需失衡，物价上涨，进而对流动人口生育行为产生抑制。第四，在孩子生养依旧以家庭为单位的背景下，当代"数字鸿沟"较大时，容易引发代际间矛盾进而降低流动人口生育行为发生的概率。综上，互联网对流动人口生育行为的影响较为复杂和不确定。一方面，互联网使用可能对流动人口生育行为产生正向影响，即互联网使用通过提高流动人口劳动参与率以及工作效率，有助于其收入水平的提高，缓解其生育行为的经济约束，进而促进流动人口生育行为的发生；另一方面，互联网使用可能对流动人口生育行为产生负向影响，即互联网使用通过收入机制以及价格机制对流动人口生育成本产生负向影响，进而抑制其生育行为。

第二节 理论模型

由于流动人口的生育观念受到多种文化影响，导致流动人口生育特征既有普遍性也具有其独特性。因此，本节在时间分配理论模型的基础上进行改进[1]，加入了互联网使用变量 F，提出了一个能够容纳家庭行为问题的框架。我们对此模型进行简单演化，代表性家庭中儿童服务为 C；儿童数量为 N；Q 为常数；S 为父母的真实消费水平；π_j 为商品 j 的影子价格；P 为市场商品价格；V 为家庭固有财富；I 为全部收入；t_{ij} 为个体 i 产出一单位商品 j 所投入时间；T_{ij} 为个体 i 产出全部商品 j 所投入时间；T_{iL} 为个体 i 投入劳动力市场的时间；T_i 为个人时间总和；x_j 为市场产出一单位商品 j 投入；X_j 为市场产出全部商品 j 投入；F_i 为个人互联网使用频率；W_i 为工资率；$\alpha_{ij}=(t_{ij}W_i)/\pi_j$ 即个人时间价值占商品 j 全价的份额，$i=f, m (f=女性, m=男性)$，$j=N, S$。

假定父母最大效用函数如公式 (7.1) 所示。

---

[1] Benporath, Y., "Economic Analysis of Fertility in Israel – Point and Counterpoint", *Journal of Political Economy*, 81 (2), 1973: S202–S233.

$$U^*(C, S) = U^*(\overline{Q}N, S) = U(N, S) \tag{7.1}$$

这种最大化受到儿童和消费商品生产函数的约束，如公式(7.2)和公式(7.3)所示。

$$N = f^N(T_{fN}, T_{mN}, X_N) \tag{7.2}$$

$$S = f^S(T_{fS}, T_{mS}, X_S) \tag{7.3}$$

资源约束条件如公式(7.4)和公式(7.5)所示。

$$T_{iN} + T_{iS} + T_{iL} = T_i, \quad i = f, m \tag{7.4}$$

$$V + T_{mL}W_m + T_{fL}W_f = P(X_N + X_S) \tag{7.5}$$

令生产函数呈现恒定的规模收益。因此，平均和边际系数是相等的。合并公式(7.4)和公式(7.5)，可得公式(7.6)。

$$(t_{fN}W_f + t_{mN}W_m + pX_N)N + (t_{fS}W_f + t_{mS}W_m + pX_S)S =$$
$$\pi_N N + \pi_S S = W_f T_f + W_m T_m + V = I \tag{7.6}$$

在公式(7.6)的约束下，求效用函数最大化，即消费替代率与全价比率相等，如公式(7.7)所示。

$$\frac{U_N}{U_S} = \frac{\pi_N}{\pi_S} \tag{7.7}$$

假设互联网使用频率和工资率之间存在函数关系式，如公式(7.8)所示。

$$W_i = g_i(F_i) \quad \frac{\partial W_i}{\partial F_i} > 0, \quad i = f, m \tag{7.8}$$

互联网使用频率通过价格和收入机制对生育孩子数量产生影响，如公式(7.9)所示。

$$\frac{\partial \pi_j}{\partial F_i} = \frac{\partial W_i}{\partial F_i} t_{ij}, \quad \frac{\partial I}{\partial F_i} = \frac{\partial W_i}{\partial F_i} T_{ij}, \quad i = f, m; j = N, S. \tag{7.9}$$

所以互联网使用频率对生育子女数所产生的影响，如公式(7.10)所示。

$$\frac{\partial N}{\partial F_i} = \frac{\partial W_i}{\partial F_i} \left(\frac{\partial N}{\partial \pi_N} t_{iN} + \frac{\partial N}{\partial \pi_S} t_{iS} + \frac{\partial N}{\partial I} T_i \right) = \frac{\partial W_i}{\partial F_i}$$

$$\left[\frac{\partial N^*}{\partial \pi_N} t_{iN} + \frac{\partial N^*}{\partial \pi_S} t_{iS} + \frac{\partial N}{\partial I} (T_i - Nt_{iN} - St_{iS}) \frac{\partial W_i}{\partial F_i} \right] \quad (7.10)$$

从公式（7.10）中考虑互联网使用频率对生育孩子数量产生的影响。如果个体认为抚养孩子的时间价值要优于消费的时间价值，并且孩子数量的收入弹性足够小时，互联网使用频率与生育孩子数量成反比关系。由静态分析可知，当 $\frac{\partial \pi_j}{\partial F_i} > 0$ 时，表明商品价格水平随互联网使用频率增加而提高，即互联网使用通过改变商品价格降低人们生育水平；当 $\frac{\partial I}{\partial F_i} > 0$ 时，表明个体收入同互联网使用频率同向变动，即互联网使用提高人们收入水平，从而导致生育成本增加，抑制生育行为发生。这是论证流动人口互联网使用对其生育行为影响的基础，为此，本节将采用2013年、2015年和2017年中国综合社会调查（CGSS）的混合横截面数据，采用二元选择Probit模型对流动人口互联网使用对其生育行为的影响进行实证研究。

第三节 数据说明与变量

一 数据说明

本节采用中国综合社会调查数据（Chinese General Social Survey，CGSS），该数据是由中国人民大学中国调查与数据中心发布的一项综合调查数据。本节采用2013年、2015年和2017年CGSS的混合横截面数据，将样本限制为18—50岁，户口登记地为本市以外的流动育龄群体，总样本量为2306，其中2013年、2015年和2017年的样本量分别为 679、635、992。

二 变量说明

第一,被解释变量为流动人口的生育行为。参考现有研究,[①] 选用受访者"当年是否有生育行为"进行衡量,当受访者当年有生育行为时,赋值为 1,反之为 0。

第二,核心解释变量为流动人口的互联网使用情况。选用受访者互联网使用频率指标进行衡量。将受访者对问题"过去一年对于互联网媒体(包括手机上网)的使用情况"的回答划分为 5 个等级"从不""很少""有时""经常"和"非常频繁",分别赋值 1—5。当受访者对该问题的回答小于等于 3 时,设定该受访者不经常使用互联网,回答大于 3 时,设定该受访者经常使用互联网。

第三,本节的控制变量为可能影响流动人口生育行为的变量,其中包括人口统计学特征,如户口状况、婚姻状况、年龄、性别、身体健康状况、受教育水平、劳动收入等;家庭特征,如家庭收入水平、家庭总收入等。具体而言,民族变量将少数民族赋值为 1,反之为 0。年龄变量选用受访者的实际年龄。个人总收入变量根据受访者的个人总收入取自然对数来衡量。受教育水平变量根据受访者的受教育程度划分为 5 个等级,分别设置虚拟变量。健康状况变量按照从低(很不健康)到高(非常健康)分别赋值 1—5。家庭收入水平变量根据受访者家庭经济状况在所居住地档级划分为 5 个等级。家庭总收入根据受访者的家庭总收入取自然对数来衡量。除此之外,其余控制变量还包括户籍(非农户口赋值为 1,反之为 0)、婚姻状况(已婚赋值为 1,反

[①] 顾宝昌:《生育意愿、生育行为和生育水平》,《人口研究》2011 年第 2 期。

之为0)、性别(男性赋值为1,反之为0)、是否拥有医疗保险(回答"是"赋值为1,反之为0)、是否拥有养老保险(回答"是"赋值为1,反之为0)。

第四节 实证分析

一 统计分析

(一)统计描述

表7.1描述了流动人口互联网使用情况及其生育行为状况。在全样本中(见表7.1全样本),流动人口当年有生育行为的平均值为0.051,可以看出样本中绝大多数流动人口当年没有生育行为;全样本中流动人口互联网使用频率的均值为3.945,而随着互联网健康有序地发展,样本中历年互联网使用频率的均值分别为3.461(2013年)、3.888(2015年)和4.313(2017年),呈逐年走高的趋势。而在分样本中,不经常使用互联网的流动人口相较于经常使用互联网的流动人口,其生育行为的均值显然更高(见表7.1分样本1、分样本2)。

表7.1　互联网使用与流动人口生育行为的统计描述

全样本　全体育龄流动人口的生育行为及互联网使用情况

变量名	平均值	中位数	标准差	最小值	最大值	观测值
生育行为	0.051	0	0.220	0	1	2306
是否使用互联网	3.945	4	1.364	1	5	2306

续 表

分样本 1　不经常使用互联网流动人口的生育行为

变量名	平均值	中位数	标准差	最小值	最大值	观测值
生育行为	0.057	0	0.232	0	1	580

分样本 2　经常使用互联网流动人口的生育行为

变量名	平均值	中位数	标准差	最小值	最大值	观测值
生育行为	0.049	0	0.215	0	1	1726

(二) 其他解释变量的描述性统计

表7.2描述了其他解释变量的情况。从人口统计学视角看，全样本中男女人数大致一样，但男性人数占比略高，为51%；有92.9%的流动人口为汉族，73.8%的流动人口处于已婚状态；全样本中非农户口为大多数，其人数占比为60.8%；平均年龄约在34岁，这表明育龄流动人口多正值壮年时期；受教育年限平均为11.89年，可以看出多数育龄流动人口受教育程度较低；自评身体健康状况一般及以上占比较高，可以看出流动人口的自评身体健康状况总体处于较好水平；参与医疗保险和养老保险的育龄流动人口占比分别为82.7%、58.9%，可以看出全样本中大多数流动人口参与医疗保险，但仅有半数流动人口参与养老保险。就家庭特征而言，全样本中家庭经济地位处于所居住地区平均水平以下，家庭总收入对数的平均值为11.173。

表7.2　　　　　　　　全样本其他解释变量统计描述

变量名称	观测值	均值	标准差	最小值	最大值
性别	2306	0.51	0.5	0	1
民族	2306	0.071	0.256	0	1
结婚	2306	0.738	0.44	0	1
户口	2306	0.392	0.488	0	1
年龄	2306	33.8	8.389	18	50
受教育程度	2306	11.89	3.861	6	19
身体状况	2306	4.047	0.881	1	5
医疗保险	2306	0.827	0.378	0	1
养老保险	2306	0.589	0.492	0	1
主观收入状况	2306	2.64	0.715	1	5
家庭总收入	2306	11.173	1.475	0	14.914
互联网普及率	2306	0.601	0.610	0.33	0.78

二　回归分析

（一）基准回归结果

本节的研究主题为流动人口互联网使用对其生育行为的影响。由于本节采用混合横截面数据且被解释变量具备二值特征，因此使用二元选择 Probit 模型进行研究，回归方程如公式（7.11）所示。

$$Y_{it} = \alpha + \beta use_{it} + \gamma X_{it} + \varphi_t + \mu_t + \varepsilon_{it} \qquad (7.11)$$

其中，被解释变量 Y_{it} 为个体 i 在 t 年的生育行为，解释变量 use_{it} 为

个体 i 在 t 年的互联网使用状况。模型中包含年份固定效应(φ_t),以及线性时间趋势(μ_t)。在控制变量中,加入流动人口的人口统计学特征(婚姻状况、性别、年龄、户口状况、受教育水平、身体健康状况)、家庭特征(家庭经济状况、家庭经济地位)等变量。

表 7.3 第(1)列和第(2)列汇报了互联网使用对流动人口当年生育行为的影响。回归结果显示,互联网使用会导致流动人口当年生育行为发生的概率下降 0.7%,且在 10% 的水平上显著。这与李飚等的研究结论基本类似,即互联网使用导致人们生育的机会成本上升,进而对人们的生育行为产生负向影响。[①]

表 7.3 第(3)列和第(4)列汇报了互联网使用对流动人口三年内生育行为的影响。回归结果显示,互联网使用会导致流动人口三年内生育行为发生的概率下降 1%,并且在 10% 的水平上显著。基于此本节得出一个结论,即互联网使用与流动人口生育行为呈现出相反的关系,即互联网使用显著降低了流动人口当年生育行为发生的概率,同时也会降低流动人口三年内生育行为发生的概率。

表 7.3　　　　　　　互联网使用对流动人口生育行为分析

变量	当年		三年内	
	(1)	(2)	(3)	(4)
互联网使用频率	-0.0814*	-0.0807*	-0.0655*	-0.0701*
	(-1.68)	(-1.78)	(-1.68)	(-1.78)
民族	0.243	0.243	-0.0773	-0.0729
	(1.26)	(1.26)	(-0.45)	(-0.43)

[①] 李飚、赖德胜、高曼:《互联网使用对生育率的影响研究》,《南方人口》2021 年第 2 期。

续 表

变量	当年		三年内	
	(1)	(2)	(3)	(4)
性别	0.0195 (0.19)	0.0188 (0.18)	0.0231 (0.28)	0.0224 (0.27)
户口	0.0833 (0.66)	0.0933 (0.74)	0.116 (1.15)	0.114 (1.11)
婚姻	1.958*** (6.27)	1.952*** (6.18)	1.938*** (9.56)	1.925*** (9.40)
年龄	-0.0681*** (-7.28)	-0.0680*** (-7.26)	-0.0611*** (-8.53)	-0.0613*** (-8.52)
受教育水平	0.0164 (0.89)	0.0167 (0.89)	0.0205 (1.37)	0.0180 (1.18)
健康状况	-0.00312 (-0.05)	0.00226 (0.04)	0.0669 -1.32	0.0669 -1.3
医疗保险	-0.0546 (-0.36)	-0.0429 (-0.28)	-0.0211 (-0.17)	-0.0154 (-0.13)
养老保险	0.143 (1.13)	0.139 (1.09)	0.0578 (0.58)	0.0543 (0.54)
生育意愿	0.0243 (0.50)	0.0242 (0.49)	0.0602 (1.60)	0.0611 (1.62)
主观收入状况	—	-0.0749 (-0.95)	—	-0.0374 (-0.58)
家庭实际收入	—	0.0202 (0.38)	—	0.0518 (1.18)

续 表

变量	当年		三年内	
	(1)	(2)	(3)	(4)
常数	-1.147* (-1.91)	-1.207 (-1.54)	-1.389*** (-3.00)	-1.828*** (-2.95)
平均边际效应	-0.007* (-1.67)	-0.007 (-1.65)	-0.009* (-1.68)	-0.010* (-1.78)
年份固定效应	是	是	是	是
省份固定效应	是	是	是	是
N	2273	2273	2283	2283

（二）内生性问题

虽然基准回归结果表明，互联网使用会显著降低流动人口生育行为发生的概率，但结果可能由于内生性问题产生偏差，如遗漏变量问题和反向因果关系。为解决上述两类内生性问题，本节采取以下方法。第一，基于已有研究加入尽可能多的控制变量；第二，使用工具变量法对反向因果关系加以解决。本节根据毛宇飞等[1]的设定，将"互联网普及率"作为工具变量。互联网普及率反映了流动人口所在地区通信技术基础设施的整体水平。一方面，流动人口互联网使用情况取决于该地区基础设施的整体水平；另一方面，流动人口生育行为与地区互联网普及率关联度不强。因此，本节选取互联网普及率作为替代互联网使用频率的工具变量。

---

[1] 毛宇飞、曾湘泉、胡文馨：《互联网使用能否减小性别工资差距？——基于CFPS数据的经验分析》，《财经研究》2018年第7期。

表7.4 汇报了两阶段最小二乘法（2SLS）的回归结果。第（1）列和第（3）列为一阶段回归结果。回归结果表示，较高互联网普及率地区的流动人口互联网使用频率较高，这反映本节工具变量选取合理。第（2）列至第（4）列汇报了二阶段回归结果，利用互联网普及率作为工具变量替代互联网使用频率进行实证分析后发现，互联网使用会显著降低流动人口生育行为发生的概率，这与基准回归结果一致。

表7.4　　　　　　　　工具变量回归结果

变量	（1）	（2）	（3）	（4）
互联网使用频率	—	-0.0564* (-1.68)	—	-0.0604* (-1.72)
互联网普及率	1.055*** (6.26)	—	1.021*** (6.04)	—
民族	-0.074 (-0.91)	0.0162 (0.89)	-0.071 (-0.87)	0.0162 (0.88)
性别	0.051 (1.17)	-0.00193 (-0.20)	0.054 (1.23)	-0.00191 (-0.20)
户口	0.239*** (4.89)	0.0205 (-1.47)	0.217*** (4.42)	0.0213 (1.55)
婚姻	-0.002 (-0.05)	0.109*** (-9.12)	-0.022 (-0.43)	0.107*** (8.85)
年龄	-0.057*** (-17.09)	-0.00826*** (-4.15)	-0.056*** (-17.04)	-0.00849*** (-4.12)
受教育水平	0.105*** (14.49)	0.00652 (-1.62)	0.099*** (13.60)	0.00681* (1.70)

续 表

变量	(1)	(2)	(3)	(4)
健康状况	0.050* (1.89)	0.00558 (-0.99)	0.038 (1.42)	0.00586 (1.05)
医疗保险	0.101 (1.46)	-0.00124 (-0.09)	0.087 (1.26)	-0.000414 (-0.03)
养老保险	0.123** (2.32)	0.0179 (-1.45)	0.113** (2.13)	0.0181 (1.47)
生育意愿	-0.010 (-0.45)	0.000278 (-0.06)	-0.011 (-0.50)	0.000398 (0.08)
主观收入状况	—	—	0.091*** (2.71)	-0.00256 (-0.34)
家庭实际收入	—	—	0.042*** (2.60)	0.00284 (0.73)
常数	3.186*** (14.93)	0.355*** (-2.73)	2.625*** (10.42)	0.348*** (2.95)
第一阶段F值	119.75	119.75	105.28	105.28
P值	0.000	0.000	0.000	0.000
Wald检验	104.87	104.87	104.43	104.43
年份固定效应	是	是	是	是
N	2306	2306	2306	2306

（三）稳健性检验

为对本节核心结论的稳健性进行检验，本节重新构造了一组衡量互联网使用情况的指标。当该指标取值为0时，表示受访者不经常使用互联网；当指标取值为 1 时，表示受访者经常使用互联网。由于本节采用的数据为混合横截面数据且被解释变量具备二值特征，所以采用控制年份特征和省份特征的 Probit 模型。

表 7.5 汇报了流动人口是否经常使用互联网与生育行为的回归结果。与之前的回归结果基本一致，流动人口经常使用互联网显著降低了其生育行为发生的概率。经过检验发现，本节的核心结论是稳健的，即互联网使用会显著降低流动人口生育行为发生的概率。

表 7.5　是否经常使用互联网对流动人口生育行为分析

变量	当年		三年内	
	(1)	(2)	(3)	(4)
是否经常使用互联网	-0.262* (-1.83)	-0.259* (-1.80)	-0.252** (-2.20)	-0.263** (-2.28)
民族	0.244 (1.27)	0.244 (1.27)	-0.0808 (-0.47)	-0.0763 (-0.45)
性别	0.0149 (0.14)	0.0145 (0.14)	0.0203 (0.24)	0.0194 (0.23)
户口	0.0810 (0.64)	0.0910 (0.72)	0.116 (1.15)	0.113 (1.11)
婚姻	1.957*** (6.25)	1.951*** (6.17)	1.939*** (9.55)	1.926*** (9.39)
年龄	-0.0677*** (-7.35)	-0.0676*** (-7.33)	-0.0616*** (-8.72)	-0.0617*** (-8.71)
受教育水平	0.0169 (0.91)	0.0171 (0.91)	0.0221 (1.48)	0.0195 (1.29)
健康状况	-0.00432 (-0.07)	0.00107 (0.02)	0.0658 (1.29)	0.0654 (1.27)

续 表

变量	当年	三年内		
	(1)	(2)	(3)	(4)
医疗保险	-0.0537 (-0.36)	-0.0423 (-0.28)	-0.0160 (-0.13)	-0.0106 (-0.09)
养老保险	0.143 (1.13)	0.138 (1.09)	0.0597 (0.59)	0.0560 (0.55)
生育意愿	0.0260 (0.53)	0.0258 (0.53)	0.0618 (1.64)	0.0627* (1.66)
主观收入状况	—	-0.074 (-0.94)	—	-0.0364 (-0.57)
家庭实际收入	—	0.0195 (0.37)	—	0.0515 (1.19)
常数	-1.281** (-2.20)	-1.336* (-1.73)	-1.466*** (-3.29)	-1.914*** (-3.13)
年份固定效应	是	是	是	是
省份固定效应	是	是	是	是
N	2273	2273	2283	2283

(四) 机制分析

本节借鉴温忠麟等[1]的做法，研究互联网使用对流动人口生育行为的作用机理，即将作用机理加入基准回归方程，探究流动人口互联网

---

[1] 温忠麟、张雷、侯杰泰：《中介效应检验程序及其应用》，《心理学报》2004 年第 5 期。

使用对其生育行为的影响。根据第二部分理论模型，本节从收入机制以及价格机制两个方面分析流动人口互联网使用抑制其生育行为发生的可能机制。

1. 互联网使用通过提高收入水平降低生育行为发生的概率

互联网使用对于流动人口劳动收入的提高产生了巨大的作用。[①] 随着互联网技术的广泛应用，劳动力市场供需双方的匹配效率得到了前所未有的提升。[②] 人们可以更加自主地择业。例如，"零工经济""杠杆青年"等就是利用互联网模式打破了传统就业模式的局限，为就业带来了新机会。劳动力市场匹配效率的提升在很大程度上促使流动人口劳动参与率提高进而促使其劳动收入增加。同时，互联网使用改变了传统工作模式，利用技术创新推动工作效率提升。例如，在供给侧结构性改革的背景下，利用互联网助力产业转型，在确保产出质量的同时也降低了产品单位成本，企业经济效益改善，员工劳动收入随之提升。可以看出，互联网使用对劳动者收入的提升产生了积极影响，导致其生育的机会成本提高进而抑制其生育行为发生。

本节尝试使用流动人口全年总收入进行分析。随着互联网等数字技术的广泛应用，人们收入模式更加多元，不仅有劳动收入还有资本收入。因此，我们认为流动人口全年总收入能更好地反映流动人口的收入状况。

表 7.6 汇报了相应的机制分析结果。回归结果显示，流动人口互联网使用行为显著提高了其收入水平，进而导致其生育行为发生的概率下降。不难看出，收入水平提高是互联网使用对流动人口生育行为

[①] 罗楚亮、梁晓慧：《互联网就业搜寻对流动人口就业与工资的影响》，《学术研究》2021 年第 3 期。

[②] 周烁、张文韬：《互联网使用的主观福利效用分析》，《经济研究》2021 年第 9 期。

产生影响的作用机制之一，即流动人口通过使用互联网提高其收入水平，进而对其生育行为产生消极影响。从理论上看，互联网通过改变传统工作模式提高工作效率，导致流动人口收入水平提升，这种收入水平的提升对于流动人口生育行为而言是很重要的。

表7.6　　　　　互联网使用、收入水平和生育行为

被解释变量	(1) 生育行为	(2) 收入水平	(3) 生育行为
互联网使用频率	-0.0807* (-1.65)	0.311*** -4.68	-0.0632 (-1.27)
收入水平	—	—	-0.0481*** (-3.35)
控制变量	是	是	是
时间固定效应	是	是	是
省份固定效应	是	是	是
观测值	2273	2306	2273

2. 互联网使用通过提高商品价格降低生育行为发生的概率

一直以来，经济约束都被看作生育决策中最重要的考量。[1] 经验分析认为，生育孩子的经济成本越高，生育行为发生的概率越低。同时，经济因素也是影响人口迁移的重要因素。[2] 通过收入机制可知，互联网使用对流动人口收入水平产生正向影响进而对人口迁入产生拉力。伴

---

[1] 黄秀女、徐鹏：《社会保障与流动人口二孩生育意愿——来自基本医疗保险的经验证据》，《中央财经大学学报》2019年第4期。
[2] 陈威、王菡、董亚宁：《西北地区人口流动决策的影响因素研究——基于新空间经济学视角》，《西北人口》2022年第1期。

随人口大量流入，导致地区商品供需失衡、物价上涨。这意味着互联网使用可能导致当地物价水平上涨，对流动人口生育行为造成更强的经济约束。同时，经济高速发展地区人们观念更加多元，对新事物更具有包容性，使用互联网频率可能更高。可以看出，互联网使用对当地商品价格上涨产生正向影响，从而导致流动人口生育成本提高，抑制其生育行为发生。

由于缺少直接反映各地物价水平的指标，我们主要使用各地经济发展水平来衡量当地的物价水平。我们假定，当地区经济发展水平较高时，说明其拥有更高的物价水平，反之则拥有较低的物价水平。

表 7.7 汇报了相应的机制分析结果。其中，第（2）列显示了流动人口互联网使用与当地商品价格之间存在显著的正相关关系；第（3）列在考虑了物价水平的机制作用后发现，流动人口互联网使用会显著降低其生育行为发生的概率。虽然物价水平对生育行为的影响未能在10%的水平上显著，但通过观察系数可知物价与流动人口生育行为成反比关系。不难看出，当地物价水平可能是互联网使用影响流动人口生育行为的机制之一，即流动人口互联网使用会提高当地物价水平，进而降低流动人口生育水平。

表 7.7　互联网使用、商品价格水平和生育行为

被解释变量	生育行为	lnGDP	生育行为
	(1)	(2)	(3)
互联网使用频率	-0.0720* (-1.87)	0.0479*** -3.57	-0.0691* (-1.79)
lnGDP	—	—	-0.0569 (-0.99)
控制变量	是	是	是

续 表

被解释变量	生育行为	lnGDP	生育行为
	(1)	(2)	(3)
时间固定效应	是	是	是
观测值	2306	2306	2306

第五节 结论与政策建议

本章采用了2013年、2015年和2017年中国综合社会调查（CGSS）的混合横截面数据，使用二元选择Probit模型分析了流动人口互联网使用对其生育行为的影响和作用机理。本章发现，国内外关于互联网对生育行为的影响方向因机制不同而有所差异。综合来看，互联网使用会对流动人口生育行为产生消极影响，该结论经过一系列检验后仍然成立。本章利用时间分配理论探究互联网使用对流动人口生育行为的内在机制后发现，互联网通过价格机制和收入机制对生育孩子数量产生影响。具体而言，互联网使用通过提高流动人口收入水平使其生育行为发生的概率下降以及互联网使用通过提高商品价格进而降低流动人口生育行为发生的概率。

然而，技术产物都具备技术中性的特征，互联网也不例外。并不是所有互联网使用行为都与生育行为负相关，因使用目的的不同，影响方向也会存在差异。例如，个体频繁使用互联网接受与生育焦虑相关的信息，导致其生育的信息成本增加进而对生育行为产生负向影响。因此，应该正确认识互联网使用与生育行为之间的关系，既要正视可能存在的问题，也不应夸大互联网使用对生育水平下降所起的作用。

总之，互联网作为当今社会人们生活和工作不可或缺的一部分，正潜移默化地影响个体生育决策，对于如何利用互联网改善流动人口生育环境以更好地实现中国人口政策的预期效果，需要引起足够的重视。本章结论在分析了互联网使用对流动人口生育行为影响的基础之上，进一步对影响机制进行探究，为中国生育激励政策的制定提供了有力支撑。本章的政策含义在于以下三个方面。

第一，在积极营造生育友好型社会的背景下，政府在制定和评估关于促进居民生育率的政策时，应充分考虑不同群体的生育需求，特别是对中国未来整体生育水平走势影响巨大的流动人口的生育需求。具体而言，政府应建立专门的流动人口生育网络信息服务平台，为其提供高质量的生育信息服务，有效满足育龄流动人口的生育需求，降低其生育成本。

第二，由于中国各地区网络发展不均衡，导致人口迁移、商品价格上涨和"数字鸿沟"现象在中国依然存在。基于此，中国须加快平衡各区域间网络发展，提升网络技术可及性，缩小地域间"数字鸿沟"，从而缓解商品价格非理性上涨，进而改善流动人口的生育环境。

第三，在生育激励政策的制定过程中，不能仅仅依靠放宽生育数量的单一政策，还需要考虑网络对生育环境的影响。特别是，流动人口互联网使用对其生育行为的负面影响也应成为评估和预测生育政策调整效果的重要因素。

第八章 流动时间对生育意愿的影响

改革开放以来持续发展的经济社会为人口迁移流动创造了条件。2020年第七次全国人口普查数据显示,中国流动人口总量达37582万人,较十年前的"六普"数据增长69.73%,较国家统计局发布的2019年流动人口总数增加了59.32%。这些流动人口中的绝大部分是乡—城劳动力转移,以多处于育龄和生育高峰期的青年人为主体。但受夫妻分离、户籍地与居住地分离等因素的影响,其生育意愿会受到农村传统生育文化和城市新型生育观念的双重影响而呈现出不同于上述两种文化观念的新特征。且随着流动时间的延长,流动人口的生育观念处于由传统向现代转变的阶段。基于此,本章以流动人口中的育龄女性为研究对象,分析流动时间对流动人口生育意愿的影响,以期为生育政策和相关社会经济政策的进一步完善提供更准确的数据支撑。

第一节 文献综述

随着多处于育龄期的流动人口队伍的不断壮大,其生育意愿和生育行为会对全国层面的生育水平产生影响。国内外的研究发现,地域流动是影响妇女生育意愿和生育行为的一个重要原因。

现存五种效应来解释人口流迁与流动人口生育意愿及行为间的关系。中断效应起推迟生育行为但不改变终身生育率的作用；选择效应和社会化效应给生育行为带来的人口学影响并不显著；适应融合效应和扩散效应的结果是使流迁者的生育水平降低。[①] 一些学者认为，流迁是生育率降低的重要原因。梁秋生着重关注大城市育龄妇女超低总和生育率，认为该现象与外来人口的不断扩大显著相关。[②] 陈卫认为，流动迁移对生育率有着非常显著的影响，城市外来人口生育率水平与城乡本地人口生育率水平相比显著偏低。[③] 郭志刚通过计算流动妇女分孩次及年龄别模式的生育率，认为人口流动是降低全国和不同户籍流动人口生育率的重要催化剂。[④] 邓金虎运用 2015 年天津市流动人口动态监测数据，得出流动妇女低生育水平是其自主选择少生的结论。[⑤] 梁同贵通过测算不同时期孩次递进生育率，认为较农村本地人口而言，乡—城流动推动生育率水平降低。[⑥] 周皓在运用倾向得分匹配法剔除选择性后仍得出人口流迁降低生育意愿的结论。[⑦] Liang 认为，不同的流迁方向对生育率的影响不同，相比之下乡—城流动使生育率下降的程度大于城—乡流动使生育率增长的程度，计划生育仍在低生育率方面

[①] 石人炳：《迁移流动人口生育特点及相关理论——中外研究述评》，《人口与发展》2011 年第 6 期。
[②] 梁秋生：《外来流入人口的分母效应与大城市育龄妇女的超低总和生育率——以京、津、沪为例》，《人口研究》2004 年第 5 期。
[③] 陈卫：《中国人口迁移与生育率关系研究》，《人口研究》2006 年第 1 期。
[④] 郭志刚：《流动人口对当前生育水平的影响》，《人口研究》2010 年第 1 期。
[⑤] 邓金虎：《流动妇女生育量及其影响因素研究——基于天津市流动人口监测数据》，《人口与发展》2017 年第 5 期。
[⑥] 梁同贵：《乡城流动人口与农村本地人口的生育水平差异》，《中国人口科学》2017 年第 3 期。
[⑦] 周皓：《人口流动对生育水平的影响：基于选择性的分析》，《人口研究》2015 年第 1 期。

发挥着重要作用。[1] Mayer 以德国移民为例检验同化假设，结果表明德国移民进入迁入国时生育率较高，但在移民地度过的生育时间越多，其生育率下降也越多，这与同化模型的预测结果相一致。[2] 也有学者指出，流动人口的生育水平逐渐趋同于流入地。伍海霞运用二分类 Logistic 模型进行分析，研究结果表明乡—城流动人口在生育观念、生育行为及生育数量上已不存在明显不同于城镇居民的偏好。[3] 薛君认为，融合机制在探究不同年龄组别生育进度效应的过程中所发挥的作用较为明显。[4] Lee 认为，迁移的选择效应可能会使城乡生育差距缩小的幅度放缓。[5]

还有相关研究发现，社会人口学特征、家庭特征、生育政策等因素会对流动人口的生育意愿和生育行为产生影响。黄秀女着重关注社会保障与流动人口二孩生育意愿的关系，认为不同种类的基本医疗保险对二孩生育意愿存在异质性影响，新农合有正向促进作用而城镇职工医疗保险有负向抑制作用。[6] Zhou 揭示了中国流动人口拥有住房和二孩生育意愿之间的关系，实证结果表明流动人口拥有住房和生育二孩之间存在一种竞争或替代关系，拥有住房会使二孩生育意愿降低。[7]

---

[1] Liang Y., "The Impact of Migration on Fertility Under China's Underlying Restrictions: A Comparative Study Between Permanent and Temporary Migrants", *Social Indicators Research*, 116 (1), 2014: 307-326.

[2] Mayer J., "Fertility Assimilation of Immigrants: Evidence from Count Data Models", *Journal of Population Economics*, 13 (2), 2000: 241-261.

[3] 伍海霞：《城镇外来农村流动人口的生育观念与行为分析——来自深圳调查的发现》，《人口研究》2006 年第 1 期。

[4] 薛君：《中断与融合：人口流动对生育水平的影响》，《人口学刊》2018 年第 4 期。

[5] Lee B. S., "Fertility Adaptation by Rural—Urban Migrants in Developing Countries: The Case of Korea", *Population Studies*, 38 (1), 1984: 141-155.

[6] 黄秀女：《社会保障与流动人口二孩生育意愿——来自基本医疗保险的经验证据》，《中央财经大学学报》2019 年第 4 期。

[7] Zhou M., "Fertility Intentions of Having a Second Child Among the Floating Population in China: Effects of Socioeconomic Factors and Home Ownership", *Population, Space and Place*, 26 (2), 2020: e2289.

陈秀红认为，流动人口的二孩生育意愿受家庭发展能力的影响，二孩生育意愿受是否在本地购房、受教育程度等的影响较为显著。[1] 李荣彬认为，相较于子女性别不同的家庭，"子女双全"的想法会使子女性别相同的家庭有较高的生育偏好，同时流动人口再生育意愿会受家庭收入的限制。[2] 王晓宇从家庭视角构建经济模型，认为生育政策是流动人口低水平生育率的关键原因，收入的提高会对生育率的提高起到正向作用。[3] 侯慧丽指出，流动人口的个人特质及其二孩生育意愿的城间差异均在城市化降低生育水平的过程中发挥重要作用。[4]

在流动人口生育行为和生育意愿影响因素的研究中，一些学者对流动特征中的流动时间有所提及。Ford 通过分析美国移民人口普查数据以研究移民后的生育率趋势，结果显示在到达新国家之后，移民的生育率可能会由于弥补因为移民而推迟的婚姻或生育而趋于上升，一段时间后随着其在新国家越来越同化，她们的生育率可能会下降且与流迁时间较长的群体相似。[5] Carter 为妇女特别是向第三胎过渡的妇女在移民之后的几年内生育率下降的结论提供了支持。[6] 李丁运用监测数据和其他生育数据计算总和生育率、分孩次总和生育率等指标，认为样本中流动妇女生育事件和流动时间高度相关，各年流入本地的流动

---

[1] 陈秀红：《流动人口家庭发展能力对二孩生育意愿的影响——基于 2016 年流动人口动态监测数据的实证分析》，《行政管理改革》2019 年第 4 期。

[2] 李荣彬：《子女性别结构、家庭经济约束与流动人口生育意愿研究——兼论代际和社会阶层的影响》，《青年研究》2017 年第 4 期。

[3] 王晓宇：《家庭生育决策与全面两孩政策——基于流动人口的视角》，《南开经济研究》2018 年第 2 期。

[4] 侯慧丽：《城市化进程中流入地城市规模对流动人口生育意愿的影响》，《人口与发展》2017 年第 5 期。

[5] Ford K., "Duration of Residence in the United States and the Fertility of US Immigrants", *International Migration Review*, 24 (1), 1990: 34 – 68.

[6] Carter M., "Fertility of Mexican Immigrant Women in the US: A Closer Look", *Social Science Quarterly*, 2000: 1073 – 1086.

妇女在流入前后两三年内生育率偏高。① 梁同贵运用单因素分析法及多元回归分析法研究居住时长和一般生育率的关系，得出距离第一次离开户籍地的时间越长，一孩、二孩、全部孩次生育概率越大的结论。② 杨菊华选择二元 Logistic 模型对样本进行回归分析，认为流动人口在流入地居住时间越长，越有可能接受城市地区的生育观念而降低其生育意愿。③ 朱健着重关注"80 后"流动人口二孩生育意愿，研究发现流动人口的生育观念会随其在城市工作时间的延长而发生变化，工作时间越长的流动者二孩生育意愿越弱。④ 伍海霞对农民工生育观念的影响因素进行了定量研究，结果显示农民工期望子女数随其城镇滞留时间的延长而有所波动，呈现先下降后上升的趋势。⑤ 王良健认为，生育意愿在一定程度上意味着一种情感寄托，长期在外的漂泊感使流动人口出于情感需求而生育后代。⑥

通过梳理可以发现，总体来看，尽管现有研究对流动人口及其生育行为和生育意愿的关系给予了普遍的关注，但无论是从人口流动角度还是从生育角度，对于流动人口在流动行为发生后的短至长期内对生育的影响研究并不十分充分。与既有文献相比，本章重点研究流动时间与流动人口生育意愿之间的关系，以期进一步扩展现有研究，进一步丰富现有结论。

---

① 李丁：《中国流动人口的生育水平——基于全国流动人口动态监测调查数据的分析》，《中国人口科学》2014 年第 3 期。

② 梁同贵：《流动人口生育水平研究中的两个盲点与生育水平再分析》，《人口与经济》2021 年第 5 期。

③ 杨菊华：《流动人口二孩生育意愿研究》，《中国人口科学》2018 年第 1 期。

④ 朱健：《"80 后"流动人口二孩生育意愿研究——以湖南省 2013 年流出人口为例》，《湘潭大学学报》（哲学社会科学版）2016 年第 1 期。

⑤ 伍海霞：《社会网络对农民工生育观念的影响——来自深圳调查的发现》，《人口与发展》2008 年第 6 期。

⑥ 王良健：《流动人口二孩生育意愿及其影响因素研究——基于湖南省 2016 年流动人口动态监测数据》，《调研世界》2017 年第 6 期。

第二节 数据、变量与方法

一 数据来源

本节采用2018年5月国家卫健委在全国范围内进行的流动人口动态监测调查数据,该数据以在流入地居住一个月以上、非本区(县、市)户口的15岁及以上的流入人口为调查对象,采用多种方法抽样后的所选样本在市级、省级及全国范围内均具代表性。根据研究需要,本节选择15—49岁处在育龄阶段、已婚且有配偶的流动妇女为研究对象,在剔除缺失关键变量或有奇异值的样本之后,最终将51216个样本纳入模型进行分析。

二 变量说明

(一) 被解释变量

本节重点关注流动人口的生育意愿。根据调查问卷的问题设置,对受访者"今明两年您是否有生育打算"的相关情况进行询问,最终根据调查情况将调查结果分为"打算生""没想好"和"不打算生"三类。

(二) 核心解释变量

本节所选用的核心解释变量为流动人口在流入地的居住时间,具体指流动人口本次流动年份至调查之日止的时间长度,分析中根据流动的时长划分为五类,分别为1年以下、1—3年、3—5年、5—10年及10年以上。

(三) 控制变量

本节控制其他相关影响因素以探讨流动时间对流动人口生育意愿的独立作用。根据既有文献对流动人口生育意愿影响因素的分析及本节的研究目的，本节所选取的控制变量分为以下三类。一是社会人口学特征，包括民族、户口性质、受教育程度及是否参加城乡居民基本医疗保险。其中民族为二分类变量；受教育程度由低至高划分为小学及以下、初中、高中、大专及以上四类；户口性质划分为农业户口、非农业户口两类①；是否参加城乡居民基本医疗保险为二分类变量。二是流动特征，重点研究流动区域、流动范围和流动经济带。流动区域划分为东、中、西及东北地区四类；流动范围由大至小分为跨省流动、省内跨市流动、市内跨县流动；流动经济带设置为四分类变量，分别为流入珠三角、长三角、环渤海和其他地区。三是家庭特征，包括配偶受教育程度、配偶户口性质、家庭平均月收入及现有子女中是否有男孩。配偶受教育程度及户口性质的划分标准同上。作为连续变量纳入模型的家庭平均月收入的对数，用以反映流动人口的收入状况。子女中是否有男孩以二分类变量的形式纳入分析模型。各变量描述性统计结果见表 8.1。

表 8.1　流动人口生育意愿影响因素分析的变量描述信息

变量	频数	百分比	变量	频数	百分比
生育意愿			跨省	25011	48.83
打算生育	6162	12.03	省内跨市	17079	33.35

---

① 本节将"农业"和"农业转居民"统一归为"农业户口"，将"非农业"和"非农业转居民"统一归为"非农业户口"。

续　表

变量	频数	百分比	变量	频数	百分比
不打算生育	39280	76.69	市内跨县	9126	17.82
没想好	5774	11.27	流动区域		
流动时间			东北地区	2962	5.78
1年以下	2738	5.35	东部地区	23331	45.55
1—3年	13543	26.44	中部地区	10247	20.01
3—5年	13396	26.16	西部地区	14676	28.66
5—10年	13040	25.46	经济带		
10年以上	8499	16.59	珠三角	3367	6.57
社会人口学特征			长三角	7923	15.47
民族	—	—	环渤海	9454	18.46
汉族	47190	92.14	其他	30472	59.50
其他	4026	7.86	家庭特征		
受教育程度			家庭月收入	51216	100.00
小学及以下	8608	16.81	配偶受教育程度		
初中	22106	43.16	小学及以下	5335	10.42
高中	10628	20.75	初中	23415	45.72
大专及以上	9874	19.28	高中	11805	23.05
是否参加城乡居民基本医疗保险			大专及以上	10661	20.82
是	5743	9.26	配偶户口性质		

续 表

变量	频数	百分比	变量	频数	百分比
否	45473	90.74	农业	40348	78.78
户口性质			非农业	10868	21.22
农业	43501	84.94	子女中是否有男孩		
非农业	7715	15.06	是	33970	66.33
流动特征			否	17246	33.67
流动范围			—		

数据来源：2018 年流动人口动态监测调查数据。

三 研究方法

鉴于本节的研究目的，将因变量设置为多分类变量，$Y=1$ 表示打算生育，$Y=2$ 表示不打算生育，$Y=3$ 表示没想好。由于对于每位受访者而言，受访时仅存在一种关于生育意愿的选择，且在关于生育意愿的三个选项之间无法严格排序，故本节采用多元无序 Logistic 回归（Multinomial Logistic Regression）模型进行分析，以 $Y=2$（不打算生育）为参照组，自变量为 X_1、X_2、$\cdots$、X_p，相应的 Logistic 回归模型如公式（8.1）至公式（8.3）所示。

$$\log it P_2 = \ln\left[\frac{P(Y=2\mid X)}{P(Y=2\mid X)}\right] = \ln 1 = 0 \quad (8.1)$$

$$\log it P1 = \ln\left[\frac{P(Y=1\mid X)}{P(Y=2\mid X)}\right] = \alpha_1 + \beta_{11}X_1 + \cdots + \beta_{1p}X_p \quad (8.2)$$

$$\log it P_3 = \ln\left[\frac{P(Y=3\mid X)}{P(Y=2\mid X)}\right] = \alpha_3 = \beta_{[}31]X_1 + \cdots + \beta_{3p}X_p \quad (8.3)$$

第三节 实证结果

本节选择多元无序 Logistic 回归模型,分别建立"打算生育"与"不打算生育"的回归模型、"没想好"与"不打算生育"的回归模型对样本进行分析。为了便于解释,表中数据均以系数风险比(Odds Ratio)的方式呈现,两列均以"不打算生育"为分母,表示打算生育的概率/不打算生育的概率和没想好的概率/不打算生育的概率。若所测算出的 OR 值大于 1,则表明相较于不打算生育的概率,打算生育或没想好的概率更高,反之则反是。回归结果见表 8.2。

表 8.2　　　　　　　　多分类 Logistic 回归结果

变量类型		(1)	(2)
流动时间 (参照组:1 年以下)	1—3 年	0.904 (−1.57)	1.018 (0.27)
	3—5 年	0.731 *** (−4.79)	0.934 (−1.03)
	5—10 年	0.557 *** (−8.74)	0.711 *** (−5.06)
	10 年以上	0.292 *** (−15.54)	0.389 *** (−12.17)
社会人口学特征			
民族(参照组: 少数民族)	汉族	0.667 *** (−7.02)	0.759 *** (−5.32)
户口性质 (参照组:农业)	非农业	0.764 *** (−5.89)	0.863 *** (−3.15)

续 表

变量类型		(1)	(2)
受教育程度 (参照组: 小学及以下)	初中	2.065*** (10.18)	2.206*** (12.62)
	高中	2.746*** (12.97)	2.896*** (15.25)
	大专及以上	4.260*** (17.28)	3.545*** (16.22)
是否参加城乡 居民基本医疗 保险(参照组:否)	是	0.885** (-2.45)	1.050 (1.08)
流动特征			
流动经济带 (参照组:其他)	珠三角	1.164** (2.01)	0.978 (-0.30)
	长三角	0.819*** (-3.05)	0.684*** (-5.89)
	环渤海	0.868*** (-2.40)	0.824*** (-3.38)
流动区域 (参照组:东北地区)	东部地区	1.598*** (6.35)	1.726*** (7.08)
	中部地区	1.085 (1.04)	1.357*** (3.83)
	西部地区	1.414*** (4.64)	1.561*** (5.77)
流动范围 (参照组: 市内跨县)	跨省	0.907** (-2.11)	1.053 (1.16)
	省内跨市	1.031 (0.68)	1.105** (2.35)

续表

变量类型		(1)	(2)
家庭特征			
配偶受教育程度 （参照组： 小学及以下）	初中	1.419*** (4.18)	1.338*** (4.03)
	高中	1.803*** (6.61)	1.539*** (5.50)
	大专及以上	2.291*** (8.74)	1.794*** (6.82)
配偶户口性质 （参照组：农业）	非农业	0.970 (-0.74)	0.929* (-1.74)
子女中是否有 （参照组：否）	是	0.155*** (-57.86)	0.422*** (-28.82)
家庭平均月收入的对数		1.006 (0.20)	0.877*** (-4.34)

注：*、**和***分别表示在10%、5%和1%的水平下显著，括号内的数字为该变量的t检验值。

数据来源：2018年流动人口动态监测调查数据。

表8.2的回归结果显示流动时间、民族、户口性质、受教育程度、是否参加城乡居民基本医疗保险、流动经济带、流动区域、流动范围、配偶受教育程度及子女性别结果均对流动人口的生育意愿有显著影响。具体来看，体现在以下几个方面。

流动时间方面，距离本次流动年份的时间越长，流动人口的生育意愿越低。以流动时间1年以下的群体为参照对象，随着流动时间的延长，受访者打算生育的概率逐渐下降，流动时间在10年以上的受访者打算生育的概率为参照组的0.292倍，会在1%的显著水平下抑制流动人口的生育意愿。根据中断假说，1—3年的短期流动与流动人口生育意愿间的负相关可能与流动行为的干扰性有关，如夫妻分离、生活不适应、工作不稳定等因素及身心的双重负担使她们无愿或无力在此阶段生育孩子，故会给生育意愿带来负向影响，该理论可解释短期内人口流动与生育意愿的关系。根据适应或融合假说，一方面，迁入地的社会、经济、文化等状况会影响流迁者的生育意愿及行为。适应是一个逐渐的中至长期的过程，包含经济、社会、心理适应等多方面，其中心理适应对流动人口的社会融入起决定性影响。[1] 随着迁移流动者流动时间的延长，生活逐渐安定，在和当地人口的密切交往中，其自身的生活习惯、思想观念等容易受到影响，其生育意愿和生育行为会在心理适应逐渐增强的过程中趋近于目的地人口。该过程也伴随着传统生育观念向现代生育观念的转变，生育的打算越来越弱。另一方面，迁移流动者为了适应城镇生活，需进行自身身份认定的转变。在角色转变的过程中，生育孩子和其他方面的冲突增强，生育孩子的机会成本的逐渐提高。上述两方面可以用于解释中长期流动对流动人口生育意愿的影响。基于上述几方面原因，迁移流动者的生育意愿会随流动时间的延长而降低。

社会人口学特征方面，对比流动人口打算生育与不打算生育的系数风险比可以发现，相较于其他民族而言，汉族的生育意愿显著偏低。这可能受少数民族地区生育文化的影响，也可能与当地较为宽松的生育政策有关。户口性质为非农的受访者打算生育与不打算生育的 OR 值小于 1，说明在城乡间流动人口的生育意愿存在差异，拥有非农业户口的流动人口较拥有农业户口的流动人口而言更可能不具备生育偏好。流动妇女的生育意愿随其受教育年限的提高而提升。具体来看，对比大

---

[1] 梁土坤：《城市适应：流动人口生育意愿的影响因素及其政策涵义》，《大连理工大学学报》（社会科学版）2018 年第 6 期。

专及以上和小学及以下流动人口的生育意愿可知，前者生育的概率为后者的4.26倍。更高的学历水平可能与更高的收入水平相关，收入水平的提高有利于生活压力的减小和生育意愿的提高。就是否参与城乡居民基本医疗保险而言，城乡居民基本医疗保险与打算生育的概率间存在负向关系，城乡居民医疗保险的缴费负担可能降低了父母对于生育子女效用的预期，对其生育意愿产生了挤出效应。

流动特征方面，选择流入珠三角、东部地区的受访者。其生育意愿高于流入其他地区的受访者。两大区域较其他地区而言人均收入水平较高，在抚养负担逐渐增强的当下，此类流动者有更强的经济能力以养育后代，故该区域流动人口生育意愿较强。这表现出个体经济水平和地区发展状况均会对流动人口的生育意愿产生积极的正向影响。就流动范围而言，跨省流动的受访者生育意愿最弱，从数据分析可知，跨省流动人口生育的概率与市内跨县流动人口生育的概率比值小于1。一个可能的原因是跨省流动人口面临诸如经济压力大、夫妻分离、子女缺乏父辈照料等限制的可能性更大，此类限制会降低流动人口的生育意愿。

家庭特征方面，配偶受教育水平的提高与育龄妇女的生育意愿正相关。流动人口在生育决策上仍会受性别偏好的影响，已有男孩的家庭生育意愿相比而言偏低。回归结果显示，流动人口家庭平均月收入的对数对流动人口生育意愿的影响较为有限。

第四节 稳健性检验

生育意愿关乎生育子女数量、性别、生育时间等问题，个体在生育意愿及其他相关因素的指导之下所作出的最终选择结果称为生育行为，前者对后者有重要影响。在研究不同因素对二者的影响时，既存在相一致的一面，又存在相背离的一面。本节重点关注在流动时间维度上生育意愿与生育行为的一致或背离情况来进行稳健性检验。本节以"近三年内是否有生育行为"代替"今明两年您是否有生育打算"，将生育意愿变量替换为生育行为变量，进行二元 Logistic 回归，模型（1）用来衡量生育意愿，即打算生育和不打算生育的概率之比，模型（2）用来衡量生育行为，即近三年内有生育行为与近三年内无生育行为的概率之比，其中模型（1）为基准回归。估计回归结果见表 8.3，结果以系数风险比（Odds Ratio）的方式呈现。回归结果显示，不论是从生育意愿角度还是从生育行为角度，流动时间的延长均会抑制流动人口的生育水平，随着流动时间的延长，流动人口的生育意愿与生育行为表现一致，均呈不断下降趋势；模型（1）和模型（2）回归结果的显著性相同且所列风险系数比差别不大，即流动时间并不会对流动人口生育意愿与生育行为背离产生显著影响，再次验证了上述回归结果的稳定性。其他检验结果基于篇幅限制不再一一列出。

表 8.3　　流动时间对流动人口生育意愿影响的稳健性检验

	变量类型	(1)	(2)
流动时间（参照组：1 年以下）	1—3 年	0.904 (−1.57)	0.983 (−0.35)
	3—5 年	0.731*** (−4.79)	0.784*** (−5.67)
	5—10 年	0.557*** (−8.74)	0.548*** (−11.66)
	10 年以上	0.292*** (−15.54)	0.315*** (−19.53)

续表

变量类型		(1)	(2)
社会人口学特征			
民族(参照组:少数民族)	汉族	0.667*** (-7.02)	0.728*** (-7.39)
户口性质(参照组:农业)	非农业	0.764*** (-5.89)	0.714*** (-9.36)
受教育程度(参照组:小学及以下)	初中	2.065*** (10.18)	2.984*** (20.77)
	高中	2.746*** (12.97)	4.063*** (24.22)
	大专及以上	4.260*** (17.28)	6.438*** (29.40)
是否参加城乡居民基本医疗保险(参照组:否)	是	0.885*** (-2.45)	0.991 (-0.25)
流动特性			
流动经济带(参照组:其他)	珠三角	1.164** (2.01)	0.873** (-2.41)
	长三角	0.819*** (-3.05)	0.659*** (-8.52)
	环渤海	0.868*** (-2.40)	0.676*** (-8.76)
流动区域(参照组:东北地区)	东部地区	1.598*** (6.35)	1.624*** (7.93)
	中部地区	1.085 (1.04)	1.166** (2.44)
	西部地区	1.414*** (4.64)	1.389*** (5.37)

续表

变量类型		(1)	(2)
流动范围 (参照组： 市内跨县)	跨省	0.907** (-2.11)	0.995 (-0.16)
	省内跨市	1.031 (0.68)	1.059* (1.72)
家庭特征			
配偶受教育程度 (参照组： 小学及以下)	初中	1.419*** (4.18)	1.378*** (5.37)
	高中	1.803*** (6.61)	1.742*** (8.69)
	大专及以上	2.291*** (8.74)	2.311*** (12.16)
配偶户口性质 (参照组：农业)	非农业	0.970 (-0.74)	1.157*** (4.52)
子女中是否有 (参照组：否)	是	0.155*** (-57.86)	1.364*** (12.59)
家庭平均月收入的对数		1.006 (0.20)	0.995 (-0.22)

注：*、**和***分别表示在10%、5%和1%的水平下显著，括号内的数字为该变量的 t 检验值。

第五节 结论与政策建议

本章利用2018年流动人口动态监测调查数据，运用多分类无序Logistic模型定量研究流动时间对生育意愿的影响。研究发现以下几个问题。第一，流动人口的生育意愿与流动时间成负向关系。随着流动时间的延长，其生育意愿不断下降，验证了中断假说和适应融合假说在中国迁移流动人口生育率研究上的适用性。第二，流动人口生育意愿在一定程度上受个体属性特征的影响。从民族角度看，汉族不具生育偏好的可能性更大；农业户口拥有者打算生育的概率明显降低；受访者的生育意愿和受教育水平显著正相关；医疗保障状况的改善对受访者的生育意愿有负向影响。第三，流动特征要素会对流动人口的生育意愿产生影响。进入较发达地区的流动人口有着更高的生育意愿；跨省流动人口由于受到资源环境等的影响，其生育意愿会显著降低。第四，在家庭特征方面仍可折射出生育观念对生育意愿的左右，有男孩的家庭生育意愿较低。

针对上述几点，可以从以下几条路径出发，提高流动人口的生育意愿，缓解流动时间对流动人口生育意愿的负向影响。

第一，迁移人口在迁移流动的1—3年内，中断效应作用明显，流动人口思想观念、行为方式等方面的改变会对妇女的生育意愿和生育行为造成干扰。此外，流动人口在城市的融入程度很大程度上关乎其受到的社会保障，许多地区在制定相关福利政策时仅将拥有当地户籍的人口纳入考虑范畴，这使得流动人口无法享受相应的福利待遇。故应加强公共服务力度，在公共政策中对流动人口进行有选择性地干预，逐步建立完善的流动人口住房及医疗保障制度，提高其生活环境适应性，减轻生活压力，降低生活成本。同时，由于流动人口在流动初期会在适应城市生活的过程中面临一定的心理压力，该心理负担会抑制其生育意愿，故提供必要的心理咨询服务对于缓解流动初期对生育意愿及生育行为起主要抑制作用的中断效应有重要作用，可在一定程度上缓解流动人口生育偏好下降的状况。

第二，在制定相关政策时，需要重点关注流动妇女的个人特征及资源水平。流动人口以青年人居多，可以通过对其进行教育培训等方式提高其人力资本，随着流动人口人力资本的不断提高，会对其生育意愿产生正向促进作用。对于流入地而言，其工资待遇、就学环境、居住条件等会对流动人口的生育意愿及生育行为产生正向影响，应在上述几方面创造更优的条件以促进流动人口生育水平的提高。

第九章　环境污染对女性生育意愿的作用机理

改革开放以来，中国的经济总量增速明显，2021年中国GDP总量达114.37万亿元，同比增长了8.1个百分点。但是，经济高速增长的背后，面临的是严峻的环境问题，环境污染已经严重影响到中国经济社会的发展进程。根据中国生态环境部公布的数据来看，2018年，在中国的338个地级及以上城市中，其中空气质量达标的城市仅有121个，发生重度污染的天数达1899天次，而环境严重污染达822天次。环境污染对居民公共健康造成的危害尤为显现，已然成为威胁人类生命健康安全的重要因素。[①] 中国人口死亡率受到经济发展水平、卫生医疗环境和自然环境等多种因素的制约，并且人口死亡率也能从侧面反映出一个国家的社会环境发展水平和自然环境现状。根据《中国统计年鉴》资料显示，2018年中国出生人口和死亡人口分别达1465万人和998万人，出生率和死亡率分别为10.48‰和7.14‰；自然增长率为3.34‰。中国的总和生育率呈逐年下降的趋势，面临着生育率持续处

[①] 曲卫华：《环境污染、经济增长与医疗卫生服务对公共健康的影响分析——基于中国省际面板数据的研究》，《中国管理科学》2015年第7期。

于较低水平给经济社会的发展带来的一系列问题。[①] 目前，部分国外学者探讨了自然灾害、外部环境等的变化对女性生育率的影响，那么，环境污染是否会影响到女性的生育意愿以及通过何种因素影响女性的生育意愿？鉴于此，本章利用 2018 年中国家庭追踪调查数据，实证检验了环境污染状况对女性生育意愿的影响以及环境污染影响女性生育意愿的路径，为提高中国育龄人口的生育意愿提供参考。

第一节　文献回顾

学术界对于生育意愿的影响因素研究主要从三个方面分析，微观个体因素、经济因素以及宏观的社会因素。微观个体因素主要包括个人的年龄、受教育水平状况、健康状况等因素；经济因素主要包括家庭的经济状况、是否有住房负担、家庭的生育成本等因素；社会因素主要包括政府的政策、城镇化水平、公共服务等因素。

从个人层面来看，育龄女性的年龄以及受教育程度与生育意愿有着密切的联系。许多研究发现年龄越大，理想子女数越少；受教育程度越高，生育意愿越低。庄亚儿以 2017 年全国生育状况抽样调查数据为基础，对妇女生育意愿状况及其影响因素进行了分析，研究表明理想子女数与出生年代的早晚负相关，年龄的增长导致生育风险增加，使得生育意愿降低。[②] 张霞认为，女性在不同的生命周期中由于社会地位等的变化直接影响到生育意愿的强烈程度，从而作出不同的生育决策。[③] 陈卫建立在生命周期假说的理论基础之上，发现女性的生育水平

[①] 刘金菊：《中国的生育率低在何处?》，《人口与经济》2019 年第 6 期。
[②] 庄亚儿：《全面两孩政策背景下中国妇女生育意愿及其影响因素——基于 2017 年全国生育状况抽样调查》，《人口研究》2021 年第 1 期。
[③] 张霞：《生育意愿与生育率研究进展》，《经济学动态》2018 年第 12 期。

和生育意愿会随着女性年龄的增长而下降。① 谷晶双考察了女性生育二孩的影响因素，研究结果表明，受教育水平的提高、推迟初育年龄等因素会抑制二孩的生育意愿。② 马志越通过建立计量模型从多方面分析，认为个人因素中年龄、受教育水平、健康状况等是显著影响育龄妇女生育孩子数的重要因素。③ 周晓蒙认为，随着家庭中的育龄妇女受教育年限的增加，使得人力资本积累水平随之增加，因选择生育而承担的成本增加是导致生育率明显降低的主要动因。④ 张丽萍以全国人口普查和1%人口抽样调查数据为基础，研究受教育结构的变化对女性生育水平的影响，发现育龄妇女的生育水平与受教育程度密切相关，不同受教育水平下的生育意愿明显不同，受教育程度越高，生育子女数量越少。此外，根据生命周期假说，女性因所处的年龄段不同而对生育行为作出不同的决策，导致生育意愿水平产生较大差异。⑤ Beaujouan和Berghammer分析了预期生育率与实际生育率之间的差距，认为女性的受教育水平、父母背景、失业等因素影响女性的生育目标，导致实际生育与预期生育之间存在差异。⑥

从经济层面来看，家庭的经济状况是影响女性生育决策行为的重要因素之一。徐梦洁认为职业、一孩性别、家庭收入等因素的干预显

---

① 陈卫：《中国妇女生育意愿与生育行为的差异及其影响因素》，《人口学刊》2011年第2期。
② 谷晶双：《女性生育二孩的影响因素及其劳动供给效应》，《经济与管理研究》2021年第3期。
③ 马志越：《从生育意愿到生育行为——来自2017年全国生育状况抽样调查北方七省市数据的证明》，《兰州学刊》2020年第1期。
④ 周晓蒙：《经济状况、教育水平对城镇家庭生育意愿的影响》，《人口与经济》2018年第5期。
⑤ 张丽萍：《女性受教育程度对生育水平变动影响研究》，《人口学刊》2020年第6期。
⑥ Beaujouan E., Berghammer C., "The Gap Between Lifetime Fertility Intentions and Completed Fertility in Europe and the United States: A Cohort Approach", Population Research and Policy Review, 38 (4), 2019: 507 – 535.

著影响育龄女性的生育意愿。[1] 李烟然运用成都市 11 个区（县）的育龄人群的调查数据，研究育龄妇女生育意愿及其影响因素时发现，经济收入和孩子照顾是影响生育意愿的主要因素。[2] 一部分学者认为家庭经济收入增长会提高家庭生育率，如柳如眉认为收入的增长促进城镇家庭生育率的提高，而对农村家庭则产生负向影响，同时育儿成本对城乡生育水平产生显著的负效应。[3] 陈滔将女性的生育动机划分为不同的类型，根据不同动机下的生育水平得出结论，即个体主义的生育动机与生育意愿负相关，而家庭中女性由于能够获得家庭经济支持，生育意愿明显增加。[4] 田立法认为，居民的收入水平是影响其二孩生育意愿的重要因素，随着月收入的增加，生育意愿的可能性随之增加。[5] 曾远力分析广东省青年女性二孩生育决策的影响因素时发现，能够获得物质支持以及照料小孩支持的女性生育意愿更高，同时，家庭年收入越高，获得的家庭支持越多，越能促进生育二孩的意愿。[6] 但也有少数研究发现不同的甚至相反的结论。李思达基于城市女性的生育意愿的角度，分析表明女性年收入越高，考虑到因生育而损失的发展机会导致其生育意愿降低。[7] 熊永莲采用 2001—2013 年中国 31 个省份的面板

---

[1] 徐梦洁：《"全面二孩"政策下石家庄市育龄女性生育意愿及影响因素分析》，《全科护理》2019 年第 6 期。

[2] 李烟然：《成都市育龄人群生育意愿及影响因素调查》，《中国计划生育学杂志》2020 年第 3 期。

[3] 柳如眉：《城乡收入增长、养老金与生育水平——基于扩展 OLG 模型的实证检验》，《人口与发展》2020 年第 3 期。

[4] 陈滔：《个体主义还是家庭主义？——不同生育动机对生育行为的影响效应分析》，《江苏社会科学》2020 年第 2 期。

[5] 田立法：《"全面二孩"政策下农村居民二胎生育意愿影响因素研究——以天津为例》，《人口与发展》2017 年第 4 期。

[6] 曾远力：《青年女性生育二孩决策和家庭支持关系研究》，《当代青年研究》2018 年第 3 期。

[7] 李思达：《全面二孩政策下城市女性生育意愿的影响因素——基于 CGSS 数据的研究》，《中北大学学报》（社会科学版）2020 年第 2 期。

数据，分析发现收入水平、女性受教育程度以及城市化率是造成中国低生育率水平的重要因素。① 除了家庭的经济收入，生育成本以及房价的压力等因素也会降低女性生育意愿的可能性。李孜等分析了重庆市十年间的生育水平以及生育意愿，认为抚养成本仍然是影响女性生育的重要因素。② 李江一探究了房价对人口出生率的因果影响，认为房价的上涨既推迟了生育进度也降低了总的生育意愿。③ 靳天宇基于人口普查数据，从生育成本和生育政策的角度分析了城镇居民的生育水平，房屋价格的上涨以及家庭收入水平的下降会显著抑制出生人口数的增加，并且这种抑制作用随时间积累逐渐加深。④ Busetta 等研究了长期失业率与生育意愿之间的关系，发现失业率水平越高，女性的生育意愿越低，丈夫的失业率也显著影响妻子的生育意愿。⑤ Fiori 等考察了在经济波动前后意大利女性生育意愿的变化，研究表明，经济条件的制约成为影响女性生育意愿的主要因素。⑥ Sobotka 讨论了欧洲、北美等地区生育率下降的趋势，认为经济运行的不稳定而引起的收入不稳定以及住房负担等因素显著降低了女性的生育意愿。⑦ Tsuya 分析了日本经历的两次生育率的转变，主要与推迟结婚和生育有关，女性劳动参

---

① 熊永莲:《贸易开放、女性劳动收入与中国的生育率》,《财经科学》2016 年第 4 期。
② 李孜:《重庆市生育水平、生育意愿及生育成本》,《人口研究》2019 年第 3 期。
③ 李江一:《高房价降低了人口出生率吗？——基于新家庭经济学理论的分析》,《南开经济研究》2019 年第 4 期。
④ 靳天宇:《房价对城市人口出生率的影响——基于中国省级面板数据的分析》,《山东社会科学》2019 年第 1 期。
⑤ Busetta A., Mendola D., Vignoli D., "Persistent Joblessness and Fertility Intentions", Demographic Research, 40 (8), 2019: 185 – 218.
⑥ Fiori F., Graham E., Rinesi F., "Economic Reasons for Not Wanting a Second Child: Changes Before and After the Onset of the Economic Recession in Ltaly", Demographic Research, 38 (30), 2018: 843 – 854.
⑦ Sobotka T., "Post – Transitional Fertility: the Role of Childbearing Postponement in Fueling the Shift to Low and Unstable Fertility Levels", Journal of Bio – social Science, 49 (S1), 2017: S20 – S45.

率的上升以及男性失业率的上升成为影响生育率降低的主要因素。[1] Adsera 以 OECD 国家 40 年来所反映的生育率水平下降的现实为出发点，探讨了影响女性生育子女数量的主要因素，如生育观念的改变、女性劳动参与率的提高、抚养孩子的经济成本增加等显著降低了生育率。[2]

社会层面来看，目前学术界的研究主要集中于公共服务、城镇化、与生育有关的补贴政策等方面。杨柠聪讨论了"全面二孩"政策背景下影响生育意愿的因素，认为环境、公共服务、社会资本以及社会福利等是影响生育意愿的重要因素。[3] 杨华磊采用面板模型，实证分析了城镇化与生育水平的相关关系，结果显示，随着城镇化率的不断提高，生育水平呈现出先下降后上升的趋势。[4] 穆光宗认为，生育率的下降更多受到外部环境的影响，生育观念的改变影响女性的生育决策，进而影响生育率水平。[5] 梁土坤以新生代农民工的生育意愿为视角，发现新生代农民工生育意愿受到经济、社会、心理、制度等方面影响。[6] 梁宏从"全面二孩"的政策背景下探讨影响生育决策的因素时发现，二孩的生育意愿是综合经济压力、照料子女的成本等多种因素综合考虑所

---

[1] Tsuya N. O., "Below-replacement Fertility in Japan: Patterns, Factors, and Policy Implications", In Ronald R. Rindfuss and Minja Kim Choe (Eds.), *Low and Lower Fertility: Variations across Developed Countries*, Springer, 2015.

[2] Adsera A., "Vanishing Children: From High Unemployment to Low Fertility in Developed Countries", *American Economic Review*, 95 (2), 2005: 189–193.

[3] 杨柠聪：《全面二孩背景下人口生育意愿影响因素研究综述》，《重庆社会科学》2020 年第 1 期。

[4] 杨华磊：《城镇化、外部性与生育水平》，《人口与发展》2018 年第 4 期。

[5] 穆光宗：《论生育友好型社会——内生性低生育阶段的风险与治理》，《探索与争鸣》2021 年第 7 期。

[6] 梁土坤：《二律背反：新生代农民工生育意愿的变化趋势及其政策启示》，《北京理工大学学报》（社会科学版）2019 年第 3 期。

作出的理性选择。① 一般来说，社会养老制度越完善，越能有效降低养老压力，生育意愿也会随之提高。于也雯从儿童福利和社会养老福利角度分析，认为生育补贴和养老福利政策降低了生育的家庭成本和社会成本，可以显著提高生育水平。② 梁城城考察了居民对于政府提供的公共服务的满意程度对生育意愿的影响，研究发现，政府提供公共服务会显著提高居民的个人幸福感，进而提高生育意愿。③ 然而，一部分学者持相反观点，张兴月从社会保障的角度考察了农村居民的生育意愿，结果表明，医疗保险对农村居民生育水平具有促进作用。④ 康传坤从养老保险制度出发，考察了城乡居民生育意愿的政策影响，认为参加养老保险对居民的生育水平的影响存在明显的地区差异。⑤ 何兴邦研究了中国城镇水平不断提高的背景下，农民工逐渐适应城市复杂工作生活的过程会显著抑制农民工的生育意愿。⑥ Balbo 和 Mills 研究了社会资本和社会压力与生育意愿之间的非线性关系，结果表明，来自父母或亲属的压力与生育意愿存在显著的正向关系，在社会成本方面，提供儿童照料支持并不显著，相反得到更多情感支持的夫妻，有更强烈的生育意愿。⑦ Drago 等分析了澳大利亚实行"婴儿奖励"政策的背景

---

① 梁宏：《从生育意愿到生育行为："全面两孩"政策背景下二孩生育决策的影响因素分析》，《南方人口》2018 年第 3 期。
② 于也雯：《生育政策、生育率与家庭养老》、《中国工业经济》2021 年第 5 期。
③ 梁城城：《公共服务满意度如何影响生育意愿和二胎意愿——基于 CGSS 数据的实证研究》，《山西财经大学学报》2019 年第 2 期。
④ 张兴月：《农村居民生育意愿及其影响因素——基于社会保障的视角》，《农村经济》2015 年第 11 期。
⑤ 康传坤：《基本养老保险制度对生育意愿的影响》，《财经科学》2018 年第 3 期。
⑥ 何兴邦：《城市融入对农民工生育意愿的影响机制》，《华南农业大学学报》（社会科学版）2020 年第 3 期。
⑦ Balbo N., Mills M., "The Effects of Social Capital and Social Pressure on the Intention to Have a Second or Third Child in France, Germany, and Bulgaria", *Population Studies*, 65 (3), 2011: 335 – 351.

下，给予奖金支持对生育意愿的影响，结果表明，这一政策的公布使得生育的边际成本降低，显著提升了生育率。[1]

自然环境所带来的影响是多方面的，国外学术界最早关注的环境问题是自然气候灾害的影响，国内研究者大多聚焦于环境污染问题对居民生活的影响。邵子煜从人口流动的角度分析了空气污染的危害，结果显示，长期来看，空气污染问题会显著降低流入人口的居留意愿；分人群来看，受教育水平越高，居留意愿越低。[2] 陈小英基于温州2017年的抽样调查数据，研究了社区环境对流动人口健康的影响，认为社区的基础设施建设以及安全良好的社区氛围等因素促进了居民健康状况的改善，这种促进作用在流动人口中更为明显。[3] 彭鑫鑫发现，环境污染水平与城市规模的关系成倒"U"形关系。大气污染物会影响人类健康状况，还会对经济状况产生影响。[4] 史秀蕾针对长三角城市群的人口迁移问题，从环境质量角度出发，认为环境状况的改善会明显促进人口的迁移。[5] 陈林针对地区常住人口数量的问题，认为环境污染状况的恶化会降低常住人口的数量，分地区而言，中部城市负向效应显著，非省会城市的环境污染对常住人口数量影响显著为负。[6] 王上针对移居群体所居住的环境问题，认为外部环境的变化显著影响居民的心理健康。[7]

---

[1] Drago R., Sawyer K., Shreffler K. M., "Did Australia's Baby Bonus Increase Fertility Intentions and Births?", *Population Research and Policy Review*, 30（3），2011：381-397.
[2] 邵子煜：《空气污染影响了城市间的人口流动吗？》，《统计与管理》2021年第11期。
[3] 陈小英：《社区环境对流动人口健康的影响——基于户籍差异视角的比较分析》，《浙江社会科学》2021年第9期。
[4] 彭鑫鑫：《人口与环境污染研究》，《合作经济与科技》2020年第17期。
[5] 史秀蕾：《环境质量对长三角城市群人口流动影响研究》，《武汉理工大学学报》（信息与管理工程版）2020年第6期。
[6] 陈林：《工资水平、环境污染对常住人口的影响》，《中国人口科学》2020年第4期。
[7] 王上：《城市移居人口居住环境对精神健康的影响》，《沈阳大学学报》（社会科学版）2015年第2期。

环境问题不仅威胁到居民的身体健康，国内外部分学者还认为，环境问题对于女性的生育能力以及生育意愿有着显著的负向影响。张瑞仙认为，空气污染对女性生育能力产生不利影响，就胎儿活产率而言，对生育产生不利影响的最相关污染物是 NO_2 和 PM10。[1] 陈小红等运用面板回归模型，实证分析环境污染对孕产妇死亡率的影响及其作用机制，认为环境污染会危害孕产妇身体健康，显著提高了孕产妇死亡率；废气和固体废物排放浓度越高的地区孕产妇死亡率越高。[2] 李澍卿认为生态环境会影响人口的身体素质和健康素质，具体表现为生态环境的恶化会影响儿童青少年的生长发育，使得与环境污染相关的疾病的发病率提高，同时提高了婴儿的死亡率，降低了预期平均寿命。[3] Simon 认为环境质量会影响家庭决策，通过考察墨西哥农村降水与生育时间之间的关系，发现在降水量高于平均水平的地区更有可能生育孩子。[4] Sasson 和 Weinreb 考察了四个中西部非洲国家数百个农村社区的土地覆盖变化和生育率之间的关系，认为自然资本的下降会提高生育偏好和生育水平，但不同的家庭财富水平的社区存在显著差异。[5] Pan 和 López-Carr 利用厄瓜多尔亚马孙地区的经验数据，考察了生育与环境之间的关系，研究表明，在控制了年龄和受教育水平等变量后，不安全的土地保有权与较高的生育率有关；此外，更稳定的收入来源也会

---

[1] 张瑞仙：《空气污染对女性生育能力及妊娠影响》，《中国公共卫生》2021 年第 6 期。
[2] 陈小红：《环境污染对孕产妇死亡率影响分析——基于 2005—2015 年省级面板数据实证研究》，《中国人口·资源与环境》2018 年第 2 期。
[3] 李澍卿：《生态环境对人口身心素质后天发展的影响》，《环境保护》1990 年第 4 期。
[4] Simon D. H., "Exploring the Influence of Precipitation on Fertility Timing in Rural Mexico", *Population and Environment*, 38 (4), 2017: 407 – 423.
[5] Sasson I., Weinreb A., "Land Cover Change and Fertility in West – Central Africa: Rural Livelihoods and the Vicious Circle Model", *Population and Environment*, 38 (4), 2017: 345 – 368.

影响生育率的提高。① Lin 研究了自然灾害对女性生育能力的影响，发现自然环境的不稳定导致女性的生育能力下降，环境冲击以及经济波动会减少对于后代的投资规模。② Arnocky 等研究了个人对环境的关注与生育意愿之间的关系，认为环境污染以及与污染有关的健康问题使得人们的生育态度不积极，环境污染与生育意愿呈显著的负向关系。③ Easterlin 通过理论基础和实证分析，讨论了美国历史上人类的生育能力会随着环境的变化而变化。④

综上所述，国内外学者综合考量了包括年龄、受教育程度、经济状况、社会福利补贴等多种因素对于女性生育意愿的影响，多角度地分析了中国低生育率背景下，造成人口出生率低下的具体原因。同时，大量学者也从宏观外部环境角度出发实证研究了自然环境以及社会环境的改变对女性生育决策和生育行为所造成的影响。因此，本章在前人研究成果的基础之上，着重探究了环境污染对女性生育意愿的作用机理。

第二节 变量选取与描述性统计

本节使用 CFPS2018 的截面数据进行研究，其中，调查针对 18—55 周岁的人群详细询问了他们的生育意愿的相关问题，即"认为自己有几个孩子比较理想？回答：0，…，10 个"。该问题的数据为建立衡量

---

① Pan W. K., López – Carr D., "Land Use as a Mediating Factor of Fertility in the Amazon", *Population and Environment*, 38（1），2016：21 – 46.

② Lin C. Y. C., "Instability, Investment, Disasters, and Demography: Natural Disasters and Fertility in Ltaly (1820 – 1962) and Japan (1671 – 1965)", *Population and Environment*, 31（4），2010：255 – 281.

③ Arnocky S., Dupuis D., Stroink M. L., "Environmental Concern and Fertility Intentions Among Canadian University Students", *Population and Environment*, 34（2），2012：279 – 292.

④ Easterlin R. A., "Does Human Fertility Adjust to the Environment?", *American Economic Review*, 61（2），1971：399 – 407.

生育意愿的指标提供基础。

一 被解释变量

被解释变量为女性的生育意愿，用期望生育子女数量来衡量生育意愿，具体取值设定为"期望生育1个及1个以下孩子"=1、"期望生育2个孩子"=2、"期望生育3个及3个以上孩子"=3。

二 解释变量

核心解释变量为环境污染程度，环境类指标主要考察的是空气污染与水污染对人们日常生活的影响。由于人们暴露于大气环境中的频率更高，所以相比于水污染，空气质量的好坏也更容易被人们察觉，并且就空气污染排放物而言，工业活动中所产生的二氧化硫的排放量占据首位。因此，本节选取城市工业二氧化硫的排放量来衡量环境污染程度，分析环境污染对女性生育意愿的影响。

三 控制变量

个体层面的控制变量包括性别、年龄、户口类型、受教育程度、婚姻状况以及健康状况。

具体定义为"男性"=1，"女性"=0；"城市户籍"=1，"农村户籍"=0；"已婚"=1，"未婚"=0。受教育程度根据样本的教育水平重新划分为四个等级，定义为"小学及以下"=1，"初中"=2，"高中/中专/技校"=3，"大专及以上"=4。健康状况定义为"非常健康"=1，"很健康"=2，"比较健康"=3，"一般健康"=4，"不健康"=5。

家庭层面的控制变量则包括家庭总收入和所在地区。为了防止异方差和数据波动，对家庭总收入做对数处理。所在地区具体定义为西部地区赋值为0，中部地区赋值为1，东部地区赋值为2。

社会层面的控制变量包括医疗卫生机构数、卫生机构床位数。上述变量的描述性统计见表9.1。

表9.1　　　　　　　　　变量的描述性统计

变　量	样本容量	均值	标准差
期望生育子女数量	7274	1.73	0.47
ln 工业二氧化硫排放量	7274	11.69	1.03
性别	7274	0.57	0.49
年龄	7274	37.25	10.18
户口类型	7274	0.35	0.48
受教育程度	7274	2.32	1.03
婚姻状况	7274	0.76	0.43
健康状况	7274	2.75	1.053
ln 家庭总收入	7274	10.33	0.90
地区	7274	1.28	0.82
ln 医疗卫生机构数	7274	10.48	0.74
卫生机构床位数	7274	36.35	17.08

第三节　实证结果与稳健性检验

一　有序 Logistic 回归

育龄女性期望生育的子女数量是一个有序多分类变量，因此本节选择有序 Logistic 回归模型，对环境污染状况对育龄女性的生育意愿的影响进行实证分析，模型设定如公式（9.1）所示。

$$birth_i = \alpha_0 + \alpha_1 \ln pol_i + \alpha_2 X_i + \mu_i \quad (9.1)$$

其中，$birth_i$ 表示育龄女性的生育意愿，作为因变量纳入公式（9.1）中；$\ln pol_i$ 表示城市工业二氧化硫排放量，作为核心解释变量纳入公式（9.1）中。X_i 表示影响女性生育意愿的其他人口统计学特征（包括性别、年龄、学历、婚姻状况等）的控制变量，μ_i 表示随机扰动项。

最后，本节进一步考察了环境污染对女性生育意愿的作用机理，构建如下中介效应模型，如公式（9.2）所示。

$$\begin{aligned} mediation_i &= \beta_0 + \beta_1 \ln pol_i + \beta_2 X_i + \mu_i \\ birth_i &= \gamma_0 + \gamma_1 \ln pol + \gamma_2 mediation + \gamma_3 X_i + \mu_i \end{aligned} \quad (9.2)$$

其中，$mediation_i$ 表示中介变量。根据对公式（9.2）的检验，如果回归系数 β_1 和 γ_1、γ_2 均显著，并且 γ_1 有所减小，说明中介变量在环境污染影响女性生育意愿中起到部分中介作用。

基于有序 Logistic 模型得到的环境污染状况对育龄女性生育意愿的估计参数结果，见表9.2。第（1）列和第（2）列仅加入了城市工业二氧化硫排放量及其平方项。第（3）列至第（5）列依次加入了控制变量，第（6）列在第（5）列的基础上更换了解释变量。根据第（5）列回归结果来看，城市工业二氧化硫排放量的回归系数为 -0.178，表明在 1% 的显著性水平下，环境污染对于女性的生育意愿具有显著的负向影响，也就是说环境污染会降低育龄女性的生育意愿。具体分析原因，环境污染所带来的提高受污染人群患病率以及死亡率的风险，严重威胁人们的身体健康，再加上中国对固体废物的处理方式一般包括焚烧、土地掩埋等，这会严重污染大气环境以及水资源环境，进而使得污染物进入大气或者渗入水源，导致居民的身体健康状况下降，居民为了治疗疾病而增加医疗保健支出，实际上增加了居民的健康成本。由于居民暴露在空气中的频率较大，大气污染物的排放增加了人们罹患心脏疾病和呼吸系统等疾病的风险，这种影响可能会通过父母转移给胎儿。并且，居民为了规避风险，降低环境污染带来的损害而采取的各种预防措施，比如购买口罩或者空气净化器、购买个人健康保险或增加健康保费的支出等，使得居民的生活成本增加，加重了家庭的经济负担。此外孕产妇对于环境的变化极为敏感，如果长期处于二氧化硫浓度过高的环境中，污染物一旦进入人体，则会对孕产妇的身体健康以及婴幼儿的发育和成长造成不利影响，而且会减少人的寿命。考虑到与身体健康有关的环境问题，使得人们的生育态度的积极性下降，直接影响到女性的生育决策行为。环境污染不仅对居民的生理健康造成负面影响，同时也会影响居民的心理健康。环境污染所造成的生存环境的破坏，使得每个人承受着环境带来的压力，并且居民可能会因过度担忧环境污染而导致患病的风险，使得人们的心理压力增大，影响人们的心情，降低了主观幸福感水平和生活满意程度；同时，诸如雾霾等空气污染对人们赖以生存的环境的破坏，给人们的出行带来极度不便，直接影响到育龄女性的心情，加重了育龄女性的心理负担，使得生育意愿的可能性降低。

表 9.2　　　　　　　　　有序 Logistic 回归结果

变量	(1)	(2)	(3)	(4)	(5)	(6)
ln 城市工业二氧化硫排放量	0.249*** (10.53)	—	0.178*** (7.23)	0.149*** (5.96)	-0.178*** (-4.43)	—
ln 城市工业二氧化硫排放量²	—	0.012*** (10.33)	—	—	—	-0.009*** (-4.75)
年龄	—	—	0.005 (1.40)	0.005 (1.51)	0.00770* (2.13)	0.008* (2.14)

续　表

变量	(1)	(2)	(3)	(4)	(5)	(6)
性别	—	—	0.103 (1.93)	0.079 (1.43)	0.0755 (1.35)	0.076 (1.35)
户口类型	—	—	-0.509*** (-8.11)	-0.469*** (-7.44)	-0.416*** (-6.51)	-0.421*** (-6.58)
婚姻状况	—	—	0.578*** (7.36)	0.594*** (7.56)	0.556*** (6.96)	0.555*** (6.94)
受教育程度	—	—	-0.097** (-3.34)	-0.089** (-2.95)	-0.103** (-3.34)	-0.102** (-3.34)
健康状况	—	—	-0.041 (-1.78)	-0.045 (-1.95)	-0.0412 (-1.77)	-0.042 (-1.79)
ln 家庭总收入	—	—	—	0.000256 (0.01)	0.0304 (0.91)	0.030 (0.90)
所在地区	—	—	—	-0.302*** (-8.79)	-0.273*** (-7.52)	-0.265*** (-7.28)
ln 卫生医疗机构数	—	—	—	—	0.696*** (7.99)	0.727*** (8.19)
医疗卫生床位数	—	—	—	—	-0.00512 (-1.71)	-0.00606* (-1.93)
样本	7274	7274	7274	7274	7274	7274
平行线检验	109.45	105.11	352.63	433.28	553.02	555.87
R^2	0.0114	0.0110	0.0369	0.0453	0.0578	0.0581

注：①括号内为 t 值；② *、** 和 *** 分别表示在 10%、5% 和 1% 的水平下显著。

由表 9.2 所显示的控制变量的回归结果可知,在个人层面,性别因素不显著;婚姻状况对女性生育意愿具有显著的正向影响,并且在 1% 的显著性水平下显著,说明已婚的人,生育意愿的可能性更高;户口类型、受教育程度与女性的生育意愿呈显著的负向关系,并且变量均通过 1% 水平上的显著性检验,得出以下结论。相对于农村户籍的育龄女性而言,城市女性的理想子女数更少,系数为 -0.416,影响程度较大,说明城市家庭的生育意愿显著低于农村家庭的生育意愿;受教育年限的回归系数是 -0.103,说明随着受教育年限的增加,育龄女性理想生育子女数量减少,其中的原因可能是受教育程度普遍提高,使得生育理念发生了巨大的变化,由过去的一味追求数量转而更加注重子女的质量。生育成本不仅包括时间和金钱的投入,而且还包括女性因生育而对自己未来职业发展造成的影响所带来的间接的生育成本。因此,受教育程度越高的女性其生育成本越高,选择生育的意愿越低。从模型的回归结果中可以发现,健康状况的回归系数为 -0.0412,在统计意义上并不显著,但是并不能排除健康状况水平作为影响到家庭生育决策的一个重要指标,其作用不容忽视。所在地区变量的回归系数为 -0.273,相对于西部地区而言,东部地区和中部地区育龄女性的理想子女数量更低。从社会层面来看,医疗卫生机构数的回归系数为 0.696,且在 1% 的水平上呈现统计显著性,表明医疗卫生机构数越多,女性的生育意愿的可能性越大。

二 稳健性检验

在研究环境污染状况对育龄女性生育意愿的影响的回归分析中,会出现与内生性相关的问题,为了进一步检验实证分析结果的可靠性,需要对模型进行稳健性检验。本节采用 OLS 回归做稳健性检验,表 9.3

展示了稳健性检验的结果。

表9.3　　　　　　　　　　稳健性检验

变　量	(7)	(8)	(9)	(10)	(11)	(12)
ln 城市工业二氧化硫排放量	0.0565*** (10.68)	—	0.0394*** (7.36)	0.0348*** (6.41)	−0.0353*** (−4.24)	—
ln 城市工业二氧化硫排放量^2	—	0.003*** (10.41)	—	—	—	−0.00182*** (−4.54)
年龄	—	—	0.000991 (1.39)	0.00108 (1.52)	0.00153* (2.17)	0.00154* (2.18)
性别	—	—	0.0232* (2.11)	0.0179 (1.58)	0.0164 (1.46)	0.0164 (1.46)
户口类型	—	—	−0.108*** (−8.21)	−0.099*** (−7.55)	−0.0872*** (−6.65)	−0.0881*** (−6.72)
婚姻状况	—	—	0.126*** (7.67)	0.128*** (7.83)	0.118*** (7.22)	0.117*** (7.20)
受教育程度	—	—	−0.0205*** (−3.42)	−0.0185** (−2.97)	−0.0212*** (−3.44)	−0.0211*** (−3.43)
健康状况	—	—	−0.00734 (−1.63)	−0.00833 (−1.85)	−0.00733 (−1.65)	−0.00738 (−1.66)
所在地区	—	—	—	−0.0586*** (−8.80)	−0.0529*** (−7.54)	−0.0513*** (−7.28)
ln 卫生医疗机构数	—	—	—	—	0.155*** (8.64)	0.161*** (8.81)
医疗卫生床位数	—	—	—	—	−0.00142* (−2.40)	−0.00156** (−2.61)

续　表

变量	(7)	(8)	(9)	(10)	(11)	(12)
_cons	1.073*** (17.27)	1.374*** (39.27)	1.232*** (17.86)	1.359*** (13.29)	0.521*** (3.37)	0.300 (1.78)
样本	7274	7274	7274	7274	7274	7274
R^2	0.0154	0.0147	0.0492	0.0594	0.0761	0.0764

注：①括号内为 t 值；②*、**和***分别表示在10%、5%和1%的水平下显著。

稳健性检验的结果表明，更换模型后，核心解释变量的回归系数仍然在1%的水平上显著，城市工业二氧化硫排放量对女性理想子女数的影响方向一致，因此可以认为，环境污染状况影响生育意愿的结果具有稳健性。

第四节　机制检验

实证检验表明，环境污染状况对女性的生育意愿有显著的负向影响，那么这种作用机理是怎样的？从前文的分析来看，环境污染对居民的身体健康造成负面影响，居民为了规避因环境污染问题造成的不良影响而采取的各种手段，诸如增加医疗保健支出等，使得生育的家庭成本增加。根据生育成本理论，生育的家庭成本包括怀孕生育费用、子女的抚养费用、教育支出、医疗支出等。因此，为了进一步验证生育成本是否是环境污染影响女性生育意愿的路径，本节对生育成本在环境污染与女性生育意愿之间的中介效应进行检验。生育成本的测算方法原理是根据家庭抚养子女的各项支出加总而来的。表9.4报告了环境污染对女性生育意愿作用机理的回归结果。表9.4中第（1）列是基于城市工业二氧化硫排放量对生育成本的检验结果，根据回归结果显示，回归系数在1%的水平下显著为正，说明环境污染程度越严重，家庭所承担的生育成本显著增加；表9.4中第（2）列是基于城市工业二氧化硫排放量对女性生育意愿的第二步检验结果，结果表明，城市工业二氧化硫的回归系数显著为负，并且相较于表9.3中第（11）列有所降低，同时生育成本的回归系数在10%的水平下显著为负，说明生育成本在环境污染影响女性生育意愿作用机理中起到部分中介作用。由此可以得出结论，环境污染使得居民的身体健康受损，增加了受污染人群的死亡率，居民为了降低环境污染造成的损害，对医疗服务的需求增加，医疗保健支出也相应增加，而医疗保健支出正是人们为了规避风险而支付的成本，这无疑会加重女性的生育成本负担。从经济学角度分析，生育行为是综合考量生育成本与生育收益之后而做出的使得自己或者家庭实现效用最大化的理性选择。因此，因环境污染所产生的额外的生育成本的增加会影响女性的生育行为。

表9.4　　　　　　环境污染对女性生育意愿机制检验结果

	（1）	（2）
ln 城市工业二氧化硫排放量	0.109*** （12.33）	-0.0447*** （7.27）
ln 生育成本	—	-0.0224* （-2.56）
Controls	YES	YES
_cons	10.15*** （62.26）	1.381*** （10.76）
样本	6067	6067

注：括号内为 t 值。*、** 和 *** 分别表示在10%、5%和1%的水平下显著。

第五节 结论与建议

当前中国人口老龄化加剧，伴随着生育率低迷现象，"人口红利"正逐渐消失，因此围绕女性的生育意愿展开研究，以期为未来的人口福利政策的制定提供参考。近年来，环境问题不仅成为制约经济高质量发展的因素之一，也对居民的身体健康造成严重危害。从这个角度出发，环境污染对女性生育意愿的影响也是一个非常值得深入探讨的问题，对于应对中国当前的老龄少子化问题具有重要的意义。本章采用2018年各省份城市工业二氧化硫排放量数据和2018年中国家庭追踪调查微观数据，实证检验了环境污染状况对女性生育意愿的影响以及环境污染影响女性生育意愿的路径，得出如下结论。

第一，环境污染状况对育龄女性理想子女数量的影响显著，环境污染会降低女性生育意愿的可能性。环境污染状况越差，理想子女数量越少。可能的原因分析，环境污染会影响居民的身体健康水平，空气中二氧化硫的浓度增加了人们罹患心脏疾病和呼吸道等疾病的风险，居民为了应对环境问题增加对医疗保健的支出，使得生育的家庭成本增加。如果长期处于二氧化硫浓度过高的环境中，对胎儿的发育和成长造成不利影响，影响到女性的生育决策。

第二，在个体特征层面，已婚女性的生育意愿相比于未婚女性可能更大；农业户籍的女性的生育意愿会比城市户籍的女性的生育意愿更高；从受教育程度上来说，个人受教育程度越高，女性的生育意愿可能越低。

第三，在家庭层面，家庭总收入对女性的生育意愿有正向的影响，收入高的家庭有足够的经济条件为子女提供更好的教育、医疗，因而有较强的生育意愿。相对于西部地区而言，东部地区和中部地区育龄女性的理想子女数量更少。

第四，在社会层面，医疗卫生机构数影响女性的生育意愿，医疗卫生机构数越多，女性的生育意愿的可能性越大。完善的医疗设施建设能够为子女提供更好的医疗环境。

第五，生育成本作为环境污染对女性生育意愿的影响路径之一，环境污染程度的加剧会增加子女罹患各种与污染相关的疾病的风险，为了降低环境污染问题造成的负面影响，居民的医疗服务需求随之增加，增加了家庭养育子女的生育成本，降低了女性生育意愿的可能性。

基于上述结论从充分重视环境问题对居民身体健康的影响、加大环境治理力度为居民营造宜居的生活环境以及影响女性生育意愿的其他方面，提出了若干具体的政策建议。

第一，要增强居民保护环境的意识，需要全社会共同的参与。首先，需要从弘扬生态文化和做好绿色教育的宣传工作入手，从根本上强化居民对环境污染问题所产生的负面影响的认识，从而能够提高全社会的环保意识；其次，要通过各种渠道、各种方式进行宣传，确保宣传力度能够涉及每个人，提升全社会的参与度，旨在让居民能够了解如何在复杂多变的自然环境和社会环境中做好预防措施，应对不同类型的环境问题带来的风险。

第二，政府需要加大环境治理力度，营造生态宜居的绿色城市。从根本上杜绝污染物的排放主要手段是控制污染源。化石燃料的燃烧、秸秆焚烧、工业废气的排放等，释放出大量有害物质，成为中国城市空气污染的主要来源，要逐步采用绿色环保的新能源替代化石燃料，加大对传统的高消耗、高污染产业的污染排放情况的监管力度。同时，政府应当制定合理有效的措施，减少污染的发生，遏制生态环境恶化并逐步改善环境质量。

第三,从影响女性的生育意愿其他方面考量,妇女不仅要承担照料孩子的义务,而且需要兼顾工作,面临着由于生育所带来的一系列包括生育成本增加、职场瓶颈等在内的问题,使得女性的工作和生活压力增加,从而改变了女性的生育意愿。为了能够减轻这种影响,在制定政策时,需要全方位考量女性在家庭和职场中的问题,诸如增加与儿童有关的医疗补贴,减轻已有子女家庭的经济负担,同时要加大养老补贴,通过解决养老问题使得女性在养育子女方面无后顾之忧;此外,要尽可能提供更多灵活的就业岗位,使得女性能够更好地兼顾工作和家庭的平衡,在不改变自身生育意愿的基础上同时不会受到劳动力市场的性别歧视。

参考文献

曹献雨、睢党臣:《"全面二孩"政策背景下城市女性生育意愿与生育行为差异研究》,《重庆社会科学》2019年第5期。

曾远力:《青年女性生育二孩决策和家庭支持关系研究》,《当代青年研究》2018年第3期。

陈芳、刘越:《流动人口二孩生育意愿真的很低吗?——基于对研究对象偏差的修正》,《人口学刊》2021年第1期。

陈林、肖倩冰:《工资水平、环境污染对常住人口的影响》,《中国人口科学》2020年第4期。

陈蓉:《从生育意愿与生育行为的转变看我国大城市全面两孩政策的实施效应——以上海为例》,《兰州学刊》2018年第4期。

陈滔、胡安宁:《个体主义还是家庭主义?——不同生育动机对生育行为的影响效应分析》,《江苏社会科学》2020年第2期。

陈卫、靳永爱:《中国妇女生育意愿与生育行为的差异及其影响因素》,《人口学刊》2011年第2期。

陈卫、吴丽丽:《中国人口迁移与生育率关系研究》,《人口研究》2006年第1期。

陈小红、黄亚捷、盘诗芮:《环境污染对孕产妇死亡率影响分析——基于 2005—2015 年省级面板数据实证研究》,《中国人口·资源与环境》2018 年第 2 期。

陈小英、于海燕、俞林伟:《社区环境对流动人口健康的影响——基于户籍差异视角的比较分析》,《浙江社会科学》2021 年第 9 期。

陈秀红:《流动人口家庭发展能力对二孩生育意愿的影响——基于 2016 年流动人口动态监测数据的实证分析》,《行政管理改革》2019 年第 4 期。

陈秀红:《影响城市女性二孩生育意愿的社会福利因素之考察》,《妇女研究论丛》2017 年第 1 期。

陈晔、康腾、黄丹妮:《国际贸易与国际移民关系实证研究——以中非贸易往来与人员流动为例》,《时代经贸》2021 年第 6 期。

陈友华:《从分化到趋同——世界生育率转变及对中国的启示》,《学海》2010 年第 1 期。

陈友华:《中国人口发展:现状、趋势与思考》,《人口与社会》2019 年第 4 期。

陈云、霍青青、张婉:《生育政策变化视角下的二孩家庭收入流动性》,《人口研究》2021 年第 2 期。

程令国、张晔、刘志彪:《"新农保"改变了中国农村居民的养老模式吗?》,《经济研究》2013 年第 8 期。

池慧灵、张桂蓉:《从"男性偏好"到"儿女双全"的社会学分析——以湘南 G 县 K 村一胎男孩超生户为例》,《湘潭师范学院学报》(社会科学版)2006 年第 6 期。

邓金虎、原新:《流动妇女生育量及其影响因素研究——基于天津市流动人口监测数据》,《人口与发展》2017 年第 5 期。

丁天明:《人口流动对商贸流通产业的影响——基于时空演化机制的分

析》，《技术经济与管理研究》2019 年第 8 期。

段成荣、杨舸：《我国流动人口的流入地分布变动趋势研究》，《人口研究》2009 年第 6 期。

风笑天、张青松：《二十年城乡居民生育意愿变迁研究》，《市场与人口分析》2002 年第 5 期。

风笑天：《三孩生育意愿预测须防范二孩研究偏差》，《探索与争鸣》2021 年第 11 期。

封进、艾静怡：《退休年龄制度的代际影响——基于子代生育时间选择的研究》，《经济研究》2020 年第 9 期。

戈艳霞：《中国的城镇化如何影响生育率？——基于空间面板数据模型的研究》，《人口学刊》2015 年第 3 期。

谷晶双：《女性生育二孩的影响因素及其劳动供给效应》，《经济与管理研究》2021 年第 3 期。

顾宝昌、侯佳伟、吴楠：《中国总和生育率为何如此低——推延和补偿的博弈》，《人口与经济》2019 年第 8 期。

顾宝昌：《生育意愿、生育行为和生育水平》，《人口研究》2011 年第 2 期。

郭凯明、龚六堂：《社会保障、家庭养老与经济增长》，《金融研究》2012 年第 1 期。

郭凯明：《女性家庭地位上升、生育率差异与工资不平等》，《南方经济》2016 年第 4 期。

郭冉、王俊：《世界人口发展趋势和人口转变——理论与现实》，《人口与社会》2019 年第 3 期。

郭志刚：《从近年来的时期生育行为看终身生育水平——中国生育数据的去进度效应总和生育率的研究》，《人口研究》2000 年第 1 期。

郭志刚：《流动人口对当前生育水平的影响》，《人口研究》2010年第1期。

郭志刚：《中国的低生育水平及其影响因素》，《人口研究》2008年第4期。

海韵：《探索两项保险合并实施的制度体系和运行机制》，《中国医疗保险》2021年第7期。

何兴邦：《城市融入对农民工生育意愿的影响机制》，《华南农业大学学报》（社会科学版）2020年第3期。

侯慧丽：《城市化进程中流入地城市规模对流动人口生育意愿的影响》，《人口与发展》2017年第5期。

侯力：《东北地区长期低生育水平形成原因探析》，《人口学刊》2018年第2期。

黄桂霞：《生育支持对女性职业中断的缓冲作用——以第三期中国妇女社会地位调查为基础》，《妇女研究论丛》2014年第4期。

黄秀女、徐鹏：《社会保障与流动人口二孩生育意愿——来自基本医疗保险的经验证据》，《中央财经大学学报》2019年第4期。

霍杰：《省际贸易和人口流动对省区人均收入的影响》，《云南社会科学》2016年第6期。

计迎春、郑真真：《社会性别和发展视角下的中国低生育率》，《中国社会科学》2018年第8期。

贾晓丹、李煜鑫：《人口老龄化、要素禀赋与出口贸易结构——基于中国老龄化进程的实证研究》，《劳动经济评论》2019第2期。

贾玉娇：《生育率提高难在何处？——育龄女性生育保障体系的缺失与完善之思》，《内蒙古社会科学》2019年第3期。

姜春云：《性别角色观念、家庭照料与流动女性劳动参与——基于

CGSS2015 的实证研究》,《河北农业大学学报》(社会科学版) 2021 年第 1 期。

靳天宇、刘东浩:《房价对城市人口出生率的影响——基于中国省级面板数据的分析》,《山东社会科学》2019 年第 1 期。

靳永爱、宋健、陈卫:《全面二孩政策背景下中国城市女性的生育偏好与生育计划》,《人口研究》2016 年第 6 期。

靳永爱、赵梦晗、宋健:《父母如何影响女性的二孩生育计划——来自中国城市的证据》,《人口研究》2018 年第 5 期。

康传坤、孙根紧:《基本养老保险制度对生育意愿的影响》,《财经科学》2018 年第 3 期。

赖德胜等:《2016 中国劳动力市场发展报告——性别平等化进程中的女性就业》,北京师范大学出版社 2017 年版。

李丁、郭志刚:《中国流动人口的生育水平——基于全国流动人口动态监测调查数据的分析》,《中国人口科学》2014 年第 3 期。

李谷成、魏诗洁、高雪:《人口老龄化、教育水平和农产品出口技术复杂度——来自中国和"一带一路"沿线国家的经验证据》,《华中科技大学学报》(社会科学版) 2019 年第 2 期。

李江一:《高房价降低了人口出生率吗?——基于新家庭经济学理论的分析》,《南开经济研究》2019 年第 4 期。

李静、虞燕君、彭飞等:《"药品零加成"政策能否缓解患者负担?——基于中部某省公立医院试点的效果评估》,《财经研究》2021 年第 12 期。

李荣彬:《子女性别结构、家庭经济约束与流动人口生育意愿研究——兼论代际和社会阶层的影响》,《青年研究》2017 年第 4 期。

李澍卿:《生态环境对人口身心素质后天发展的影响》,《环境保护》

1990年第4期。

李思达:《全面二孩政策下城市女性生育意愿的影响因素——基于CGSS数据的研究》,《中北大学学报》(社会科学版)2020年第2期。

李薇:《我国人口省际迁移空间模式分析》,《人口研究》2008年第4期。

李线玲:《新形势下生育保险待遇落实探讨》,《妇女研究论丛》2016年第2期。

李烟然、倪洁、力晓蓉等:《成都市育龄人群生育意愿及影响因素调查》,《中国计划生育学杂志》2020年第3期。

李孜、谭江蓉、黄匡时:《重庆市生育水平、生育意愿及生育成本》,《人口研究》2019年第3期。

李子联:《收入与生育:中国生育率变动的解释》,《经济学动态》2016年第5期。

梁超:《实际二元生育政策下的城镇化和城乡收入差距》,《山东社会科学》2017年第8期。

梁城城、王鹏:《公共服务满意度如何影响生育意愿和二胎意愿——基于CGSS数据的实证研究》,《山西财经大学学报》2019年第2期。

梁宏:《从生育意愿到生育行为:"全面两孩"政策背景下二孩生育决策的影响因素分析》,《南方人口》2018年第2期。

梁秋生:《外来流入人口的分母效应与大城市育龄妇女的超低总和生育率——以京、津、沪为例》,《人口研究》2004年第5期。

梁同贵:《流动人口生育水平研究中的两个盲点与生育水平再分析》,《人口与经济》2021年第5期。

梁同贵:《乡城流动人口与农村本地人口的生育水平差异》,《中国人口科学》2017年第3期。

梁土坤：《城市适应：流动人口生育意愿的影响因素及其政策涵义》，《大连理工大学学报》（社会科学版）2018年第6期。

梁土坤：《二律背反：新生代农民工生育意愿的变化趋势及其政策启示》，《北京理工大学学报》（社会科学版）2019年第3期。

林富德、刘金塘：《走向21世纪：中国人口发展的地区差异》，《人口研究》1996年第2期。

刘庚常：《关于当前生育影响因素的思考》，《人口学刊》2010年第1期。

刘金菊、陈卫：《中国的生育率低在何处？》，《人口与经济》2019年第6期。

刘景琦：《"过日子"视角下农民家庭的生育决策——兼论农民"儿女双全"的生育决策是如何形成的》，《中共杭州市委党校学报》2018年第1期。

刘娜、卢玲花：《生育对城镇体制内女性工资收入的影响》，《人口与经济》2018年第5期。

刘睿文、封志明、杨艳昭等：《基于人口集聚度的中国人口集疏格局》，《地理科学进展》2010年第10期。

刘望保、汪丽娜、陈忠暖：《中国省际人口迁移流场及其空间差异》，《经济地理》2012年第2期。

刘一伟：《社会养老保险、养老期望与生育意愿》，《人口与发展》2017年第4期。

刘莹：《浅析医疗保险和生育保险的合并》，《现代营销》（经营版）2020年第9期。

刘志国、刘慧哲：《收入流动与扩大中等收入群体的路径：基于CFPS数据的分析》，《经济学家》2021年第11期。

柳如眉、柳清瑞：《城乡收入增长、养老金与生育水平——基于扩展OLG模型的实证检验》，《人口与发展》2020年第3期。

陆杰华、林嘉琪：《中国人口新国情的特征、影响及应对方略——基于"七普"数据分析》，《中国特色社会主义研究》2021年第3期。

罗璇：《东亚地区主要国家的低生育率陷阱的形成及原因分析》，硕士学位论文，吉林大学，2016年。

马春华：《瑞典和法国家庭政策的启示》，《妇女研究论丛》2016年第2期。

马志越、王金营：《生与不生的抉择：从生育意愿到生育行为——来自2017年全国生育状况抽样调查北方七省市数据的证明》，《兰州学刊》2020年第1期。

茅倬彦、罗昊：《符合二胎政策妇女的生育意愿和生育行为差异——基于计划行为理论的实证研究》，《人口研究》2013年第1期。

穆光宗、林进龙：《论生育友好型社会——内生性低生育阶段的风险与治理》，《探索与争鸣》2021年第7期。

穆光宗：《"全面二孩"政策实施效果和前景》，《中国经济报告》2017年第1期。

穆光宗：《低生育时代的养老风险》，《华中科技大学学报》（社会科学版）2018年第1期。

潘锦棠：《性别人力资本理论》，《中国人民大学学报》2003年第3期。

彭鑫鑫：《人口与环境污染研究》，《合作经济与科技》2020年第17期。

乔晓春：《实施"普遍二孩"政策后生育水平会达到多高？——兼与翟振武教授商榷》，《人口与发展》2014年第6期。

卿石松：《夫妻生育偏好变化及其相互影响》，《中国人口科学》2020年第5期。

邱红、赵腾腾：《日本生育水平变化分析》，《人口学刊》2017年第5期。

曲卫华、颜志军：《环境污染、经济增长与医疗卫生服务对公共健康的影响分析——基于中国省际面板数据的研究》，《中国管理科学》2015年第7期。

任沁沁、孙亮全、李树峰：《中国为何放开"单独二胎"政策》，《科技日报》2013年11月20日第6版。

邵子煜、王秀芝：《空气污染影响了城市间的人口流动吗？》，《统计与管理》2021年第11期。

石人炳、熊波：《迁移流动人口生育特点及相关理论——中外研究述评》，《人口与发展》2011年第3期。

石智雷、杨云彦：《符合"单独二孩"政策家庭的生育意愿与生育行为》，《人口研究》2014年第5期。

史大林、王玉婷、郑扬眉：《收入分配与经济增长——基于家庭教育—生育决策的政治均衡模型》，《宏观经济研究》2012年第4期。

史秀蕾、熊锋：《环境质量对长三角城市群人口流动影响研究》，《武汉理工大学学报》（信息与管理工程版）2020年第6期。

舒扬、付渊文：《计划生育异质性与农村母亲的"收入惩罚"》，《开发研究》2017年第3期。

宋春蕾、殷玮、陆胜男：《人际吸引中性别助长效应的实验研究》，《苏州教育学院学报》2012年第5期。

宋健、阿里米热·阿里木：《育龄女性生育意愿与行为的偏离及家庭生育支持的作用》，《人口研究》2021年第4期。

宋健、周宇香：《中国已婚妇女生育状况对就业的影响——兼论经济支持和照料支持的调节作用》，《妇女研究论丛》2015年第4期。

田立法、荣唐华、张馨月等：《"全面二孩"政策下农村居民二胎生育意愿影响因素研究——以天津为例》，《人口与发展》2017年第4期。

田心源、李哲夫：《新人口态势与旧传统观念：在诱发性人口转变中的中国家庭》，《人口与经济》1986年第5期。

王超群、杨攀续：《两险合并实施对生育保险覆盖面的影响——基于合肥市的合成控制研究》，《华中科技大学学报》（社会科学版）2021年第6期。

王殿玺：《生育的社会流动效应再考察——基于代际职业流动的视角》，《人口与发展》2018年第3期。

王丰：《21世纪中国人口负增长惯性初探》，《人口研究》2007年第6期。

王桂新、潘泽瀚、陆燕秋：《中国省际人口迁移区域模式变化及其影响因素——基于2000和2010年人口普查资料的分析》，《中国人口科学》2012年第5期。

王桂新、潘泽瀚：《我国流动人口的空间分布及其影响因素：基于第六次人口普查资料的分析》，《现代城市研究》2013年第3期。

王浩名：《中国人口总和生育率、人口红利与生育政策调整实证研究》，博士学位论文，辽宁大学，2016年。

王金营、戈艳霞：《全面二孩政策实施下的中国人口发展态势》，《人口研究》2016年第6期。

王军、王广州：《中国低生育水平下的生育意愿与生育行为差异研究》，《人口学刊》2016年第2期。

王军、王广州：《中国育龄人群的生育意愿及其影响估计》，《中国人口科学》2013年第4期。

王丽燕、刘京华：《人口老龄化对服务贸易出口结构优化的影响——基于跨国面板数据的实证分析》,《成都大学学报》(社会科学版) 2020年第2期。

王良健、蒋书云:《流动人口二孩生育意愿及其影响因素研究——基于湖南省2016年流动人口动态监测数据》,《调研世界》2017年第6期。

王良健、梁旷、彭郁:《我国总和生育率的县域差异及其影响因素的实证研究》,《人口学刊》2015年第3期。

王上、李国军:《城市移居人口居住环境对精神健康的影响》,《沈阳大学学报》(社会科学版)2015年第2期。

王天宇、彭晓博:《社会保障对生育意愿的影响:来自新型农村合作医疗的证据》,《经济研究》2015年第2期。

王伟同、魏胜广:《员工性别结构如何影响企业生产率——对"男女搭配干活不累"的一个解释》,《财贸经济》2017年第6期。

王晓宇、原新、韩昱洁:《家庭生育决策与全面两孩政策——基于流动人口的视角》,《南开经济研究》2018年第2期。

王玥、王丹、张文晓:《亚洲女性收入对生育率影响的国际比较研究——基于劳动参与率、受教育程度、就业方式的视角》,《西北人口》2016年第2期。

韦艳:《中国生育率下降中的扩散效应:基于省级时序数据的研究》,《人口研究》2007年第4期。

魏宁、苏群:《生育对农村已婚妇女非农就业的影响研究》,《农业经济问题》2013年第7期。

魏益华、迟明:《人口新常态下中国人口生育政策调整研究》,《人口学刊》2015年第2期。

文婕、张晓玲:《劳动力流动、出口扩大对商贸流通业影响》,《商业经济研究》2021 年第 14 期。

吴帆：《全面放开二孩后的女性发展风险与家庭政策支持》，《西安交通大学学报》（社会科学版）2016 年第 6 版。

吴帆：《低生育率陷阱究竟是否存在？——对后生育率转变国家（地区）生育率长期变化趋势的观察》，《人口研究》2019 年第 4 期。

吴莹、逯进、刘璐：《老龄化、对外贸易与经济增长——基于我国省域数据的实证分析》，《西北人口》2019 年第 5 期。

吴忠观：《人口科学辞典》，西南财经大学出版社 1997 年版。

伍海霞、李树茁、悦中山：《城镇外来农村流动人口的生育观念与行为分析——来自深圳调查的发现》，《人口研究》2006 年第 6 期。

伍海霞、李树茁：《社会网络对农民工生育观念的影响——来自深圳调查的发现》，《人口与发展》2008 年第 6 期。

夏磊：《基于探索性空间数据分析的中国人口生育率空间差异研究》，《西部学刊》2015 年第 9 期。

邢采、孟彧琦、林青青等：《生育年龄限制感提高女性的计划生育数量》，《心理学报》2019 年第 4 期。

熊永莲、谢建国：《贸易开放、女性劳动收入与中国的生育率》，《财经科学》2016 年第 4 期。

徐莉：《中国生育率的地区差异分析》，《人口与经济》1994 年第 4 期。

徐梦洁、吴晓璇、毕煜等：《"全面二孩"政策下石家庄市育龄女性生育意愿及影响因素分析》，《全科护理》2019 年第 6 期。

薛继亮：《生育性质研究：需求品还是投资品——基于家庭时间配置和收入的视角》，《上海财经大学学报》2016 年第 6 期。

薛继亮：《族际通婚对生育水平的影响：来自内蒙古的验证》，《人口学刊》2016 年第 5 期。

薛君：《中断与融合：人口流动对生育水平的影响》，《人口学刊》2018第 4 期。

阎志强：《广州青年人口婚姻与生育状况的变化特点——基于 2015 年 1% 人口抽样调查数据的分析》，《西北人口》2018 年第 4 期。

杨华磊、胡浩钰、张文超等：《教育支出规模与方式对生育水平的影响》，《人口与发展》2020 年第 2 期。

杨华磊、吴义根、张冰鑫：《城镇化、外部性与生育水平》，《人口与发展》2018 年第 4 期。

杨华磊、胡浩钰：《生育目标不一致性——理论解释与实证分析》，《人口与经济》2019 年第 5 期。

杨慧：《"全面两孩"政策下促进妇女平等就业的路径探讨》，《妇女研究论丛》2016 年第 2 期。

杨菊华：《"单独两孩"政策对女性就业的潜在影响及应对思考》，《妇女研究论丛》2014 年第 4 期。

杨菊华：《健全托幼服务推动女性工作与家庭平衡》，《妇女研究论丛》2016 年第 2 期。

杨菊华：《流动人口二孩生育意愿研究》，《中国人口科学》2018 年第 1 期。

杨菊华：《意愿与行为的悖离：发达国家生育意愿与生育行为研究述评及对中国的启示》，《学海》2008 年第 1 期。

杨龙见、陈建伟、徐琰超：《财政教育支出降低了人口出生率?》，《经济评论》2013 年第 3 期。

杨柠聪：《全面二孩背景下人口生育意愿影响因素研究综述》，《重庆社会科学》2020 年第 1 期。

尹文耀、姚引妹、李芬：《生育水平评估与生育政策调整——基于中国大陆分省生育水平现状的分析》,《中国社会科学》2013 年第 6 期。

尹银、邬沧萍:《扩招以来高考报名人数减少的原因——基于省级面板数据的分析》,《兰州学刊》2016 年第 10 期。

于也雯、龚六堂:《生育政策、生育率与家庭养老》,《中国工业经济》2021 年第 5 期。

於嘉、谢宇:《生育对我国女性工资率的影响》,《人口研究》2014 年第 1 期。

喻晓、姜全保:《低生育水平下我国生育率转变影响机制的地区差异——来自 90 年代省级面板数据的经验研究》,《南方人口》2010 年第 2 期。

袁辰、张晓嘉、姜丙利等:《人口老龄化对中国制造业国际竞争力的影响研究——基于贸易增加值的视角》,《上海经济研究》2021 年第 11 期。

原新、金牛、刘志晓:《女性地位、生育经历与生育意愿——聚焦少数民族省区育龄妇女的分析》,《云南师范大学学报》(哲学社会科学版) 2020 年第 2 期。

翟振武、刘雯莉:《第七次人口普查数据质量与中国人口新"变化"》,《人口研究》2020 年第 3 期。

张本飞:《孩子质量与数量选择的理论模型及其应用》,《西北人口》2004 年第 4 期。

张川川:《子女数量对已婚女性劳动供给和工资的影响》,《人口与经济》2011 年第 5 期。

张丽萍、王广州:《女性受教育程度对生育水平变动影响研究》,《人口学刊》2020 年第 6 期。

张明志、陈榕景:《流动人口对加工贸易出口转型升级的影响》,《经济科学》2020 年第 6 期。

张瑞仙、栗旸、欧秋生等：《空气污染对女性生育能力及妊娠影响》，《中国公共卫生》2021 年第 6 期。

张樨樨、崔玉倩：《高人力资本女性更愿意生育二孩吗？——基于人力资本的生育意愿转化研究》，《清华大学学报》（哲学社会科学版）2020 年第 2 期。

张霞、夏巧娟：《生育意愿与生育率研究进展》，《经济学动态》2018 年第 12 期。

张晓青、黄彩虹、张强等：《"单独二孩"与"全面二孩"政策家庭生育意愿比较及启示》，《人口研究》2016 年第 1 期。

张兴月、张冲：《农村居民生育意愿及其影响因素——基于社会保障的视角》，《农村经济》2015 年第 11 期。

张旭、朱欣焰、鲍曙明：《中国人口生育率的时空演变与空间差异研究》，《武汉大学学报》（信息科学版）2012 年第 5 期。

张伊娜、刘建波、王桂新：《生育率的经济学分析》，《西北人口》2007 年第 3 期。

张永梅：《职业女性的两孩生育意愿及其政策启示——基于"知识女性"与"其他女性"比较的视角》，《浙江社会科学》2018 年第 12 期。

章菲：《家庭生育决策的影响因素分析：基于中国健康与营养调查的数据》，硕士学位论文，浙江大学，2012 年。

郑真真、张春延：《生育意愿与生育行为：江苏的现实》，上海社会科学文献出版社 2017 版。

郑真真：《从家庭和妇女的视角思考生育和计划生育政策调整》，《中国妇运》2015 年第 10 期。

郑真真：《20 世纪 70 年代妇女在生育转变中的作用——基于妇女地位、

劳动参与和家庭角度的考察》,《妇女研究论丛》2019 年第 3 期。

周国红、何雨璐、杨均中:《"生育主力"缘何有名无实?——基于 743 份城市青年生育意愿的问卷调查分析》,《浙江社会科学》2021 年第 5 期。

周皓:《人口流动对生育水平的影响:基于选择性的分析》,《人口研究》2015 年第 1 期。

周靖祥:《中国人口分布的时空演化研究直面社会与经济双重困扰》,《重庆大学学报》(社会科学版)2014 年第 1 期。

周文:《全面二孩政策下中国未来 30 年人口趋势预测》,《统计与决策》2018 年第 21 期。

周晓蒙:《经济状况、教育水平对城镇家庭生育意愿的影响》,《人口与经济》2018 年第 5 期。

周长洪:《经济社会发展与生育率变动关系的量化分析》,《人口研究》2015 年第 2 期。

朱宝生、乔晓春:《数据漏报对总和生育率与出生率确定性函数关系的影响》,《人口与经济》2019 年第 1 期。

朱健、陈湘满:《"80 后"流动人口二孩生育意愿研究——以湖南省 2013 年流出人口为例》,《湘潭大学学报》(哲学社会科学版)2016 年第 1 期。

朱农、曾昭俊:《对外开放对中国地区差异及省际迁移流的影响》,《市场与人口分析》2004 年第 5 期。

庄亚儿、姜玉、李伯华:《全面两孩政策背景下中国妇女生育意愿及其影响因素——基于 2017 年全国生育状况抽样调查》,《人口研究》2021 年第 1 期。

庄渝霞:《生育保险待遇的覆盖面、影响因素及拓展对策——基于第三期中国妇女社会地位调查的实证分析》,《人口与发展》2019年第5期。

左诗、杨玲:《受教育程度对生育率的影响:来自遗传因素的证据》,《中国优生与遗传杂志》2021年第1期。

Daniel Aaronson, Fabian Lange, Bhashkar Mazumder, "Fertility Transitions along the Extensive and Intensive Margins", *American Economic Review*, 104 (11), 2014.

Adair L., Guilkey D., Bisgrove E., "Effect of Childbearing on Filipino Women's Work Hours and Earnings", *Journal of Population Economics*, 15 (4), 2002.

Adhikari, Ramesh, "Demographic, Socio-economic, and Cultural Factors Affecting Fertility Differentials in Nepal", *BMC Pregnancy and Childbirth*, 10 (1), 2010.

Adsera A., "Vanishing Children: From High Unemployment to Low Fertility in Developed Countrie", *American Economic RTeview*, 95 (2), 2005.

Agadjanian V., "Fraught with Ambivalence: Reproductive Intentions and Contraceptive Choices in a Sub-Saharan Fertility Transition", *Population Research and Policy*, 24, 2005.

Ajzen I., Klobas J., "Fertility Intentions: An Approach Based on the Theory of Planned Behavior", *Demographic Research*, 29, 2013.

Alam A., Baez J. E., Del Carpio X. V., "Does Cash for School Influence Young Women's Behavior in the Longer Term? Evidence from Pakistan", World Bank Policy Research Working Paper, 2011.

Alessandro, Cigno, Furio C., et al., "Jointly Determined Saving and Fertility Behaviour: Theory, and Estimates for Germany, Italy, UK and

USA", *European Economic Review*, 40 (8), 1996.

Amuedo - Dorantes C., Kimmel J., "New Evidence on the Motherhood Wage Gap", 2008.

Amuedo - Dorantes C., Kimmel J., "The Motherhood Wage Gap for Women in the United States: The Importance of College and Fertility Delay", *Review of Economics of the Household*, 3 (1), 2005.

Anderson D. J., Binder M., Krause K., "The Motherhood Wage Penalty: Which Mothers Pay it and Why?", *American Economic Review*, 92 (2), 2002.

Anderson D. J., Binder M., Krause K., "The Motherhood Wage Penalty Revisited: Experience, Heterogeneity, Work Effort, and Work - Schedule Flexibility", *ILR Review*, 56 (2), 2003.

Anorak, Rudolf Levine, David Tilly, et al., "The Decline of Fertility in Europe", *Population and Development Review*, 12 (2), 1986.

Anselin L., S. J. Rey., "Properties of Test for Spatial Dependence in Linear Regression Models", *Geographical Analysis*, 23 (2), 1991.

Anselin, L., *Spatial Econometrics: Methods And Model*, Dordrecht: Kluwer, 1988.

Arnocky S., Dupuis D., Stroink M. L., "Environmental Concern and Fertility Intentions among Canadian University Students", *Population and Environment*, 34 (2), 2012.

Arrow, Kenneth, *The Theory of Discrimination. Discrimination in Labor Markets*, Princeton University Press, 1973.

Azarnert L. V., "Immigration, Fertility, and Human Capital: A Model of Economic Decline of the West", *European Journal of Political Economy*,

26 (4), 2010.

Bacci, M. L., "Low Fertility in Historical Perspective", *Population and Development Review*, 38, 2013.

Balbo N., "Mills M. The Effects of Social Capital and Social Pressure on the Intention to Have a Second or Third Child in France, Germany, and Bulgaria, 2004–05", *Population Studies*, 65 (3), 2011.

Barbara Entwisle, "CBR Versus TFR in Cross–National Fertility", *Demography*, 18 (4), 1981.

Barro R. J., Becker G. S., "Fertility Choice in a Model of Economic Growth", *Econometrica: Journal of the Econometric Society*, 57 (2), 1989.

Barro, R. J., Sala-i-Martin X., *Economic Growth*, Mc–Graw–Hill, 1995.

Baudin T., "Family Policies: What does the Standard Endogenous Fertility Model Tell Us?", *Journal of Public Economic Theory*, 13 (4), 2011.

Beaujouan E., Berghammer C., "The Gap Between Lifetime Fertility Intentions and Completed Fertility in Europe and the United States: A Cohort Approach", *Population Research and Policy Review*, 38 (4), 2019.

Becker G. S., "An Economic Analysis of Fertility", NBER Chapters, 135 (1), 1960.

Becker G. S., Lewis H. G., "On the Interaction Between the Quantity and Quality of Children", *Journal of Political Economy*, 81 (2), 1973.

Becker G. S., *The Economics of Discrimination*, University of Chicago Press, 1957.

Behrman J. A., "Does Schooling Affect Women's Desired Fertility? Evidence from Malawi, Uganda, and Ethiopia", *Demography*, 52 (3), 2015.

Belair, "Fertility and Reproductive Preferences in Post – Transitional Societies", *New York Population Council*, 27 (1), 1998.

Bental, Benjamin, "The Old Age Security Hypothesis and Optimal Population Growth", *Journal of Population Economics*, 1 (4), 1989.

Billari F. C., Liefbroer A. C., Philipov D., "The Postponement of Childbearing in Europe: Driving Forces and Implications", *Vienna Yearbook of Population Research*, 10 (4), 2006.

Bloemen H., Kalwij A., "Female Employment and Timing of Births Decisions: A Multiple State Transition Model", *Social Science Electronic Publishing*, 43 (2), 1996.

Bongaarts J., "Fertility and Reproductive Preferences in Post – Transitional Societies", *Population and Development Review*, 27, 2001.

Bongaarts J., "The End of the Fertility Transition in the Developed World", *Population & Development Review*, 28 (3), 2002.

Borjas, G. J., S. G. Bronars., "Consumer Discrimination and Self – Employment", *Journal of Political Economy*, 97, 1989.

Braakmann N., "Female Education and Fertility: Evidence from Changes in British Compulsory Schooling Laws", *Newcastle Discussion Papers in Economics*, 5, 2011.

Branko Milanovic, Shlomo Yitzhaki, "Decomposing World Income Distribution: Does The World Have A Middle Class?", *Review of Income and Wealth Series*, 48 (2), 2002.

Budig, Michelle J., Paula England, "The Wage Penalty for Motherhood",

American Sociological Review, 66 (2), 2001.

Busetta A., Mendola D., Vignoli D., "Persistent Joblessness and Fertility Intentions", *Demographic Research*, 40, 2019.

Cai J., Stoyanov A., "Population Aging and Comparative Advantage", *Journal of International Economics*, 102, 2016.

Caldwell J. C., "Demography and Social Science", *Population Studies*, 50 (3), 1996.

Campbell, Arthur A., *Manual of Fertility Analysis*, Churchill Livingstone, 1983.

Carrillo, Paul, Nestor Gandelman, et al., "Sticky Floors and Glass Ceilings in Latin America", *Journal of Economic Inequality*, 12 (3), 2013.

Carter M., "Fertility of Mexican Immigrant Women in the US: A Closer Look", *Social Science Quarterly*, 81 (4), 2000.

Chen I. C., "Parental Education and Fertility: An Empirical Investigation Based on Evidence from Taiwan", *Journal of Family and Economic Issues*, 37 (2), 2016.

Chisik R., Onder H., Qirjo D., "Aging, Trade, and Migration", World Bank Policy Research Working Paper, 2016.

Chown S. L., Van Rensburg B. J., Gaston K. J., et al., "Energy, Species Richness, and Human Population Size: Conservation Implications at a Mational Scale", *Ecological Applications*, 13 (5), 2003.

Cleland J., Wilson C., "Demand Theories of the Fertility Transition: An Iconoclastic View", *Population Studies*, 41 (1), 1987.

Cleland, "The Future of Human Reproduction: Will Birth Rates Recover or Continue to Fall", *Ageing Horizons*, 7, 2007.

Coale A. J. , *The Decline Of Fertility In Europe*, Princeton University Press, 2017.

Craig M. H. , Snow R. W. , Le Sueur D. , "A Climate – Based Distribution Model of Malaria Transmission in Sub – Saharan Africa", *Parasitology Today*, 15 (3), 1999.

Daniela Del Boca, "The Effect of Child Care and Part Time Opportunities on Participation and Fertility Decisions in Italy", *Journal of Population Economics*, 15 (3), 2002.

Davis K. , Blake J. , "Social Structure and Fertility: An Analytic Framework", *Economic Development and Cultural Change*, 4 (3), 1956.

De Silva W. I. , "Consistency Between Reproductive Preferences and Behavior: The Sri Lankan Experience", *Studies in Family Planning*, 22 (3), 1991.

Dix – Carneiro R. , "Trade Liberalization and Labor Market Dynamics", *Econometrica*, 82 (3), 2014.

Domeij D. , Floden M. , "Population Aging and International Capital Flows", *International Economic Review*, 47 (3), 2006.

Drago R. , Sawyer K. , Shreffler K. M. , et al. , "Did Australia's Baby Bonus Increase Fertility Intentions and Births?", *Population Research and Policy Review*, 30 (3), 2011.

Easterlin R. A. , Crimmins E. M. , *The Fertility Revolution: A Supply – Demand Analysis*, University of Chicago Press, 1985.

Easterlin R. A. , "Does Human Fertility Adjust to the Environment?", *American Economic Review*, 61 (2), 1971.

Fanti L. , Gori L. , "Child Policy Ineffectiveness in an Overlapping Generations Small Open Economy with Human Capital Accumulation and Public Education", *Economic Modelling*, 28 (1 – 2), 2011.

Fiori F., Graham E., Rinesi F., "Economic Reasons for Not Wanting a Second Child: Changes Before and After the Onset of the Economic Recession in Italy", *Demographic Research*, 38, 2018.

Ford K., "Duration of Residence in the United States and the Fertility of US Immigrants", *International Migration Review*, 24 (1), 1990.

Docquier F., "Income Distribution, Non – Convexities and the Fertility – Income Relationship", *Economica*, 71 (282), 2004.

Galor O., Weil D. N., "The Gender Gap, Fertility and Growth", *American Economic Review*, 86 (3), 1996.

Galor O., Weil D. N., "From Malthusian Stagnation to Modern Growth", *American Economic Review*, 89 (2), 1999.

Galor O., Weil D. N., "Population, Technology, and Growth: From Malthusian Stagnation to the Demographic Transition and Beyond", *American Economic Review*, 2000.

Gamboa L. F., Zuluaga B., "Is There a Motherhood Penalty? Decomposing the Family Wage Gap in Colombia", *Journal of Family and Economic Issues*, 34 (4), 2013.

Gnangnon S. K., "Multilateral Trade Liberalization and Economic Growth", *Journal of Economic Integration*, 33 (2), 2018.

Goldstein, J., Lutz, W. and Testa, M. R., "The Emergence of Sub – Replacement Family Size Ideals in Europe", *Population Research and Policy Review*, 5, 2003.

Gries T., Grundmann R., "Trade and Fertility in the Developing World:

the Impact of Trade and Trade Structure", *Journal of Population Economics*, 27 (4), 2014.

Gu K., Stoyanov A., "Skills, Population Aging, and the Pattern of International Trade", *Review of International Economics*, 27 (2), 2019.

Gupta N. D., Oaxaca R. L., Smith N., "Swimming Upstream, Floating Downstream: Comparing Women's Relative Wage Progress in the United States and Denmark", *ILR Review*, 59 (2), 2006.

Hatzigeorgiou A., "Does Immigration Stimulate Foreign Trade? Evidence from Sweden", *Journal of Economic Integration*, 2010.

Hayford S. R., Agadjanian V., "From Desires to Behavior: Moderating Factors in a Fertility Transition", *Demographic Research*, 26, 2012.

Heathr, Jayachandran S., "The Causes and Consequences of Increased Female Education and Labor Force Participation in Developing Countries", National Bureau of Economic Research, 2016.

Hellerstein J. K., Neumark D., "Sex, Wages, and Productivity: An Empirical Analysis of Israeli Firm-Level Data", *International Economic Review*, 40 (1), 1999.

Hill M. S., "The Wage Effects of Marital Status and Children", *Journal of Human Resources*, 1979.

Hohm, Charles F., "Social Security and Fertility: An International Perspective", *Demography*, 12 (4), 1975.

Ibrahim F. M., Arulogun O., "Posterity and Population Growth: Fertility Intention among a Cohort of Nigerian Adolescents", *Journal of Population Research*, 37 (1), 2020.

Jones L. E., Tertilt M., "An Economic History of Fertility in the US:

1820—1960", NBER Working Paper, 2007.

Kalwij A. S., "The Effects of Female Employment Status on the Presence and Number of Children", *Journal of Population Economics*, 13 (2), 2000.

Kandel, J., Van de Waller, et al., "Lessons from the Past: Policy Implications of Historical Fertility Studies", *Population and Development Review*, 5 (2), 1979.

Karsten Hank, Michaela Kreyenfeld, "A Multilevel Analysis of Child Care and Women's Fertility Decisions in Western Germany", *Journal of Marriage and Family*, 65 (3), 2003.

Kim S., Lee J. W., "Demographic Changes, Saving, and Current Account in East Asia", *Asian Economic Papers*, 6 (2), 2007.

Kiziltan A., "The Nexus Between Population Aging, International Trade, Foreign Direct Investment, and Economic Growth in G20 Countries: A Panel Vector Auto Regressive Analysis", *Handbook of Research on Economic and Social Impacts of Population Aging*, 2021.

Kohler H. P., Billari F. C., Ortega J. A., "The Emergence of Lowest-Low Fertility in Europe During the 1990s", *Population and Development Review*, 28 (4), 2002.

Kohler H. P., Kohler I., "Fertility Decline in Russia in the Early and Mid 1990s: The Role of Economic Uncertainty and Labour Market Crises", *European Journal of Population/Revue Européenne de Démographie*, 18 (3), 2002.

Bumpass L. L., Rindfuss R. R., Choe M. K., et al., "The Institutional Context of Low Fertility: The Case of Japan", *Asian Population Studies*,

5 (3), 2009.

Lavely W., Freedman R., "The Origins of the Chinese Fertility Decline", *Demography*, 27 (3), 1990.

Lee B. S., Farber S. C., "Fertility Adaptation by Rural – Urban Migrants in Developing Countries: The Case of Korea", *Population Studies*, 38 (1), 1984.

Lehmijoki U., Palokangas T., "Trade, Population Growth, and the Environment in Developing Countries", *Journal of Population Economics*, 23 (4), 2010.

Lesthaeghe R., Willems P., "Is Low Fertility a Temporary Phenomenon in the European Union?", *Population and Development Review*, 25 (2), 1999.

Leukhina O. M., Turnovsky S. J., "Population Size Effects in the Structural Development of England", *American Economic Journal: Macroeconomics*, 8 (3), 2016.

Liang Y., Yi Y., Sun Q., "The Impact of Migration on Fertility under China's Underlying Restrictions: A Comparative Study Between Permanent and Temporary Migrants", *Social Indicators Research*, 116 (1), 2014.

Lin C. Y. C., "Instability, Investment, Disasters, and Demography: Natural Disasters and Fertility in Italy (1820 – 1962) and Japan (1671 – 1965)", *Population and Environment*, 31 (4), 2010.

Luigi, Paolo, "Education and Fertility: An Investigation on Italian Families", MPRA Paper, 2011.

Lutz W., O'Neill B. C., Scherbov S., "Europe's Population at a Turning Point", *Science*, 299 (5615), 2003.

Lutz W., Skirbekk V., "Policies Addressing the Tempo Effect in Low‐Fertility Countries", *Population and Development Review*, 31, 2005.

Lutz, W., Skirbe K. K., et al., "The Low‐Fertility Trap Hypothesis: Forces that May Lead to Further Postponement and Fewer Birth in Europe", *Vienna Yearbook of Population Research*, 4, 2006.

Smith‐Lovin L., Tickamyer A. R., "Fertility and Patterns of Labor Force Participation Among Married Women", *Social Biology*, 28 (1‐2), 1981.

Marteleto L. J., Weitzman A., Coutinho R. Z., et al., "Women's Reproductive Intentions and Behaviors During the Zika Epidemic in Brazil", *Population and Development Review*, 43 (2), 2017.

Mason K. O., "Explaining Fertility Transitions", *Demography*, 34 (4), 1997.

Mayer J., Riphahn R. T., "Fertility Assimilation of Immigrants: Evidence from Count Data Models", *Journal of Population Economics*, 13 (2), 2000.

McDonald P., "Gender Equity in Theories of Fertility Transition", *Population and Development Review*, 26 (3), 2000.

McDonald P., "Low Fertility and the State: The Efficacy of Policy", *Population and Development Review*, 2006.

Miller W. B., Pasta D. J., "Behavioral Intentions: Which Ones Predict Fertility Behavior in Married Couples?", *Journal of Applied Social Psychology*, 25 (6), 1995.

Miller W. B., "Differences Between Fertility Desires and Intentions: Implications for Theory, Research and Policy", *Vienna Yearbook of Population*

Research, 2011.

Montgomery M. R., Casterline J. B., "The Diffusion of Fertility Control in Taiwan: Evidence from Pooled Cross - Section Time - Series Models", *Population Studies*, 47 (3), 1993.

Montgomery, "The Low Fertility Trap Hypothesis: Forces that May Lead to Further Postponement and Fewer Births in Europe", *Vienna Year Book of Population Research*, 4, 2006.

Morgan S. P., Rackin H., "The Correspondence Between Fertility Intentions and Behavior in the United States", *Population and Development Review*, 36 (1), 2010.

Morgan S. P., Taylor M. G., "Low Fertility at the Turn of the Twenty - First Century", *Annual Review of Sociology*, 32 (1), 2006.

Morgan S. P., "Is Low Fertility a Twenty First - Century Demographic Crisis?", *Demography*, 40, 2003.

Murtin F., "Long - Term Determinants of the Demographic Transition, 1870 - 2000", *Review of Economics and Statistics*, 95 (2), 2013.

Naito T., Zhao L., "Aging, Transitional Dynamics, and Gains from Trade", *Journal of Economic Dynamics and Control*, 33 (8), 2009.

Neher, Philip A., "Peasants, Procreation, and Pensions", *The American Economic Review*, 61 (3), 1971.

Nishimura, Kazuo, and Junsen Zhang., "Sustainable Plans of Social Security with Endogenous Fertility", *Oxford Economic Papers*, 47 (1), 1995.

Oesch D., Lipps O., McDonald P., "The Wage Penalty for Motherhood: Evidence on Discrimination from Panel Data and a Survey Experiment for Switzerland", *Demographic Research*, 37, 2017.

Omori T., "Effects of Public Education and Social Security on Fertility", *Journal of Population Economics*, 22 (3), 2009.

Pacelli L., Pasqua S., Villosio C., "Labor Market Penalties for Mothers in Italy", *Journal of Labor Research*, 34 (4), 2013.

Pan W. K., López – Carr D., "Land Use as a Mediating Factor of Fertility in the Amazon", *Population and Environment*, 38 (1), 2016.

Park S. M., Cho S. I. L., Choi M. K., "The Effect of Paternal Investment on Female Fertility Intention in South Korea", *Evolution and Human Behavior*, 31 (6), 2010.

McDonald P., "Low Fertility and the State: The Efficacy of Policy", *Population and Development Review*, 2006.

Petersen T., Penner A. M., Høgsnes G., "The Within – Job Motherhood Wage Penalty in Norway, 1979 – 1996", *Journal of Marriage and Family*, 72 (5), 2010.

Quesnel – Vallée A., Morgan S. P., "Missing the Target? Correspondence of Fertility Intentions and Behavior in the US", *Population Research and Policy Review*, 22 (5), 2003.

Rachel Connelly, "The Effect of Child Care Costs on Married Women's Labor Force Participation", *The Review of Economics and Statistics*, 74 (1), 1992.

Rind Fuss R., Choe M. K., Bumpass L, et al., "Social Networks and Family Change in Japan", *American Sociological Review*, 69 (69), 2004.

Kohler H. P., Billari F. C., Ortega J. A., "Low Fertility in Europe: Causes, Implications and Policy Options", *The Baby Bust: Who Will do the Work*, 2006.

Sasson I., Weinreb A., "Land Cover Change and Fertility in West – Central Africa: Rural Livelihoods and the Vicious Circle Model", *Population and Environment*, 38 (4), 2017.

Sayan S., *Trade and Labor Flows Between Countries with Young and Aging Populations*, Elsevier Science Ltd, 2003.

Simon D. H., "Exploring The Influence of Precipitation on Fertility Timing in Rural Mexico", *Population and Environment*, 38 (4), 2017.

Sobotka T., "Post – Transitional Fertility: The Role of Childbearing Postponement in Fueling the Shift to Low and Unstable Fertility Levels", *Journal of Bio – Social Science*, 49 (S1), 2017.

Swidler, Steve, "An Empirical Test of the Effect of Social Security on Fertility in the United States", *The American Economist*, 27 (2), 1983.

Testa M. R., "On the Positive Correlation Between Education and Fertility Intentions in Europe: Individual- and Country-Level Evidence", *Advances in Life Course Research*, 21, 2014.

Tsuya N. O. "Below-Replacement Fertility in Japan: Patterns, Factors, and Policy Implications", *Low and Lower Fertility*, 2015.

Udry J. R., "Do Couples Make Fertility Plans One Birth at a Time?", *Demography*, 20 (2), 1983.

Van de Kaa D. J., "Postmodern Fertility Preferences: From Changing Value Orientation to New Behavior", *Population and Development Review*, 27, 2001.

Viitanen T., "The Motherhood Wage Gap in the UK over the Life Cycle", *Review of Economics of the Household*, 12 (2), 2014.

Vitali A., Billari F. C., "Changing Determinants of Low Fertility and Diffusion: A Spatial Analysis for Italy", *Population, Space and Place*, 23 (2), 2017.

Waldfogel, Jane., "The Family Gap for Young Women in the United States and Britain: Can Maternity Leave Make a Difference?", *Journal of Labor Economics*, 16 (3), 1998.

Wigger, Berthold U., "Pay – As – You – Go Financed Public Pensions in a Model of Endogenous Growth and Fertility", *Journal of Population Economics*, 12 (4), 1999.

Williamson J. G., Bloom D. E., "Demographic Transitions and Economic Miracles in Emerging Asia", *The World Bank Economic Review*, 12 (3), 1998.

Yakita A., "Different Demographic Changes and Patterns of Trade in a Heckscher – Ohlin Setting", *Journal of Population Economics*, 25 (3), 2012.

Yakita A., "Uncertain Lifetime, Fertility and Social Security", *Journal of Population Economics*, 14 (4), 2001.

Yasuoka M, Goto N., "How is the Child Allowance to be Financed? By Income Tax or Consumption Tax?", *International Review of Economics*, 62 (3), 2015.

Zhang J., "The Effects of Social Security on Population and Output Growth", *Southern Economic Journal*, 62, 1995.

Zhang J., "Does Unfunded Social Security also Depress Output Growth?", *Economics Letters*, 49, 1995.

Zhou M., Guo W., "Fertility Intentions of Having a Second Child Among the Floating Population in China: Effects of Socioeconomic Factors and Home Ownership", *Population, Space and Place*, 26 (2), 2020.

致　　谢

长期低生育水平引起的人口负惯性作用，带来中国生育率进一步下降的可能。虽然生育政策短期内从独生子女政策调整到"单独二孩"，到"全面二孩"，再到"放开三孩"，但事实上出生人口总数和人口出生率持续下降，2021年全国新增人口仅为48万人。这意味着生育政策调整所能释放的生育潜力未达预期，并没有抓住二胎生育妇女群体的生育窗口期，且明显后继乏力，即新生育政策并没有完全实现其政策激励的效果。提高整体生育水平和"二孩"生育水平的关键在于如何多生"二孩"，因为并非所有具有生育能力且已生育一胎的妇女会选择继续生育。中国的生育问题已不再是单纯的经济问题或家庭问题，而是更为深远的社会问题和文化问题，需要从根本上诠释二胎生育动机和生育行为，本书从宏观和微观两个视角对此问题进行论证，期望解开中国低生育率之谜。

本书分为宏观篇和微观篇两大部分。其中第一章和第二章是对生育宏观现象的论证，第三章到第九章是对生育的微观诠释。具体分工如下。第一章，薛继亮、朱梦杰；第二章，薛继亮、苏鉴；第三章和第四章，薛继亮、苏鉴；第五章，薛继亮、张岩；第六章，薛继亮、鲍欣欣；第七章，薛继亮、涂坤鹏；第八章，薛继亮、薄婧；第九章，薛继亮、杨晓霞。

  需要说明的是，以上作者名单仅为每一章内容的主要贡献者，本书中大量引用国内外学者的文献，对此表示感谢，也对每一位认真参与撰写的作者予以感谢。本书受到国家自然基金地区基金项目"生育意愿到生育行为的微观传导机理和宏观政策响应研究"（71864024）、内蒙古自治区自然基金面上项目"二胎生育群体瞄准及生育激励策略研究"（2020MS07017）、"2022 年度高校青年科技人才发展计划"（NJYT22096）和内蒙古自治区人才开发基金等项目的资助；受到内蒙古自治区人口战略研究智库联盟、内蒙古自治区高校青年科技人才发展计划和内蒙古大学 2020 年青年拔尖创新学者项目的支持。

  本书出版之际，我们真诚感谢为本书编辑和出版提供援助的每一位参与者。同时，不足之处烦请各位读者不吝赐教指正，以供我们学习和修订。